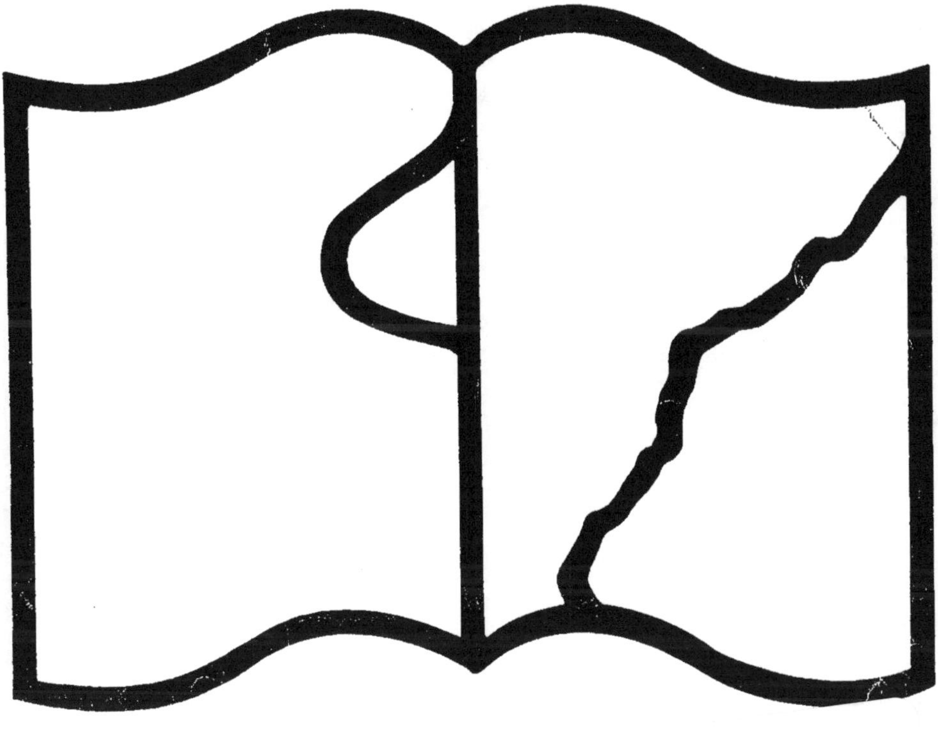

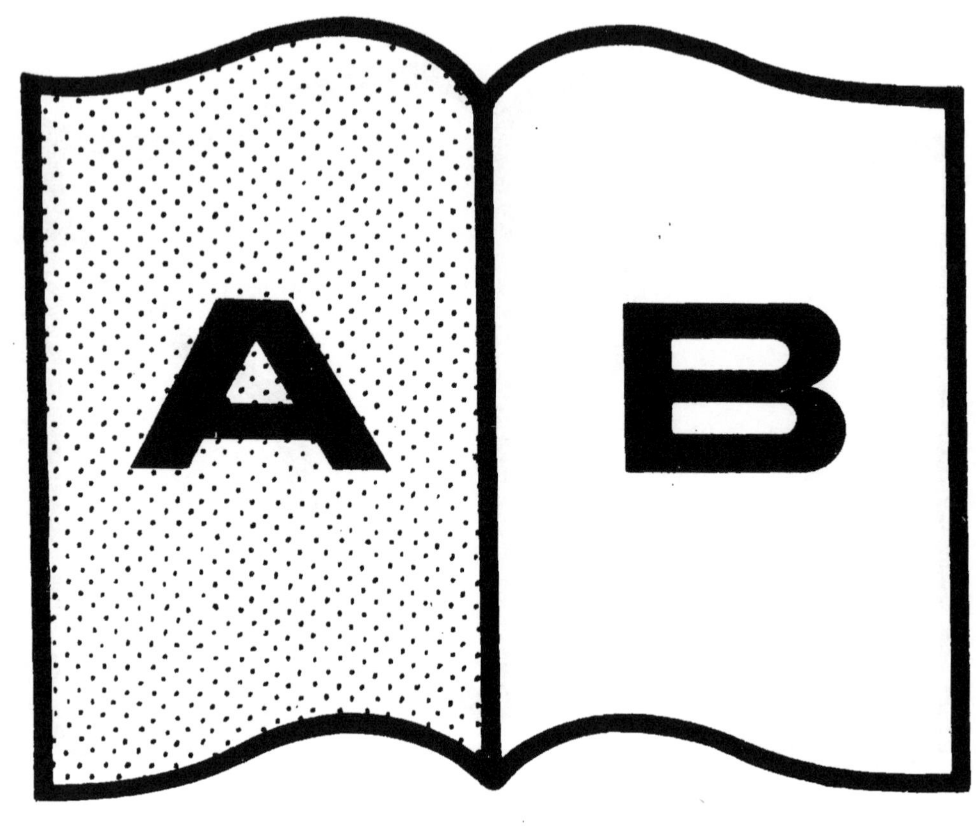
A
B

ENCYCLOPÉDIE-RORET

CHARRON

ET

CARROSSIER.

TOME II.

AVIS.

Le mérite des ouvrages de l'*Encyclopédie-Roret* leur a valu les honneurs de la traduction, de l'imitation et de la contrefaçon. Pour distinguer ce volume, il porte la signature de l'Editeur,

MANUELS-RORET.

NOUVEAU MANUEL COMPLET DU CHARRON ET DU CARROSSIER

Contenant l'Art de fabriquer toutes les grosses Voitures; les Instruments d'agriculture; les Voitures d'artillerie et du génie; les Voitures de luxe et bourgeoises; les Lois sur la fabrication des voitures, et des Notions étendues sur l'établissement des Ateliers de charronnage et de carrosserie, ainsi que divers perfectionnements récents apportés dans ces deux Arts;

Par M. LEBRUN.

NOUVELLE ÉDITION ENTIÈREMENT REFONDUE

Par M. Louis-Antoine LEROY, Ex-Carrossier,
Et M. F. MALEPEYRE.

Ouvrage orné de Figures.

TOME II.

PARIS
A LA LIBRAIRIE ENCYCLOPÉDIQUE DE RORET,
RUE HAUTEFEUILLE, 12.
1851.

NOUVEAU MANUEL COMPLET

DU

CHARRON ET DU CARROSSIER

CHAPITRE XI.

DES PARTIES ACCESSOIRES DES VOITURES.

Glaces. — Châssis de glace. — Coulisses et coulisseaux. — Panneaux de doublure. — Faux panneaux. — Jalousies. — Stores. — Siéges et banquettes. — Strapontins. — Coffres.

Ainsi que toutes ou presque toutes les parties que nous avons traitées dans le chapitre précédent se retrouvent dans les différentes voitures; celles qui vont être l'objet du présent chapitre sont, à peu d'exceptions près, communes aussi à toutes les voitures modernes, car il s'agit, 1° de glaces, 2° de jalousies, 3° de stores, 4° de sous-panneaux, 5° de siéges et banquettes, 6° de coffres et caves en tous genres tant intérieurs qu'extérieurs, 7° de marche-pieds immobiles ou à poste fixe, 8° des siéges des cochers, conducteurs et laquais, 9° des lanternes.

Des Glaces.

Cette ingénieuse invention qui consiste à éclairer l'intérieur d'une voiture tout en la garantissant des injures de l'air, fut longtemps inconnue aux fabricants de chars propres au transport des personnes. Ces chars furent d'abord composés de panneaux jusqu'à l'appui, et surmontés d'une impériale plus ou moins ornée, et entourée de rideaux de cuir ou d'étoffe, anciennement nommés *mantelets*. Quatre montants ou quenouilles supportaient cette impériale, et servaient à attacher les rideaux, que l'on ouvrait et refermait à volonté en les tirant comme les rideaux d'un lit, car ils étaient disposés de la même façon. Un peu plus tard, on trouva moyen de relever les rideaux en les roulant sous l'égoût de l'impériale, qui formait une saillie suffisante pour les mettre à l'abri.

Mais comme la voiture était alors entièrement découverte, et qu'il en résultait divers inconvénients, on y remédia en partie, en fermant les deux bouts de la voiture avec des morceaux d'étoffe ou de cuir, qui s'étendaient de l'impériale à l'appui; c'était, à vrai dire, une portion des rideaux établie ainsi à poste fixe. Les rideaux mobiles de même matière continuèrent à fermer à volonté les parties latérales de la voiture, appelée *coche*.

Ces premiers essais conduisirent bientôt à un perfectionnement important : ce perfectionnement qui donna naissance aux carrosses consista dans la fermeture du pourtour de la voiture au-dessus de l'appui ou accotoir. On en ferma d'abord le fond, le devant, et les deux côtés à demeure, excepté le dessus des portières dont on supprima la saillie qui en tenait lieu; puis on fit celles-ci solides, on les fit ouvrir de toute leur hauteur, et l'air ne pénétra plus que par la partie supérieure de cette portière, que l'on continua pendant quelque temps à garnir d'un petit rideau.

On ne tarda pas à substituer un vitrage à celui-ci. Ce vitrage fut d'abord incommode et mesquin. Il était composé de plusieurs vitres placées dans les intervalles d'un petit châssis à peu près semblable à celui de beaucoup de messageries (*fig.* 112); ce vitrage avait en outre le grave inconvénient d'être posé à demeure dans les portières; par conséquent, les voyageurs étaient totalement privés de l'air extérieur, et couraient risque de casser les vitres en ouvrant et fermant la portière. Lorsque l'usage des glaces prévalut, on les fit servir d'après cette méthode vicieuse, mais on ne tarda point à les rendre mobiles, non pas en les faisant ouvrir verticalement, ce qui aurait été très-incommode ou même impossible, mais en les faisant descendre dans un espace pratiqué dans l'épaisseur de l'appui de la portière. Ce perfectionnement a rendu à la fois les voitures commodes, saines et brillantes.

On en fut si charmé, que peu de temps après on ouvrit de nouveau les côtés ou custodes des carrosses, en y décrivant des *montants de crosse* (*fig.* 113, *Pl.* 5), auxquels on adapta des glaces tantôt fixes, tantôt mobiles; mais les voitures alors nécessairement plus dispendieuses n'offraient plus autant de commodité, et cet embellissement a été supprimé aux voitures modernes.

Manière de déterminer la hauteur et la largeur des glaces.

Cette besogne est des plus faciles, parce que c'est la largeur du dedans de la portière, plus un recouvrement de 9 à 11 millim. (4 à 5 lignes) de chaque côté qui donne la largeur de la glace; quant à sa hauteur, le travail n'offre pas plus de difficulté. Après avoir déterminé les dimensions de la voiture, et par conséquent la hauteur de la portière, *fig.* 114, *Pl.* 5, on divise cette hauteur en deux parties égales, prises du dessus de la traverse d'en bas, dans les deux angles au-dessous de la traverse d'en haut, plus 9 millimètres (4 lignes) qui sont nécessaires pour la portée de la glace : l'une de ces deux parties est la hauteur de la glace (la partie supérieure) et l'autre la partie inférieure et détermine le dessous de l'accotoir. En sorte que la glace baissée se trouve tout-à-fait cachée dans la hauteur ou partie de l'appui de la portière, comme on le voit *fig.* 114, où la glace *a b c d* de la partie A est de même forme, et absolument semblable, pour la forme et la grandeur, à la partie B, marquée des mêmes lettres, et qui est entièrement cachée dans la hauteur de l'appui de la portière, de sorte que la hauteur *g e* égale *e f*.

Il y a deux modifications à cet arrangement. Quand le carrosse est très-soigné, et qu'on veut y mettre des glaces de la plus grande dimension, on entaille les deux côtés de la traverse d'en bas, jusqu'à ce qu'il n'y reste plus dans les angles que 14 millimètres (6 lignes) de bois d'après les feuillures, comme l'indique la ligne *i l*, ce qui augmente la hauteur de la glace de près de 27 millimètres (1 pouce), en abaissant l'accotoir de 27 millimètres (1 pouce) également. La seconde modification est dirigée dans un but contraire, et l'usage veut qu'elle reçoive de bien plus fréquentes applications. Lorsqu'on veut diminuer la hauteur de la glace, on donne à la base de l'encadrement qui doit la recevoir une hauteur égale au quart de l'ouverture de la portière. Les lettres *n n*, *fig.* 114 et 115, indiquent cette disposition. Lorsqu'on élève encore plus cette base, ou qu'on le juge à propos pour l'ornement de la voiture, on la rêvet d'un simple dessin, comme le montrent plusieurs figures des planches 6 et 7, où sont rassemblés les anciens et les nouveaux modèles de voitures. Ces mêmes figures font voir comment on s'y prend pour diminuer la largeur de la glace, en élargissant les montants et traverses qui en forment l'encadrement.

Aux portières des voitures, où la traverse du bas n'est pas de niveau, comme aux calèches coupées, on se borne au côté le plus court, auquel on fait quelquefois une entaille à la traverse, pour ne point trop hausser la traverse d'accotoir, ce qui est la même chose. Voyez *fig.* 115, où la glace est marquée à sa place et descendue dans l'appui.

Beaucoup de voitures ont des glaces de devant, ces glaces peuvent être fixes sans trop d'inconvénient, puisque celles de côté suffisent pour donner de l'air à la voiture, toutefois il arrive souvent qu'elles sont mobiles. En ce cas, leur largeur est bornée par celle du bas de la voiture prise entre les deux pieds corniers, ce qui fait qu'aux voitures ordinaires on fait deux petits pilastres aux deux côtés de la glace, lesquels regagnent l'inégalité de largeur de la voiture lorsqu'elle existe. La largeur de ces pilastres est donnée par la largeur intérieure de la voiture, comme nous le savons, et comme l'indiquent les lignes *a b* et *c d*, *fig.* 116. Cependant, quand par un motif d'économie ou toute autre raison on veut diminuer la dimension de la glace, on fait non-seulement ces pilastres plus larges, mais encore on met une frise au-dessous de la glace, qui en diminue la hauteur, comme les pilastres en resserrent la largeur.

Quant les glaces du devant des voitures sont immobiles, on peut les faire de toute la grandeur de l'ouverture, sans aucune espèce de pilastres (à l'exception de celui qui partage le milieu du devant de la voiture, et sert à la séparation des deux glaces), elles entrent à rainure dans l'un des pieds corniers, et à feuillure dans l'autre, sur lequel on rapporte une pièce à queue ou à vis pour maintenir solidement la glace.

Les carrosses, fiacres, diligences, dont la largeur du devant est égale de haut en bas, n'entraînent aucune difficulté ; on peut y mettre des glaces de toute la largeur. Au reste, quoi qu'il en soit, toutes les glaces de devant sont doubles et séparées par un pilastre plus ou moins orné suivant la décoration et la destination de la voiture.

Certaines voitures, telles que les cabriolets, ont de petites glaces qui, encadrées dans un mince châssis de bois, glissent dans une coulisse latérale, comme le guichet d'un confessionnal. Quelquefois, les voitures dérivées des cabriolets ont une glace fixée dans une ouverture ovale, dont elles offrent la forme. Ces dispositions demandent très-peu de détails, néanmoins nous en traiterons en parlant des diverses espèces de voitures.

Des Châssis de glaces.

Ils se font en bois de noyer et de poirier, mais ce dernier bois est préférable, à moins que la voiture soit peu soignée. Ces châssis ont 11 millimètres (5 lignes) d'épaisseur sur 16 millimètres (7 lignes) de largeur aux battants ; 20 millimètres (9 lignes) à la traverse du bas, et 25 millimètres (11 lignes) à celle du haut , du moins pour l'ordinaire.

Au milieu de l'épaisseur des châssis de glaces, on pratique une rainure de 9 millimètres (4 lignes) de profondeur, sur 7 millimètres (3 lignes) d'épaisseur, ce qui est nécessaire pour recevoir les deux côtés de l'étoffe dont quelquefois ces châssis sont garnis (ce qui est rare), et pour recevoir aussi la glace qui est chanfreinée au pourtour. Les châssis doivent être parfaitement aplanis, afin de glisser avec la plus grande facilité dans les coulisses. Pour le même motif, le dehors du bois des châssis doit être arrondi avec soin sur tous les battans. On arrondit également les arêtes intérieures pour que l'étoffe ne se coupe pas.

Le châssis est plus ouvragé ordinairement pour les voitures de messageries, parce qu'il porte, au lieu de glaces, des vitres de moyenne grandeur. Aussi est-il partagé dans sa largeur par une traverse, comme on le voit *fig.* 112, *Pl.* 5. Ces châssis, comme tous les autres, s'assemblent à tenons et à mortaises. Ce sont les vitriers qui garnissent les châssis doubles, mais avec bien plus de soin qu'ils ne garnissent de vitres les châssis de croisées; une rainure pratiquée au pourtour de l'encadrement, destinée à recevoir la vitre, la maintient, ainsi qu'une rangée de très-petites pointes placées de distance en distance. Ces précautions ont pour but d'empêcher que les mouvements de la voiture déplacent le vitrage. Quelquefois on se contente de bien mastiquer le long de la rainure, mais l'emploi des petites pointes est plus prudent.

On assemble les châssis des glaces sans les cheviller ni les coller, parce qu'autrement le sellier aurait de la peine à y faire entrer la glace. Les figures 117 et 118 montrent un châssis en coupe et en face, ainsi qu'un profil.

On ne fait jamais ou presque jamais maintenant de châssis cintré, à moins qu'il ne s'agisse des glaces de devant de quelque voiture. Mais il ne faut rien laisser à désirer : je dirai donc qu'en ce cas on assemble la traverse du haut en enfourchement dans les battants à la retombée du cintre, en ayant soin de faire l'enfourchement dans la traverse cintrée. Voyez à cet égard *fig.* 118 A. Pour rendre ces châssis plus solides, et mettre moins de bois tranché dans les traverses, on fait cintrer le bout du battant, et on pratique le joint plus haut, *fig.* 118 B.

Des coulisses et des coulisseaux destinés à recevoir les glaces.

La hauteur de ces glaces contenues dans leur châssis peut, comme nous l'avons déjà dit, s'élever au-dessus de la traverse d'appui, mais elle est toujours bornée par cette traverse qui doit être de niveau au pourtour de la voiture, et par la traverse placée immédiatement au-dessous de l'impériale, à moins que l'on ne veuille placer une traverse fixe au-dessous de celle-ci, ce qui arrive fort rarement. Dans tous les cas, il faut bien faire attention à ce que les glaces puissent, lorsqu'on les baisse, être contenues dans l'appui au-dessus duquel elles doivent affleurer. C'est pourquoi une élévation telle que la figure 119, *Pl.* 5, qui représente les glaces des devants d'une voiture, ne suffit pas ; il faut y joindre une coupe, afin de se rendre compte de la place que la glace doit occuper dans l'appui, en raison de la hauteur de la voiture.

Il importe d'abord de déterminer la largeur, ou, pour mieux dire, l'épaisseur de la coulisse qui doit recevoir la glace,

Comme l'épaisseur du châssis est de 11 millimètres (5 lignes), celle de la coulisse ne doit être que d'un peu plus de 14 millim. (6 lignes), afin qu'il ne reste que l'espace exactement nécessaire pour le jeu de la glace; car il importe beaucoup qu'elle coule aisément, sans être trop à l'aise, parce que, dans ce cas, l'ébranlement de la voiture pourrait faire casser les glaces, inconvénient fort à redouter.

Il faut donc que non-seulement la glace soit prise juste quand elle est levée, mais encore étant baissée : aussi doit-on agir de telle sorte que les coulisses n'aient que 14 millimètres (6 lignes) de largeur à leur extrémité supérieure A (*fig.* 121), 14 millimètres (6 lignes) également du devant de l'apsichet B, au-dedans de la joue, ou plutôt d'après la saillie de la moulure. Il faut qu'il y ait pareillement 14 millimètres (6 lignes) de jeu entre le derrière de la traverse et le dedans de la joue de la coulisse C, et que la même distance se trouve aussi en bas, en D, de manière que la distance de 14 millimètres (6 lignes) se trouve seulement aux points A, B, C, D, ce qui est nécessaire pour retenir la glace et l'empêcher de ballotter, soit qu'on l'abaisse, soit qu'on l'élève.

Quant à l'épaisseur de cette coulisse dans tout le reste de sa hauteur, elle est déterminée par le cintre de la voiture qui lui prête plus ou moins de largeur dans la partie de l'appui, à raison de ce que le cintre de la voiture s'écarte plus ou moins de la ligne droite. Pour bien entendre cette partie de la théorie des voitures, il importe d'abord d'observer que, dans tous les cas, la superficie des glaces est droite et dégauchie, et qu'elles ne peuvent se prêter à aucun cintre ni gauche. C'est pourquoi il faut que les places disposées à recevoir les glaces soient parfaitement droites et dégauchies, afin que lorsque celles-ci sont dans l'apsichet ou feuillure du dessus de la traverse d'appui, elles portent également partout.

Pour avoir les différentes largeurs des coulisses, on s'y prend de la manière suivante :

Après avoir déterminé le cintre de la voiture et tracé le dessus de la traverse d'appui, ainsi que le point le plus haut de la glace, comme A, on commence à marquer 14 millimètres (6 lignes) de largeur à ce point, ainsi qu'il a été dit plus haut; on met ensuite au nu de l'appui 36 millimètres (16 lignes) de distance de l'intérieur à l'extérieur de la coulisse; savoir : 16 millimètres (7 lignes) pour l'apsichet, 7 millimètres (3 lignes) d'épaisseur de languette, et 14 millimètres (6 autres lignes) pour le passage de la glace; puis, du point *a* au point *b*, on tire une ligne droite qui est le dedans de la joue de la coulisse; on fait la même opération par le bas, ce qui donne également le dedans de la joue, ou, pour mieux dire, le dedans du panneau de doublure qui sert de joue.

Quant à l'intérieur de la coulisse du côté du panneau, il ne peut être une ligne droite comme la ligne *c d*, parce que si cela était, la glace, en remontant, viendrait rencontrer la joue supérieure de la coulisse au point *d*, ce qui l'empêcherait de monter plus haut, à moins que la glace ne pliât, ce qui est impossible.

L'intérieur de la joue doit donc être une ligne courbe dont on a le contour en faisant passer au derrière de l'apsichet plusieurs lignes droites d'une longueur égale à celle de la glace, comme celles *e f* et *g*, *h*, qui étant plus élevées l'une que l'autre, et touchant par leurs extrémités au-dedans de la joue de la coulisse du haut, donnent à leurs extrémités intérieures autant de points par où passe la courbe décrite par le bas de la glace, dont les lignes *c d*, *e f*, et *g h* représentent la surface.

On fait la même chose avec une règle de 14 millimètre, (6 lignes) d'épaisseur, et d'une largeur égale à celle de la glace, laquelle règle on fait passer au derrière de l'apsichet, et appuyer du bout supérieur au-dedans de la coulisse, et on la fait monter tout le long de cette dernière, de telle sorte qu'en attachant un crayon ou une pointe au bout inférieur de la règle, on trace tout de suite la courbe demandée, à laquelle on ajoute 2 à 5 millimètres (1 à 2 lignes) de jeu, afin que la glace ne soit point trop gênée dans son mouvement.

Les coulisses des portières, qui se font dans les battants de celles-ci, s'exécutent de la même manière que les autres, comme on le voit dans les figures 122 et 123. La glace se place en haut des battants, et la traverse n'a d'épaisseur à cet effet que la joue de la coulisse, ou pour mieux dire, la la saillie du profil. Les glaces de portière se retirent par le haut.

Pour ce qui est des glaces de côté des voitures, qui se font si rarement, on pratique leurs coulisses d'un côté dans le pied d'entrée, et de l'autre dans les coulisseaux qui se rapportent à plat sur les panneaux de custode, qui leur servent de joue intérieure seulement par le haut : quant au bas, ils ont une joue qui ne va que jusque sur le panneau dont elle suit les contours.

La largeur des coulisseaux est, pour l'ordinaire, de 34 à 36 millimètres (15 à 16 lignes) afin qu'ils aient assez de bois, d'après la rainure, pour y placer les vis avec lesquelles on les attache au bâtis : quant à leur hauteur, ils viennent finir par le bas sur le brancard, et par le haut on les laisse passer de 14 millimètres (6 lignes) au-dessus des traverses, afin qu'ils entrent tout entiers dans les battants de pavillon, ainsi que les pieds corniers et les pieds d'entrée. Ces dispositions s'appliquent aux coulisseaux de côté, comme à ceux de devant, excepté que l'on fait quelquefois ces derniers de 5 millimètres (2 lignes) plus minces que les autres.

La partie inférieure des coulisses, ainsi que celle des coulisseaux, n'a pas de joue en parement, c'est-à-dire en dedans de la voiture, depuis le nu de l'appui; mais, au contraire, on y fait une entaille sur toute la largeur, de l'épaisseur de la joue supérieure : cette entaille se pratique pour recevoir les *panneaux de doublure* qui tiennent lieu de joue et garantissent les glaces en les cachant lorsqu'elles sont baissées.

Les coulisseaux se font exactement de la même manière que les coulisses; aussi nous n'entrerons point dans de plus grands détails à cet égard, l'inspection seule des figures étant plus que suffisante. Voyez la figure 120 qui est le coulisseau de la figure 121 : la figure 122, qui est celui de la figure 123; enfin, la figure 124, qui est celui de la figure 125. J'ai marqué des entailles à ces coulisseaux, pour indiquer celles qui reçoivent les traverses d'appui, et les barres qui portent les panneaux.

Quand la glace est relevée, elle doit trouver un point d'appui; ce point d'appui, sur lequel on pose le bord de la partie inférieure de la traverse du bas du châssis, est une rainure pratiquée sur le bord de la partie supérieure du panneau de doublure. Elle doit être assez profonde pour maintenir la glace, sans toutefois trop enfoncer le châssis.

Des panneaux de doublure.

Ils se font en bois blanc de 9 millimètres (4 lignes) d'épaisseur, qui est celle de la joue intérieure des coulisseaux; on les met toujours couchés et sur la rive du haut, c'est-à-dire sur le bord de l'accotoir; on y met aussi une alaise d'environ 81 millimètres (3 pouces) de large, et cette alaise a pour le moins 14 à 16 millimètres (6 à 7 lignes) d'épaisseur; on la fait en orme ou tout autre bois dur, pour que le sellier puisse, sans la fendre, y attacher la garniture d'accotoir. La mesure de 16 millimètres (7 lignes) est nécessaire pour porter la garniture d'accotoir que les selliers y posent. Voyez, pour apprécier le travail des panneaux de doublure, les figures 121, 123, 125, où ces panneaux sont dessinés en coupe avec leurs alaises ou emboîtures, et les figures 120, 122 et 124, où l'entaille est faite pour recevoir les panneaux de doublure. L'épaisseur de ceux-ci y est marquée par des lignes ponctuées. Le bas des panneaux de doublure doit porter sur le brancard dont ils leur font suivre le contour, et ils doivent affleurer en dessus à l'apsichet de la glace.

Des faux panneaux.

Lorsqu'on mettait, comme nous l'avons dit plus haut, des glaces de custodes aux voitures, on employait les faux panneaux en manière de volets à coulisses pour placer derrière ces glaces. Celles-ci n'étant plus d'usage, les faux panneaux ne se font plus que comme une sorte d'exception; mais comme on les emploie encore pour les voitures économiques, pour celles que l'on veut rendre obscures pendant la nuit, je vais en parler avec les détails nécessaires.

Les faux panneaux se font de bois blanc afin d'être plus légers : leur épaisseur est de 9 mill. (4 lig.) au plus, afin qu'ils n'aient qu'au plus 14 mill. (6 lig), lorsqu'ils sont garnis de cuir en dehors et d'étoffe en dedans. Il est utile en outre qu'ils ne soient pas plus épais, afin de glisser aisément dans les coulisses. Les planches dont sont composés les faux-panneaux, sont jointes ensemble à l'ordinaire : on les emboîte par les deux bouts, afin de rendre ceux-ci plus solides, et qu'ils ne puissent pas *coffiner* aisément. En outre, comme ces emboîtures ne peuvent être assemblées qu'à rainures et à languettes, à raison de leur peu d'épaisseur, il faut avoir soin que le bois soit très-sec, parce que si le bois venait à se tourmenter, cela ferait un effet d'autant plus désagréable que le cuir qu'on colle, et qu'on applique sur sa surface, ferait des plis en se retirant. Il importe ainsi beaucoup par un motif semblable que les faux-panneaux soient parfaitement replanis, parce que la plus légère onde, le moindre sillon qui se trouve, paraît à travers le cuir.

Lorsqu'on veut que les faux-panneaux soient contenus

dans l'épaisseur de la voiture, ainsi que les glaces, cela ne change rien à la façon des coulisses et des coulisseaux, excepté toutefois qu'on augmente leur largeur de 23 mill. (10 lig.) environ par le bas seulement; savoir, 16 mill. (7 lig.) pour le faux panneau, et 7 mill. (3 lig.) pour la languette qui sépare les deux coulisses : quelquefois, cette languette se fait de cuivre de 2 mill. (1 lig.) d'épaisseur, pour que les bois soient moins épais, et par conséquent moins lourds, car la légèreté de tous les organes qui entrent dans la structure d'une voiture est de la plus grande importance. Quant à la partie supérieure de la coulisse, elle doit toujours être de même largeur qu'aux coulisses simples; cependant, comme il arrive quelquefois que le peu de cintre du parement de l'ouvrage oblige de faire les coulisses plus larges par le haut, afin que la joue de la coulisse (*fig.* 125) devienne droite, et que le faux-panneau puisse monter aisément, on fait venir le haut de cette joue en adoucissant, pour qu'elle n'ait que 16 mill. (7 lig.) de largeur à son extrémité supérieure.

Les arêtes du pourtour des faux-panneaux doivent être arrondies, surtout sur la largeur, pour faciliter le coulement, ainsi qu'aux châssis de glaces. Les figures 126 et 127 représentent un faux-panneau vu de face et en coupe.

Les faux-panneaux ne servent pas seulement à doubler les glaces comme un volet, ils les remplacent dans les voitures de campagne où l'on tend à l'économie. En ce cas, ces faux-panneaux ne sont pas entièrement pleins : ils ont, à quelque distance du bord de l'extrémité supérieure, un trou en losange ou en ovale, dans lequel on met une vitre ou une petite glace. Cette vitre est immobile. Que l'on mette les faux-panneaux aux portières, au devant et même au derrière des voitures, leur construction ne diffère en rien. D'ailleurs tous se relèvent et se baissent comme les glaces : au lieu de les recouvrir d'étoffe en dedans, et de cuir en dehors, on peut tout simplement les recouvrir d'une peinture et d'un vernis analogue à la couleur de la voiture : ils en sont moins lourds, glissent plus aisément, et offrent plus d'économie. Il faut, en ce dernier cas, resserrer d'environ 5 millimètres (2 lignes) la largeur des coulisses destinées à les recevoir.

Des Jalousies.

Au lieu de placer dans l'encadrement d'un châssis, une glace, un vitrage, un faux-panneau, on y met une jalousie immobile, absolument pareille aux jalousies, ou plutôt aux persiennes employées dans les bâtiments. La figure 357, *Pl.* 6, montre comment est disposée cette espèce de jalousie qui sert de glace à une *coureuse*.

Ces jalousies fixes ou persiennes doivent forcément être substituées tout à fait aux glaces; mais il n'en est pas de même pour les jalousies mobiles, elles peuvent à volonté remplacer la glace, ou la doubler à l'intérieur. Mais que les lattes des jalousies soient mobiles ou immobiles, leurs lattes ne doivent pas avoir plus de 2 millimètres (1 ligne) d'épaisseur, et ces lattes s'assemblent toujours (dans le bâtis semblable au châssis des glaces) en entaille de 2 millimètres (1 ligne) de profondeur, ce qui suffirait, parce que l'entaille plus profonde affaiblirait trop les montants. Comme les lattes sont extrêmement minces, et qu'elles pourraient plier sur leur longueur, on les soutient au moyen d'un ruban que l'on colle et que l'on attache au milieu de la jalousie et sur le devant des lattes, comme l'indique la figure 128, *Pl.* 5. Ces jalousies ne doivent pas avoir plus de 14 millimètres (6 lignes) d'épaisseur, afin de couler facilement : c'est pourquoi on doit faire affleurer toutes les lattes, ainsi qu'on le voit *fig.* 129.

Quant aux jalousies mobiles, elles sont très-commodes, parce qu'on les ouvre à tel degré qu'on veut, et qu'on les ferme même tout-à-fait, comme tout le monde le sait. Les lattes ou lames de ces jalousies se recouvrent à feuillure les unes sur les autres, et sont arrêtées dans les bâtis par le moyen d'un goujon de cuivre qui entre d'un bout dans ces derniers, et de l'autre reçoit dans un enfourchement la latte qui y pénètre tout entière. On fait mouvoir ces lattes à l'aide d'un ressort, qui est placé dans le milieu de la traverse d'en bas, et qui est attaché à un ruban par lequel sont retenues toutes les lattes, de manière que lorsque le ressort est libre, il contraint toutes les lattes à descendre en contre-bas, et fait par conséquent fermer la jalousie, comme le montre la figure 130.

Quand on veut ouvrir la jalousie, on tire le bout du ruban (*fig.* 130 et 131), qui tenant à toutes les lattes les fait ouvrir, et on arrête ce ruban à un crochet, mêmes figures. Ce crochet maintient la jalousie ouverte à tel degré qu'on veut, ce qui se conçoit aisément, puisqu'en tirant le ruban ou cordon on comprime le ressort dont la tension tient les lattes en respect et les empêche de se mouvoir. Comme ces jalousies sont quelquefois à bois apparent, on peut y employer des bois précieux, comme le bois d'acajou, de rose, etc. ; mais comme aussi, et le plus souvent, on revêt les jalousies d'une couleur verte, bleue ou jaune, il suffit de les faire en noyer blanc. Autrefois les selliers les garnissaient en taffetas vert collé sur les lattes, mais un beau vernis est plus propre et moins couteux. Les jalousies se placent particulièrement aux portières.

Des Stores.

Le vide des glaces se remplit aussi par des stores, et même on use encore de ce simple et commode procédé de se garantir de l'ardeur du soleil, lorsque la voiture est garnie de glaces ou de vitrages.

Les stores sont de rideaux de percaline pour les voitures communes, et de taffetas, de gros de Naples ou de quinze-seize pour les voitures élégantes : ils sont de la grandeur juste de la glace ou de son ouverture. On les attache par la partie supérieure sous le pavillon, et on les arrête sur l'appui des glaces sur lequel ils descendent. Ces stores sont roulés par le haut sur un tube ou tuyau de fer-blanc, qui renferme un ressort que l'on comprime lorsqu'on fait descendre le rideau, de telle sorte qu'en le lâchant le ressort le fait remonter tout seul, comme le représentent les deux parties de la figure 133, *Pl.* 5. L'étoffe du store est ordinairement verte ou bleue, et plus rarement jaune. On choisit ces couleurs pour ne point fatiguer la vue.

Comme le ressort fait remonter promptement le store lorsque celui-ci est descendu, il faut l'arrêter tout de suite ; pour cela, une boucle de ganse est cousue au milieu du bord inférieur du store : cette boucle disposée perpendiculairement s'accroche après un bouton fixé immédiatement au-dessous d'elle dans l'étoffe de la voiture, ou plutôt sur le galon de la bordure qui garnit le bord de la traverse d'appui. Si l'on veut maintenir le store ouvert à moitié ou au tiers, il est nécessaire d'avoir au-dessus de cette première boucle, ou au-dessous, d'autres boucles plus ou moins longues, selon le point où l'on veut que le store soit arrêté.

Mais ces boucles ne laissent pas que d'être un peu embarrassantes, surtout lorsqu'on doit s'occuper d'y faire entrer le bouton, tandis que roule la voiture, aussi fait-on usage d'un mécanisme un peu plus compliqué à la vérité, mais infiniment plus commode, pour maintenir le store à telle hauteur qu'il convient.

Ce procédé consiste à attacher à l'un des bouts du tuyau *a* (*fig.* 134 et 135) une rondelle taillée et dentelée *b* (*fig.* 136 et 137) en forme de crémaillère, dans les dents de laquelle entre un encliquetage *c* qui tend à remonter en haut par le moyen d'un ressort *d:* ce ressort prête lorsqu'en faisant descendre le store, la rondelle dentelée, en tournant, fait baisser l'encliquetage ou *redent*, qui reprend aussitôt sa place, et par conséquent arrête le store à la place où il se trouve. Lorsqu'on veut que le store remonte tout-à-fait, on descend le redent à l'aide d'un ruban *e* qu'on y attache, et avec lequel on le tient baissé jusqu'à ce que le store soit entièrement remonté.

La mécanique qui fait remonter le store, n'est simplement qu'un ressort à boudin, qui est attaché d'un bout sur la tringle de fer qui sert d'axe au ressort et qui est aussi attachée solidement par les deux extrémités, de telle sorte qu'elle ne puisse tourner. L'autre bout du ressort est fixé à un tampon de bois percé à jour pour pouvoir tourner sur l'axe immobile, et qui se trouve arrêté avec le tuyau de fer-blanc qui porte le rideau que l'on roule autour: de manière que pour faire descendre le store ou rideau il faut tourner le tuyau, ce qui comprime le ressort à boudin, qui se dilate quand on lâche le store et fait retourner le tube en sens contraire. A l'autre bout de ce tube est un autre morceau de bois de grosseur pareille au premier, morceau également attaché au tuyau et percé d'un trou pour faire passer l'axe immobile. La figure 134 montre le store dépouillé de son tuyau; la figure 135, la coupe du store sans le ressort; et enfin, les figures 136, *Pl.* 5, et 137, *Pl.* 1, représentent les deux extrémités du store avec les gâches dans lesquelles il est arrêté.

Le rouleau du store doit être un peu plus large que l'ouverture de la glace, afin d'en recouvrir les deux côtés: sa grosseur doit être de 20 à 27 millimètres (9 lignes à 1 pouce), afin que l'étoffe roulée autour ne fasse pas plus de 34 millimètres (15 lignes) de diamètre, cette largeur étant à peu près celle qui reste entre le dedans de la frise de la portière et l'intérieur du pavillon.

Des Siéges et Banquettes.

Les siéges sont les parties intérieures les plus importantes des voitures, puisque celles-ci sont construites de telle sorte qu'on ne peut s'y tenir debout. Il faut les confectionner de façon qu'on y soit assis commodément, et, de plus, qu'on ne soit pas exposé à glisser de dessus par le mouvement continuel de la voiture.

Les siéges des berlines et du plus grand nombre des voitures doivent avoir 35 centim. (13 pouces) de hauteur sur le devant, sur 38 à 43 centim. (14 à 16 pouces) de largeur. Le dessus doit être en pente, sur le derrière, de 54 millim. (2 pouces) au moins, pour empêcher que le roulement de la voiture ne fasse glisser les coussins, et, par suite, les personnes qui les occupent, ce qui serait chose infaillible si le dessus des siéges était de niveau. Au surplus, cette pente ou inclinaison, que je fixe ici à 54 millim., doit être proportionnée au mouvement de la voiture. Or, ce mouvement dépend de la suspension. Toutes les fois que le balancement de la caisse est plus considérable, il devient nécessaire de conserver les 54 millim. (2 pouces) d'inclinaison, et certaine inclinaison n'exige que 27 à 41 millim. (1 pouce à 1 pouce et demi). Les siéges de devant et de derrière d'une berline sont égaux.

Comme la largeur du siége excède quelquefois en dedans de l'ouverture de la portière, on arrondit les angles du siége, en y pratiquant une retraite au nu des pieds d'entrée : on a soin de laisser 54 à 81 mill. (2 à 3 pouces) de distance entre l'angle qui forme la retraite et l'intérieur de la voiture, afin que les habits des personnes placées dans la voiture ne se prennent point entre la saillie du siége et le dedans de la portière.

Les siéges sont appuyés ou sur coffre ou sur bâtis, et, par parenthèse, les siéges de devant sont presque toujours de ce dernier genre, à moins qu'il ne s'agisse de ceux d'une diligence, pourvue par devant d'un coupé, et par derrière d'une rotonde, parce qu'alors l'équilibre existe et qu'on ne risque rien à charger le devant. Les siéges de derrière ouvrent communément par-dessus en forme de coffre, qui est entouré d'un bâtis dans lequel il entre à feuillure des trois côtés, comme on le voit *fig.* 138 A, *Pl.* 1, où l'on a dessiné la coupe de ce siége, et la *fig.* 139 en représente l'élévation.

Les siéges de derrière sont soutenus en avant par la planche qui forme la paroi de devant du coffre, et par ses deux coulisseaux; ils le sont en arrière par un tasseau *a*, qui se trouve porté par des taquets *b*, attachés sur les panneaux de côté de la voiture. Les bâtis de dessus de ces siéges doivent avoir 81 mill. (3 pouces) au moins de largeur : les battants ou parcloses, la traverse de derrière, ont une largeur semblable. Il faut faire à cette dernière une feuillure pour empêcher les siéges de plier en dedans.

Les siéges de devant des berlines ne diffèrent des siéges de derrière, qu'en ce que le dessus ne se partage et ne se lève pas, et qu'il est, au contraire, d'une seule pièce et fixé en place, *fig.* 138 B. Ce dessus est soutenu par des tasseaux *c d*, dont le bout de devant entre en entaille dans le coulisseau *e*, et dont l'autre bout est porté par un loquet *f*, qui est attaché sur le panneau de doublure du devant.

La planche dont est formée la surface de ce siége ne va point toujours de toute sa hauteur, car on la fait de moitié plus étroite, afin de pouvoir fouiller dans le coffre, s'il s'en trouve au-dessous : on l'arrange aussi de cette manière pour pouvoir la retirer, si l'on veut, sans lever le dessus du siége, en observant néanmoins d'abattre la joue du devant du coulisseau, d'après la largeur de la planche. Voyez les *fig.* 140, 141, et la *fig.* 138 en B. Mais, je le répète, on ne fait presque jamais de coffre sous les banquettes des voitures soignées, afin que les personnes qui y sont assises puissent étendre commodément les jambes. On s'en abstient même dans l'intérieur des messageries; cependant, en revanche, on pratique des coffres sous les siéges du coupé, de la rotonde, parce qu'il n'y a point de siège vis-à-vis du premier, et que, par conséquent, le vide du dessous des siéges serait inutile.

Les dessus de siége se font généralement en bois d'orme ou tout autre bois dur bien sec, afin qu'il se coffine moins : l'épaisseur de ces siéges est de 23 à 27 millim. (10 lignes à 1 pouce) au plus. Les coulisseaux, les tasseaux et les taquets doivent être aussi en bon bois dur : il n'y a que les planches qui forment le devant du coffre, et qui sont placées verticalement, qui soient faites en forte volige de bois blanc, afin d'être plus légères.

Il y a, dans les diligences à plusieurs compartiments, des siéges brisés, qui s'élèvent et s'abaissent comme les banquettes de spectacle.

Des Strapontins, ou anciens siéges mobiles.

On faisait autrefois beaucoup d'usage de ces siéges, qui ne sont presque plus d'usage que pour quelques grossiers chars-à-bancs, et encore le travail compliqué qu'ils nécessitent les rend-il très-peu convenables pour de semblables chars. Ils sont lourds, embarrassants, surtout incommodes, et pour les personnes assises sur le siége de derrière, et pour celles qui sont placées sur le strapontin : la raison en est simple, puisque les premières courent à chaque instant le risque de heurter leurs jambes contre ce siége mobile, puisque les secondes sont assises sur le bois, sans garnitures ni coussin. Outre ces inconvénients déjà assez graves, le strapontin a celui de diminuer la grandeur de la voiture, d'être apparent, quoi qu'on fasse, et cette fois la mode a eu bien raison de le rejeter.

Des siéges supplémentaires. Nouveau siége double pour enfants.

Il me semble que l'on pourrait avec avantage essayer le procédé suivant pour doubler les siéges sans tous les inconvénients énumérés à l'égard des strapontins. Voici en quoi consiste ce procédé : d'abord, il ne peut être mis en usage que dans une voiture qui n'a point de siége de devant, comme les coureuses, les cabriolets, et tant d'autres : le siége ne peut jamais avoir de coffre, ce qui ne peut être une privation, puisque les coffres ne sont presque plus usités, et qu'ils sont entièrement supprimés dans une voiture élégante et légère. Or, sous le siége, on pourrait pratiquer trois liteaux, placés, l'un au milieu, et les deux autres aux extrémités de ce siége. Ces liteaux, plus ou moins épais, selon que l'on voudrait que le double siége fût plus ou moins bas, porteraient des coulisses dans lesquelles glisserait une tablette environ à moitié large comme le siége principal : cette tablette serait fortement échancrée, en s'arrondissant à l'endroit correspondant aux personnes assises ; elle le serait de manière à ne pas saillir au-delà du coussin du siége principal, et n'aurait toute sa largeur que sur une surface étroite, propre à placer un enfant entre les personnes assises sur le siége, ce qui éviterait le désagrément de le mettre sur les genoux et le garantirait des chocs de la voiture par le voisinage de ses voisins. En outre, le petit voyageur, placé ainsi sur un siége moins élevé que l'autre, jouirait de l'avantage de pouvoir poser les pieds sur le fond de la voiture. Comme il resterait encore de l'espace entre le fond et le second siége, on pourrait mettre là de petits coussins légers, que l'on ne sortirait que lorsqu'il s'agirait d'en garnir le siége à coulisses. La garniture attachée sur le siége principal, au-dessous du coussin transversal, serait de longueur telle qu'elle pût seulement garnir le siége improvisé, sans courir le risque de gêner les voyageurs et sans se déchirer en se relevant avec effort.

D'un siége à palette.

Voici encore la description d'un siége supplémentaire plus connu que le précédent, mais assurément moins commode : on en fait usage dans les voitures communes, comme pataches, chars-à-bancs, et généralement par préférence dans les voitures qui ne peuvent tenir que deux personnes. Ce siége, qu'on adapte pour en placer une troisième, n'est autre chose qu'une petite planche arrondie par-devant d'environ 32 centim. (1 pied) en carré : cette planche est ferrée au-devant du siége de la voiture, de telle sorte que, lorsque l'occasion se présente d'en faire usage, on la relève et on la soutient par une tringle de fer qui est fixée au-dessous avec un piton. Le bout inférieur de cette tringle porte dans le fond de la voiture, auquel on pratique un petit enfoncement de la mesure de cette tringle, afin qu'elle ne puisse glisser, et, par conséquent laisser tomber le siége.

Quelquefois ce siége de rapport ne se rabat pas au-devant du siége ordinaire à la manière des plus simples strapontins, comme celui que nous venons de décrire ; mais il entre en entaille dans le dessus de l'autre siége, auquel il affleure ; au moment de s'en servir, on le fait revenir en dehors, de manière qu'il ne tient plus à l'autre que par la charnière E, *fig.* 142, *Pl.* 1. On a soin de le disposer de telle sorte, qu'il soit parfaitement au milieu du siége principal, lorsqu'on le ramène en avant.

Ce siége ne peut pas être bien épais, attendu qu'il doit entrer tout à vif dans le siège ordinaire, auquel il reste forcément 7 millim. (3 lignes) d'épaisseur au moins après le ravalement. On ne peut donc garnir le siége supplémentaire d'un coussin fixe, qui d'ailleurs se déchirerait en bien peu de jours par le frottement. Cependant, si on le désire, on peut, amincissant de plus en plus le siége principal, terminer par l'échancrer tout-à-fait, en y pratiquant une portée autour, d'après laquelle on pourrait garnir le siége mobile, ou le *siége à palette* (on lui donne souvent ce nom), ainsi que je l'ai indiqué, *fig.* 142, par des cercles ponctués. Mais un coussin provisoire, placé ordinairement sous le siége, et mis sur la palette quand il le faudrait, me semble plus simple, et par conséquent préférable:

Lorsque la palette est ouverte, elle est soutenue par une tringle de fer attachée au fond de la voiture, au bas du coffre du siége ordinaire, et dont l'extrémité supérieure entre dans un trou pratiqué au milieu du dessous de la palette. Ce trou doit être peu profond, et garni d'une plaque ou gâche de fer, afin que, par l'usage, le bois ne puisse s'écarter.

Il faut s'abstenir de fabriquer cette sorte de strapontin dans les voitures qui ne peuvent contenir qu'une seule personne, parce qu'alors elle est obligée d'écarter les jambes pour faire place au strapontin, ce qui est extrêmement gênant. On obvie un peu à cet inconvénient en disposant celui-ci de manière à ce qu'il saille par côté, mais l'incommodité est palliée à peine, car elle subsiste toujours.

Du siége du cocher.

Autrefois cette partie des voitures était complètement l'affaire du charron; mais maintenant le siége du cocher a subi de telles modifications, il est si léger, si élégant, qu'il ne regarde plus que le menuisier, et encore le menuisier habile. Il est aussi en très-grande partie, pour certaines voitures, l'affaire spéciale du serrurier : toutefois, pour ne point couper en deux parts ce petit article, nous nous sommes abstenu de renvoyer, comme il l'aurait fallu, les ferrures modernes des siéges, au chapitre consacré dans ce traité à la ferrure des équipages.

Des siéges à galeries ou à l'anglaise.

Ces siéges en fer, revêtus en dedans d'un coussin de drap ou de cuir, sont extrêmement simples : c'est une espèce de petit char entouré d'une barre de fer qui s'arrondit aux deux bouts sur le devant, comme on peut le voir dans la figure 367 des modèles qui représentent un phaéton, et dans beaucoup d'autres voitures de ce genre. Le brouski, dessiné *fig*. 368, *Pl*. 6, montre une variation de cette sorte de siège ; les barreaux de la galerie sont placés verticalement et sont très-rapprochés.

Coffres extérieurs.

Les anglais nomment boats et budjets, la caisse qui se trouve dans nos voitures modernes sous le siége du cocher. Ces deux sortes de coffres sont fréquemment compris dans un seul article, quoique différemment nommés. Ils sont destinés à porter un peu d'avoine pour les chevaux, ou tout autre objet de peu de volume.

La différence qui existe entre le boat (la botte) et le budjet, consiste en ce que le dernier est fait avec un couvercle mobile, et tient lieu de coffre. Ces sortes de budjets sont les plus usités pour les chaises de postes, ou les voitures de voyage communes ; on s'en sert pour le transport du bagage. Les boats sont aussi confectionnés en forme de coffres, mais faits carrément et adaptés aux voitures de ville. Les uns et les autres sont faits quelquefois pour remplacer le siège du cocher (*fig*. 357, *Pl*. 6) afin de diminuer la fatigue du cheval lorsque la voiture est destinée à un voyage en poste, ou pour empêcher le cocher de voir dans l'intérieur de la voiture.

Les coffres extérieurs sont fréquemment usités pour la partie antérieure des phaétons, des brouskys, *fig* 368. Souvent aussi on attache sur les coffres extérieurs les ressorts de devant au moyen de branches de fer courbées, ou mains de caisses, *fig*. 357 et 358, fixées sur leur côté par des boulons. Le coffre fait pour entrer dans la voiture, y est aussi fixé ou suspendu, *fig*. 361. Ces coffres sont quelquefois aussi placés à la partie de derrière des phaétons carrik, etc. On peut voir aussi diverses autres suspensions et genres de coffres extérieurs dans les figures 355, 356, 359, 360, 364, 369.

Des siéges de laquais.

Autrefois les laquais étaient toujours debout, derrière les voitures, *fig.* 355, 356, 358, *Pl.* 6, et cette disposition se conserve pour les berlines, les coupés, les diligences de ville; il faut convenir qu'elle est plus gracieuse, et que le siége des laquais allonge désagréablement les phaétons, brouskys et autres voitures anglaises, mais elle est si fatigante pour les domestiques que la mode a très-sagement fait adapter des siéges où ils sont assis commodément, au lieu de se tenir après les glands et les cordons placés derrière les voitures. Nous ne dirons que deux mots sur ces siéges à coffre ouvert, assez semblables aux siéges à l'anglaise des cochers, et dont la seule inspection des figures 358, 359, indique les formes suffisamment. 1° Ils sont le prolongement de la voiture, comme le montre le phaéton avec ressorts à pincettes, *fig.* 367; les drowskys, brouskys, *fig.* 368, 365; 2° tantôt ils sont tout en fer, comme dans les landaus, les calèches, *fig.* 360, 361; 3° ou bien ils sont en bois par la base, comme dans la variation de phaéton représentée par la figure 366, et en fer par le haut; les panneaux qui les composent sont de noyer léger, ou plutôt de frêne bien sec.

Caves.

Nous savons que les coffres se nomment caves lorsqu'ils sont placés au fond de la voiture, et sous le plafond; nous savons aussi qu'ils ne prennent le nom de coffres que dans le cas où ils sont placés sous les siéges, principalement sous celui de derrière. Dans les messageries publiques, ces coffres ferment à clé, et sont assez souvent disposés à compartiments. Les planches qui composent le devant du coffre, dans ces voitures, sont ordinairement en orme ou en chêne, au lieu d'être en bois blanc.

Coffres postérieurs.

Ce coffre est attaché derrière la voiture (voyez la figure 353, *Pl.* 6, représentant un tandem, et la figure 365 qui représente un drowsky) avec laquelle il semble faire corps ; il se prolonge un peu sous le siége intérieur, et sert de panneau de derrière à la capote de la voiture. Son ouverture se trouve sous ce dernier siège.

Je terminerai cet article en appelant l'attention sur la cave en deux parties de la calèche à l'anglaise, *fig.* 362. Cette cave est ainsi divisée pour donner passage à la flèche, mais elle est d'un bien désagréable effet.

Il y a des voitures derrière lesquelles est fixée une malle fermant bien.

Des marche-pieds.

Nous nous proposons de faire connaître la structure des marche-pieds dans le chapitre relatif aux essieux et au ferrage des voitures.

Des Lanternes.

Toutes les voitures quelque peu soignées sont pourvues maintenant de lanternes plus ou moins élégantes. Ces lanternes sont placées tantôt en arrière de la voiture, comme dans les cabriolets, tantôt, par une branche horizontale et courte, entre le devant de la caisse et le siége du cocher, comme à un landeau, un landaulet, et en ce cas il n'y a qu'une seule lanterne, tandis qu'il y en a toujours deux lorsqu'on les applique comme il a été dit en commençant.

On emploie aussi deux lanternes lorsqu'on les place latéralement au siége du cocher, comme dans la figure 363, *Pl.* 6, qui montre une caléche coupée. Quelquefois, ainsi que l'indique la figure 357 qui dessine une coureuse, la lanterne est posée de manière à se trouver au-dessus de la coquille, en remplacement du siége du cocher. En ce cas, la lenterne tient par une branche métallique après la tige même de la coquille.

Les lanternes de quelques brouskys portent immédiatement sur les armonts, mais c'est une méthode vicieuse ; car chacun sait que la lumière doit être élevée pour projeter plus loin ses rayons. Néanmoins la construction de certaines voitures légères exige que l'on mette ce principe en oubli, telles que les carriks, tilburys, dont les lanternes sont placées sur les bateaux, au bas de la caisse, l'une à droite et l'autre à gauche de la voiture.

Les messageries ont leurs lanternes de plus grande dimension que les voitures ordinaires. Ces lanternes, au nombre de deux, se mettent de chaque côté du siége, et ces grandes voitures devraient avoir un éclairage plus multiplié ; deux autres lanternes devraient trouver place à la jonction de l'intérieur et de la rotonde, au niveau de l'impériale.

Les lanternes doivent être assorties aux voitures : en verre pour les chars peu soignés ; elles doivent être en cristal taillé pour les carrosses somptueux. Il faut aussi, en ce cas, que leur garniture soit argentée ou dorée, selon que les ornements de la voiture sont or ou argent. A défaut de ces embellissements recherchés, on donne aux lanternes une couche de vernis qu'on fait sécher à l'étuve.

CHAPITRE XII.

Modes divers de suspension employés dans la carosserie. — Méthode pour trouver l force approximative des ressorts. — Principes pour obtenir une bonne suspensior soit sur des ressorts droits, soit sur des ressorts à pincettes. — Renseignements su la fabrication des ressorts.

Modes divers de suspension employés dans la construction des voitures.

Il était naturel que les premiers constructeurs de voiture en plaçassent le corps immédiatement sur les essieux; c moyen étant le plus simple, était aussi le plus convenable, e c'était le seul qui fût praticable pour le transport des far deaux qui, sans nul doute, ont d'abord été l'unique et prin cipal objet des voitures.

La plus ancienne voiture suspendue qui parut en France est, je crois, le char supendu, offert à la reine épouse d Charles VII, en 1457, par les ambassadeurs de Ladislas V roi de Hongrie et de Bohême; lequel char *branlant et moul riche*, dit la chronique, fit la surprise et l'admiration du peupl et de la cour.

On n'essaya cependant point de l'imiter, car chacun sai que sous le règne de François Ier, il n'y avait en France que deux carrosses, et encore n'étaient-ils pas suspendus; l'un appartenait à la reine, et l'autre à Diane, fille naturelle de Henri II.

On sait également que Henri IV fut assassiné dans un semblable carrosse; c'était une espèce de charriot portant impériale, soutenu par quatre montants en bois fixés aux quatre coins de la voiture, des rideaux en cuir entouraient cette impériale.

On peut voir dans l'art du menuisier carrossier, par Roubo

fils, publié en 1771, *fig.* 1, 2, 3, la forme de ces voitures imparfaites.

J'ai cru devoir me dispenser d'en donner ici le dessin, car il nous en reste l'image dans les voitures dites corbillards; et nous allons passer à la description nette et précise des différents modes de suspension.

1° Les voitures grossièrement construites, et qui ne sont à proprement parler que des espèces de charrettes, telles que le char-à-banc, la patache, usités dans le Nivernais, le Bourbonnais et l'Auvergne, ont seulement leurs banquettes suspendues sur des cordes ou des lanières de cuir, ou bien quelquefois, les banquettes sont supportées par des perches fixées aux deux bouts de la voiture.

2° Après la suspension de la banquette, vient la demi-suspension de la caisse. Comme chez les premières voitures, la caisse porte quelquefois sur des perches ployantes, que l'on fixe à l'un et à l'autre bout de la voiture.

Dans d'autres cas, elle est suspendue par de larges bandes de cuir appelées *souspentes*, ordinairement fixées par leurs extrémités aux deux traverses qui maintiennent l'écartement du corps du train.

Mais pour l'ordinaire, la caisse, dans la voiture de luxe (et même aujourd'hui dans les voitures dites de remise), est suspendue soit sur des soupentes, qui sont portées sur des ressorts, ou simplement par des ressorts en acier.

Avant d'expliquer ces différents mécanismes, nous prions le lecteur de se reporter au chapitre de la ligne de tirage, pour qu'il puisse bien se persuader de l'avantage de la suspension par ressorts; il y trouvera qu'en outre des avantages de la solidité, on y rencontre ceux de l'économie et du bien-être.

De la suspension mixte par soupentes et ressorts.

Le plus souvent, le lissoir de derrière de la flèche porte deux ressorts en forme de C, dont la queue se prolonge jusque sur l'encastrure de derrière, lesquels ressorts supportent chacun une soupente (voyez *Pl.* 7, *fig.* 4, le ressort de derrière de la calèche à double suspension), laquelle soupente vient s'assembler en E dans la main en fer du derrière de la caisse.

La sellette de devant porte aussi pareillement deux autres ressorts en C, dont la queue se prolonge jusque sur le lisoir de devant, et servent à supporter les deux autres soupentes, qui tiennent dans les mains de devant de la caisse. On tend et l'on règle ces soupentes avec un cric G à déclic au moyen d'une clé à levier. L'élasticité du cuir et celle des ressorts suffisent pour amortir les secousses occasionées par les aspérités de la route.

Méthode pour trouver la force des ressorts.

Je crois que l'on peu considérer un ressort comme un levier flexible, dont la charge se trouve toujours sur un point donné, d'où part l'élasticité, et dont la force de résistance diminue à mesure que la longueur entre les points d'appui augmente.

Voici la règle que j'observais dans la fabrication, et qui m'a toujours réussi dans les applications que j'en ai faites.

J'évalue la force transversale d'une feuille d'acier ainsi qu'il suit :

1° Je prends pour base de longueur, 25 centimètres (9 pouces) d'une feuille de l'acier avec laquelle je veux fabriquer des ressorts.

2° J'additionne le nombre de millimètres contenus ...

largeur, et je multiplie ce nombre par celui des millimètres contenus dans l'épaisseur.

Le produit trouvé me donne le poids en demi-kilog. (en supposant que l'acier soit de bonne qualité) que ladite feuille peut supporter lorsque la charge est également répartie dans toute sa longueur.

Exemple.

Une feuille de 25 centimètres de longueur sur 50 millimètres de largeur et 5 millimètres d'épaisseur, la charge étant également répartie sur toute la longueur, peut supporter, sans qu'il y ait dépression sensible de la forme qu'on lui a donnée, 125 kilog.; ce qui est le nombre de millimètres carrés contenus dans la coupe de sa section transversale, c'est-à-dire qu'elle peut supporter 125 kilog.

Mais comme dans un ressort la charge n'est répartie que sur un seul point donné, qui se trouve presque toujours vers les trois-quarts de la longueur dans les ressorts en C, et vers le milieu de la longueur dans les ressorts droits et les ressorts à pincettes, il en résulte que l'acier, quoique de bonne qualité, ne peut supporter que la moitié de ce même poids, qui est un quart de kilog. par millimètre carré contenu dans la coupe de sa section transversale.

Ainsi, une feuille d'acier de 25 centimètres de long sur 50 millimètres de largeur et 5 millimètres d'épaisseur, ne peut supporter en un point donné que 125 demi-kilog., ou 62 kilog. 5 hectog.

Mais comme à mesure que la longueur des feuilles augmente de 25 centimètres entre les points d'appui, la force transversale diminue progressivement de moitié.

Voici la règle que je me suis établie :

Soit un ressort droit à six feuilles de 1 mètre 50 centimètres de longueur sur 50 millimètres de largeur et cinq millimètres d'épaisseur, ce qui produit 50 millimètres de largeur et 30 d'épaisseur totale pour les six feuilles, il en résulte en poids que :

	kil.	hect.
La première, de 25 centimètres de long, supporte	62	05
La deuxième, de 50 centimètres de long, supporte	31	02
La troisième, de 75 centimètres de long, supporte	15	06
La quatrième de 1 mètre de long, supporte . .	7	08
La cinquième de 1^{m},25 centim. de long, supporte	3	09
Et la sixième, de 1^{m},50 centim. de long, supporte	1	09
Ce qui produit pour la force totale des 6 feuilles	122	09

Il est bien entendu que ce poids représente la charge que peut supporter dans son milieu un ressort droit, dont les dimensions sont données ci-dessus, sans qu'il y ait aucune dépression sensible dans la forme que le forgeron lui aurait donnée.

Mais ce poids est loin d'être le poids extrême que pourrait supporter ce ressort s'il était fabriqué dans de bonnes conditions et avec de bon acier bien cémenté et trempé à son juste degré; et il est reconnu par l'usage, qu'il ne représente à peu près que le tiers du poids qu'il pourrait porter; on augmente encore la résistance que peut faire ce ressort, par la bande que l'on donne séparément à chaque feuille de ressort, au moyen d'une courbure plus fermée qu'elle ne doit l'être pour l'usage; ce qui reporte toute la résistance que peuvent faire lesdites feuilles vers leurs extrémités, et forme une espèce d'arc-boutant sur la feuille ordinairement plus longue qui vient ensuite, et diminue en quelque sorte la longueur de cette feuille.

D'après ce qui précède, l'on peut donc évaluer à peu près à 162 kilog., le poids que pourrait supporter ce ressort s'il était construit dans de bonnes conditions, surtout si ce même ressort décrivait un arc de 10 centimètres de flèche, mesuré dans le milieu de la maîtresse feuille.

Il faudrait pour faire décrire au même ressort, sans choc,

une ligne parfaitement droite, que le poids augmentât presque du double, ce qui représenterait une résistance d'à peu près 300 à 305 kilog.

Il faudrait aussi que le poids augmentât sans choc, jusqu'aux poids totaux de 450 à 500 kilog., pour qu'il y ait rupture d'une des maîtresses feuilles.

Cependant on ne peut pas faire supporter raisonnablement à un ressort de cette dimension, plus de 150 à 160 kilog., pour pouvoir être à peu près certain qu'il résistera aux chocs, et pour pourvoir en même temps à la sécurité des voyageurs.

Principes pour obtenir une bonne suspension, soit sur des ressorts droits, soit sur des ressorts à pincettes.

1° Il faut répartir à égale distance du centre de gravité, la puissance ou charge qui en compose la masse.

2° Il faut que la ligne de flexion se trouve autant que possible dans une position horizontale.

3° Que le tirage s'opère autant que possible par l'extrémité de la partie de devant du ressort.

4° Que le point d'appui de la charge se trouve autant que possible au centre de la longueur du ressort.

5° Il faut tenir les ressorts le plus longs possible, car plus ils sont longs plus ils sont élastiques, et moins ils sont susceptibles de se casser; attendu qu'en supposant que la longueur de la flèche de la courbure occasionée par les chocs soit la même pour deux différentes longueurs de resssort, la tension des fibres extérieures de l'acier étant moindre dans sa plus grande circonférence que dans la plus petite, il en résulte qu'il faut plus d'efforts pour les faire casser.

Ils sont plus élastiques, attendu que si l'on considère le ressort comme un levier flexible, plus il est long, plus il est sensible à la pression des chocs et de la charge.

Renseignements sur la fabrication des ressorts.

Après avoir donné des notions sur la méthode que j'employais pour trouver la force d'un ressort, je vais indiquer les moyens les plus usités de leur fabrication.

1° L'ouvrier forgeron prend d'abord la longueur que doit avoir la maîtresse feuille du milieu au milieu des rouleaux avec une règle en fer, en ayant soin de laisser 4 à 5 centim. (18 à 22 lignes) d'acier plus long, suivant l'épaisseur de la feuille par chaque rouleau, si c'est des ressorts droits, ou des ressorts à pincettes.

2° Après avoir calculé le nombre de feuilles nécessaires pour résister à la charge qu'il doit supporter, le forgeron répartit les étages de son ressort, qui doivent être égaux entre eux de manière à ce que le ressort présente, sur son épaisseur de chaque côté, la forme d'un angle régulier à partir de la place où est supportée la charge, jusqu'à l'extrémité du ressort, ou bien au ras de la partie intérieure du rouleau.

3° On ne doit jamais étirer les rouleaux des maîtresses feuilles lorsque les ressorts doivent être droits et supporter la charge au moyen de menottes ou plaques d'assemblage. Et on agit de même dans le cas où les ressorts doivent être montés horizontalement comme les ressorts de travers d'essieu.

Plus l'acier avec lequel on fabrique les feuilles est épais, plus l'on doit étirer les feuilles de loin, sans cependant dépasser l'endroit où elles se trouvent en contact avec la ligne qui figure l'angle, et où doit se terminer la feuille qui vient immédiatement après, c'est-à-dire que plus le ressort sera épais, plus l'angle sera ouvert; et plus il sera mince, plus il sera aigu.

Dans la carrosserie bourgeoise, et pour les voitures légères, on ne double jamais les rouleaux ; mais la seconde feuille vient toujours finir au ras des rouleaux, et elle est étirée plus ou moins mince, suivant la charge qui doit supporter le ressort.

4° On coupe de longueur convenable et suivant l'étage qui en a été fait, les feuilles que l'on a jugé nécessaires, en ayant la précaution de les couper plus courtes, suivant leur étage, de tout ce que l'on veut les étirer : car, dans le cas contraire, ce serait double perte, puisqu'il faudrait les couper après les avoir étirées et qu'il faudrait recommencer une seconde fois de les étirer de nouveau.

5° Lorsque toutes les feuilles d'un ressort sont étirées de largeur convenable, on les pare, c'est-à-dire que l'on efface les coups de marteau qui n'ont pas été donnés d'aplomb, et que l'on règle toutes les feuilles à la longueur convenable.

6° Quand toutes les feuilles d'un ressort sont parées, on marque la place des fentes et des étoquiaux au moyen de coups de pointeau.

7° On fait chauffer les feuilles couleur rouge cerise à la place où sont marqués les coups de pointeau des étoquiaux, et on les repousse au moyen d'un poinçon à main, dont la pointe est faite suivant la forme que l'on veut donner aux étoquiaux, dans une matrice qui sert à modeler la forme extérieure.

8° Lorsque les étoquiaux sont repoussés, l'on met tiédir les feuilles à la place où l'on veut faire les fentes, jusqu'à ce qu'on ne puisse plus endurer la main dessus : alors, avec un poinçon à froid emmanché qui représente la forme de la fente et que l'on applique à la place où l'on veut la percer, on présente les feuilles et le poinçon tout ensemble au-dessus d'une matrice percée convenablement, suivant la mortaise, et au moyen d'un violent coup de marteau à devant, donné par le frappeur, on débouche la fente.

9° Lorsque les étoquiaux sont soufflés et que les fentes

sont percées, on les règle et on les dresse, et le ressort est prêt à être donné à l'ouvrier limeur.

De la manière de limer les ressorts.

1° L'ouvrier limeur commence par ajuster à la lime les fentes et les étoquiaux, en ayant soin de laisser plus ou moins de jeu sur la longueur aux fentes, suivant le cintre que le ressort doit avoir.

2° Lorsque les fentes des feuilles et les étoquiaux sont ajustés, on dresse le ressort sur la largeur et la longueur, de manière à ce que toutes les feuilles soient parfaitement égales de largeur.

3° On désassemble les feuilles et l'on fait tous les bouts d'une forme absolument semblable.

4° On arrondit entièrement toutes les feuilles sur champ, excepté la place destinée à recevoir le collier (espèce de lien circulaire en fer destiné à réunir toutes les feuilles ensemble).

5° On perce les trous des boulons de ressort destinés à assembler les ressorts à froid, au moyen d'un foret en acier fondu de grosseur convenable, et lorsque les trous sont percés et que les tiges des boulons sont tout ajustées, on donne le ressort au forgeron pour le tremper.

De la trempe de l'acier des ressorts de voiture.

Pour bien tremper un ressort, voici les moyens le plus généralement employés.

De l'essai de l'acier.

On prend un morceau du même acier que l'on a employé; on le fait chauffer lentement jusqu'à la couleur rouge légèrement blanche, en ayant bien soin de ne pas le surchauffer, et on le trempe dans une partie d'eau naturelle et froide, de manière à saisir immédiatement tous les molécules dont il se compose, et lorsque l'acier est bien refroidi, l'on en brise une partie pour s'assurer de sa qualité et de son degré de finesse (voir à l'article de l'acier pour en connaître les qualités). Alors, on lui donne le recuit que l'on juge convenable en le faisant chauffer à une flamme vive d'un seul côté qui doit être le côté où il est susceptible de s'allonger par la charge, et lorsqu'on le juge convenablement recuit, on le laisse refroidir doucement à l'air.

Je dois faire remarquer ici, que lorsque l'on voudra donner à l'acier toute l'élasticité dont il est susceptible, qu'il faut le marteler à la chasse à une chaleur d'une très-basse température pour l'écrouir, ce qui se fait ordinairement presqu'à froid, du côté opposé à celui où il est susceptible de s'allonger en ployant. De cette manière, les pores de l'acier sont beaucoup plus serrés en dessus qu'en dessous, et il se trempe bien plus dur en dessus qu'en dessous, ce qui rend les ressorts bien plus élastiques et en même temps moins susceptibles de se casser, surtout si l'on a la précaution de ne donner le recuit que par dessous.

On prétend généralement, lorsque l'acier est de bonne qualité et qu'il n'a pas été surchauffé dans le travail de la forge, qu'il est suffisamment recuit lorsqu'il peut brûler légèrement un morceau de bois blanc que l'on frotte dessus.

Voici la méthode que l'on emploie pour s'assurer de l'élasticité d'une feuille d'acier trempé:

On la pose dessus un établi par ses deux extrémités, mais sans les butter, et au moyen d'un long levier que l'on pose dessus transversalement, on fait plusieurs abattages jusqu'à ce que les feuilles viennent porter sur l'établi, et lorsqu'après avoir retiré le levier, elle reprend la courbure qu'on lui avait donnée, on juge que la trempe est arrivée à son degré.

Si l'on croit que l'essai est bon, on commence l'opération de la trempe sur les mêmes principes.

Voici comment on trempe un ressort :

1° L'on fait tiédir la maîtresse feuille sur le feu et on la cintre au marteau suivant la courbe que l'on juge convenable pour donner la hauteur que doit avoir le ressort, jusqu'à ce qu'elle soit bien cintrée et réglée convenablement.

Quelques carrossiers ont des fausses feuilles sur lesquelles on cintre les maîtresses feuilles; c'est une très-bonne méthode, attendu que, par ce moyen, on abrège la main-d'œuvre, et que l'on ne fatigue pas inutilement les pores de l'acier, en les martelant pour donner le cintre convenable à la maîtresse feuille.

2° Lorsque la maîtresse feuille est cintrée au marteau, on la met dans le feu pour la faire chauffer au degré que l'on a jugé convenable d'après l'essai ci-dessus ; et, lorsqu'elle est chaude, on la retire du feu et on la plonge entièrement dans l'eau pour la refroidir immédiatement autant que possible.

3° On lui donne le recuit que l'on a reconnu comme le plus convenable d'après l'essai ; on règle le cintre et l'on s'assure qu'elle ne se voile pas, tandis qu'elle est encore chaude.

4° Lorsque la maîtresse feuille est froide, l'on fait un bon feu, bien voûté, et aussi long que le cintre des feuilles peut le permettre; on le dégage intérieurement, de manière à permettre que le vent de la tuyère puisse s'introduire facilement par le canal en charbon que l'on doit réserver devant la tuyère, et qui est destiné à chauffer l'air à son introduction pour qu'il ne soit pas aussi froid lorsqu'il arrive dans l'intérieur du feu. Cette méthode facilite tellement le développement de la chaleur, que, lorsqu'elle est bien appliquée, l'on peut chauffer entièrement d'une seule fois une maîtresse feuille, ce qui est nécessaire si on la cintre sur une fausse feuille, ou la seconde feuille, si l'on a cintré la maîtresse feuille au marteau.

5° Je suppose que ce soit la seconde feuille que l'on veuille cintrer : dans ce cas, la maîtresse feuille est maintenue au-dessus de l'enclume au moyen d'un goujon en fer qui passe par une de ses extrémités dans un trou de rivet que le limeur a percé dans toutes les feuilles de ressort. Ledit goujon est fixé par l'autre extrémité dans le trou de l'enclume.

6° Lorsque la seconde feuille est chaude d'un bout à l'autre, au degré voulu, on l'applique dessus la maîtresse feuille, sur laquelle deux hommes la maintiennent par les deux extrémités avec des tenailles, tandis que quatre ou six autres hommes la font porter bien exactement au moyen de leurs tenailles avec lesquelles ils la compriment sur toute sa superficie; lorsqu'elle porte bien (ce qui doit se faire vivement lorsque le nombre d'ouvriers est suffisant), si elle est encore chaude également partout au degré convenable, on la plonge dans l'eau pour la refroidir, et dans le cas où elle ne le serait pas, on la remet au feu pour lui donner le degré de chaleur convenable (cependant il faut, autant que possible, que cela se fasse de la même chaude).

7° On remet la troisième feuille au feu, et l'on continue la même opération jusqu'à ce que toutes les feuilles soient cintrées et trempées, et lorsqu'elles sont toutes trempées, on leur donne le recuit convenable, en ayant la précaution de les ajuster parfaitement les unes sur les autres au moyen d'un marteau à tête ronde.

Je dois faire remarquer ici qu'il faut avoir la précaution de leur donner moins de recuit à mesure que leur longueur diminue.

Pour les autres renseignements sur la fabrication des ressorts, on consultera les observations relatives aux qualités de l'acier, ainsi que l'article du travail général de la forge.

Comme les procédés employés dans la fabrication de toute espèce de ressorts sont généralement les mêmes, je laisserai à l'intelligence des ouvriers carrossiers le soin d'en simplifier la fabrication, et j'espère que, d'après les renseignements que je viens de donner, le forgeron sera à même de perfectionner cette méthode, suivant la forme et l'usage que l'on voudra faire des ressorts qu'il fabrique.

Des divers noms des ressorts.

Généralement, les ressorts tirent leurs noms de la forme de la courbure qu'ils décrivent. Ainsi, on appelle :

1° Ressorts *droits*, ceux qui ne décrivent que peu ou pas de courbe dans leur longueur, comme ceux posés transversalement à l'essieu du tilbury de chasse, copié d'après les dessins de M. Baslez, dessinateur. (Voyez *Pl.* 7, *fig.* 12).

2° On nomme *demi-ressorts à pincettes*, ceux qui se composent d'un ressort droit portant un rouleau à chaque extrémité, et d'un ressort droit dont une des extrémités se trouve maintenue en place sous les brancards de la caisse au moyen de brides. (Voyez *Pl.* 7, *fig.* 6, les ressorts du chariot Bret.)

3° On appelle *ressorts à pincettes*, ceux dont la forme décrit un ovale ; ils sont généralement composés de deux ressorts superposés l'un sur l'autre de manière à ce que les deux faces concaves se regardent; il y en a de plusieurs sortes.

Premièrement, les *ressorts à pincettes à main double*, c'est-à-dire ceux dont une des maîtresses feuilles porte à chaque extrémité une main qui est généralement enlevée dans la masse de l'acier, et destinée à envelopper les rouleaux de la deuxième maîtresse feuille du second ressort avec lequel elles sont assujetties au moyen de deux boulons qui traversent les mains du ressort de dessus et les rouleaux des ressorts de dessous. (*Voyez* H, H, H, H, les ressorts posés sous le train de la calèche à double suspension *Pl.* 7, *fig.* 6. *Voyez* aussi les figures 367 et 368, *Pl.* 6.)

En second lieu, les *ressorts à pincettes à main et à crosse* : c'est un ressort dont la maîtresse feuille du ressort de dessus est prolongée en demi-cercle qui se termine par un rouleau comme la maîtresse feuille de dessous, avec laquelle elle s'assemble au moyen de deux plaques d'assemblage appelées *jumelles*, lesquelles sont percées de chacune deux trous pour recevoir les deux boulons qui servent à réunir les deux ressorts. (Voyez *Pl.* 7, *fig.* 7, le ressort de devant du coupé de bateaux à voyage.)

Troisièmement, il y a des ressorts à pincettes qui n'ont qu'une seule main par devant, et l'autre extrémité du ressort est formée par les deux rouleaux des maîtresses feuilles superposés l'un sur l'autre et réunis au moyen de deux jumelles.

Quatrièmement, il y a des ressorts à doubles pincettes dont M. Fusz est l'inventeur : ce sont, à proprement parler, deux ressorts à pincettes, dont l'un intérieur est destiné à soulager le ressort supérieur lorsqu'il est trop chargé. Il doit y avoir assez de place entre les deux ressorts pour que le ressort supérieur puisse jouer lorsqu'il n'est pas trop chargé. (Voyez *Pl.* 12, *fig.* 1, 2, 3, 4 et la planche 13, *fig.* 1, les voitures dont M. Fusz est l'inventeur.)

Enfin, il y a des ressorts à pincettes dont l'extrémité de devant *a*, *a* forme deux rouleaux qui viennent s'ajuster dans deux mains enlevées dans les bandes de dessous la caisse ; dans ce cas, il faut que le ressort de dessus soit assemblé avec un collier *b*, sur lequel on laisse une masse de fer destinée à former un rouleau appelé *noix*, et qui vient s'assembler dans une main enlevée dans le support de la caisse au moyen d'un boulon ; le trou de boulon qui traverse la noix doit être assez libre pour que l'extrémité de devant du ressort puisse avoir la course nécessaire lorsqu'il s'allonge ; car, dans le cas contraire, s'il était butté, il casserait. (Voyez, *Pl.* 7, *fig.* 8, le ressort de derrière de l'américain Vourst.) Ce système de ressort, qui joint à l'avantage d'une traction directe, une grande élasticité, est dû aux talents des sieurs Mulbacher frères, carrossiers distingués, dont les ateliers sont situés à Paris, rue de la Planche, n° 14, et les magasins aux Champs-Elysés.

Des ressorts en C.

On appelle ressorts en C, ceux dont la courbure est pareille à celle de cette lettre. L'on voit en F, F (*Pl.* 7, *fig.* 4) de la calèche à double suspension, le modèle de ces ressorts. G, G, sont les crics qui servent à tendre les soupentes; I, I, les rouleaux des secondes feuilles dans lesquelles viennent s'assembler les menottes au moyen d'un boulon qui les traverse, lesdites menottes servant à empêcher les soupentes de s'échapper de dessus la tête du ressort ; K, K, les colliers en fer destinés à assembler les feuilles qui composent lesdits ressorts. (*Voyez* divers modèles de voitures à deux et à quatre roues, montées sur ces sortes de ressorts, dans les figures 350, 351, 354, 355, 356, 357, 358, 359, 360, 361, 362, 363, 364, 365 et 369, *Pl.* 6.)

J'estime que la douceur ou l'élasticité produite par ce genre de ressort peut être évaluée à environ un tiers de moins, à longueur égale, que l'élasticité produite par un ressort droit.

Il y a encore quelque autre genre de suspension, tel que la suspension par la torsion de M. Barth, qu'on a représentée dans les figures 150 et 151, *Pl.* 2, dont on trouvera la description dans le rapport fait à la Société d'encouragement par M. Mallet, en janvier 1831. Mais ce système n'a reçu jusqu'à présent que très-peu d'application.

On connaît encore un nouveau genre de suspension dont le principe est la tension opérée au moyen de jambes de force en fer. Voyez, *Pl.* 7, *fig.* 9, le plan d'une petite berline avec nouveaux ressorts copiés d'après le dessin de M. Baslez. *a*, *a*, *a*, *a*, sont les jambes de force en fer destinées à maintenir la tension ; *b*, *b*, *b*, *b*, des colliers ou fausse soupente en cuir; *c*, *c*, des plaques destinées à recevoir les brides de l'essieu par dessous et percées horizontalement à chaque extrémité dans la direction de l'essieu, pour recevoir les menottes *d*, *d*, *d*, *d*, qui se réunissent avec le collier en cuir; *e*, *c*, *c*, *e*, brides destinées à maintenir les essieux et percées dans le bout, d'un trou pour recevoir les colliers en cuir *f*, *f*, lesquels reçoivent, dans le bas, deux menottes *g*, *g*, à doubles yeux dans lesquels viennent s'assembler les feuilles à rouleaux *h*, *h*, *h*, *h*, qui servent d'arcs-boutants et s'assemblent aussi par le haut aux jambes de force au moyen de plaques d'assemblage et de menottes.

Ce genre de suspension encore nouveau ne donne pas généralement de très-bons résultats.

Suspension par ressorts à boudin.

Nous indiquerons très-brièvement cette façon de suspendre les voitures, parce que c'est un essai qui n'a pas encore réussi; cependant, s'il était combiné avec plus de soin, de précision et de persévérance, je crois qu'il pourrait donner des résultats avantageux. Nous n'en parlons ici que pour clore le chapitre des divers modes de suspension, et pour ne rien omettre dans ces articles.

CHAPITRE XIII.

DES ESSIEUX EMPLOYÉS DANS LA CARROSSERIE.

Méthode pour trouver la force approximative des essieux. — Méthode pour fabriquer les essieux coudés. — Renseignements sur les différentes sortes de boites. — Nomenclature des pièces de ferrure qui composent un avant-train. — Fabrication des marche-pieds extérieurs et d'intérieur des voitures. — Manière de poser les marche-pieds qui s'ouvrent seuls au moyen des portières. — Brevets divers.

Les essieux sont les pièces importantes et fondamentales de toute espèce de voitures.

Autrefois, les essieux de toutes les voitures se faisaient en bois ; maintenant, les essieux de ce genre ne sont plus usités que pour les voitures très-communes, et ceux de toutes les autres voitures se fabriquent en fer.

Les essieux sont les axes horizontaux sur lesquels porte la charge des voitures; les extrémités appelées, en terme d'état, les *fusées*, sont arrondies en cônes tronqués ayant pour longueur la presque totalité de la longueur des moyeux des roues. Ces fusées traversent librement les moyeux des roues; les essieux ont le double emploi de supporter la voiture et de réunir les roues, ce qui exige beaucoup de solidité.

Lorsque l'on veut faire de bons essieux corroyés, on choisit généralement des barres de fer bien malléable et à grain dit fer de roche; celui dont le minerai a été traité au bois est généralement de meilleure qualité que celui qui a été traité à la houille, et l'on doit préférer le fer martiné au fer laminé.

Le fer à grain résiste mieux au feu de la chaude soudante que le fer doux ; mais les chaudes soudantes successives lui donnent une disposition à devenir fibreux, si l'on a la précaution de ne pas trop le marteler à froid.

Les essieux en fer se font de plusieurs barres de fer que

l'on corroie ensemble, en prenant la précaution de les joindre les unes contre les autres, sur le plat de chaque barre, de manière à ce que les champs des barres se trouvent dans la direction verticale sur laquelle agit la charge. L'on doit tenir la dimension verticale plus forte que la dimension horizontale. Les fusées sont ordinairement tournées et reçoivent une direction légèrement inclinée en dessous, ce que l'on appelle le *devers* de l'essieu : ce devers doit compenser l'*écuage* des roues, et on peut voir, à ce sujet, les conditions essentielles d'une bonne construction de voiture. Les fusées d'essieu doivent aussi être légèrement inclinées en devant pour faciliter la traction de la roue; les bouts des fusées de l'essieu doivent être garnis d'écrous, ainsi que le prescrit l'article 11 de l'ordonnance du 16 juillet 1828.

Méthode pour trouver la force transversale d'un essieu et connaître le poids approximatif qu'il peut porter.

Règle : Multipliez le nombre de millimètres contenus dans la hauteur ou diamètre de fer à l'endroit où vient s'appuyer la charge par la largeur au même endroit, et le total trouvé au quotient donne le nombre de millimètres carrés contenus dans sa coupe ou section transversale. Multipliez ensuite ce nombre total par le nombre 5, qui représente en kilog. la charge ou poids que peut supporter 1 millimètre carré de fer sur 35 centimètres de long, la charge étant également répartie entre les points d'appui.

Ainsi, combien peut porter approximativement un essieu de 45 millimètres de hauteur ou diamètre, sur 40 millimètres de largeur et 30 centimètres de longueur, entre les points d'appui, la charge étant également répartie.

Exemple :

1° Je multiplie la hauteur représentée par le nombre 45
par la longueur représentée par le nombre 40

Et je trouve au total . . . . 1,800 millim.
contenus dans la surface de la coupe transversale de l'essieu.

2° Je multiplie ce nombre 1,800
par le nombre 5

Je trouve au total . . . . 9,000 qui me représente le nombre de kilog. que peut porter un essieu en fer corroyé de la dimension ci-dessus.

Mais comme à mesure que la longueur augmente, la force diminue, voici la règle que j'employais, ce qui m'a toujours parfaitement réussi :

J'estime qu'à mesure que la longueur entre les points d'appui augmente de 35 centimètres, la force diminue de moitié ;

Je dis donc :

1° La force ci-dessus à trente-cinq centimètres de distance entre les points d'appui, étant de . . . . . . 9,000 kil.

2° Elle n'est à 70 centim. de distance, que de 4,500

3° A 1 mètre 05 centimètres de distance entre les points d'appui, elle n'est que de 2,250

4° A 1 mètre 40 centimètres de distance entre les points d'appui, elle est de 1,125

Cette quatrième distance entre le point d'appui étant à peu de chose près la distance comprise entre les deux rondelles de l'essieu contre lesquelles viennent butter le derrière du moyeu des roues, et cette longueur étant nécessaire pour que l'essieu ait la voie déterminée par le règlement concernant la police du roulage; c'est pourquoi je me suis déterminé à adopter cette mesure.

Un essieu de cette longueur, dans les dimensions ci-dessus, peut donc supporter 1125 kilog., ou 2250 livres, lorsque la charge est également répartie sur toute la longueur du corps de l'essieu.

Mais il ne peut pas supporter plus que les deux tiers de cette charge lorsque le chargement ne se trouve réparti que sur deux points, qui sont presque toujours à environ 6 à 8 centimètres (2 à 3 pouces) de chaque côté du derrière des rondelles de l'essieu, ce qui réduit le poids que peut supporter cet essieu à 750 kilog. ou 1500 pesant.

Tout le monde sait que plus la distance est grande entre le derrière du moyeu et la place où vient s'appuyer la charge, plus il faut que cette place se trouve renforcée, et plus il faut que cette force se prolonge vers le milieu de l'essieu.

Je dois faire remarquer aussi qu'un devers mal donné est une des causes les plus fréquentes de la rupture des essieux.

Je dois aussi faire observer que c'est moins la grosseur d'un essieu qui en fait la force, que la qualité des matériaux que l'ouvrier intelligent doit choisir avec soin, ainsi que la manière dont on les emploie; il faut surtout avoir soin de ne pas surchauffer le fer avec lequel on le fabrique, car il vaut mieux qu'il soit légèrement soudé que d'être brûlé, et je ne puis trop recommander au forgeron de ne pas trop marteler le fer à froid, soit pour le parer, soit pour l'étamper; la vibration occasionée par le marteau détermine la séparation des molécules du fer et est cause que le fer se cristallise, de sorte que les molécules qui le composent n'ayant presque plus de cohésion entr'eux, se séparent facilement, tandis que dans le cas contraire, le fer étant travaillé à chaud et légèrement martelé, il devient fibreux.

Dans tous les cas, je conseillerais toujours de faire recuire toutes les pièces de ferrures avant que de les limer si c'est de l'ouvrage de luxe, ou avant que de les employer si c'est de l'ouvrage commun, attendu que le recuit tend toujours à rendre le fer plus malléable et plus fibreux, ce qui constitue les conditions exigées pour qu'il soit employé avec sécurité.

Comme chaque ouvrier a sa manière pour enlever les différentes pièces de ferrures dont se compose une voiture, je vais donner la méthode généralement usitée pour enlever les essieux coudés à patins dans le bas.

Méthode pour fabriquer les essieux coudés.

1° On corroie le fer nécesssaire pour former la partie de l'essieu *e*, *f*, *g*, voyez *Pl.* 3, *fig.* 167 et 168, en ayant la précaution de la laisser moitié plus forte qu'il ne la faut dans sa hauteur et un tiers plus large qu'elle ne doit avoir, à la place où doit être le patin.

2° On donne un léger coup de tranche en travers pour marquer la place où l'on doit former le talon, dans la partie inférieure du coude.

3° On resserre l'essieu sur les côtés vers la partie inférieure, de manière à former une saillie qui sert à maintenir l'essieu dans l'étau à chaud.

4° On le serre dans un fort étau, au ras du talon et à la moitié dans sa partie inférieure, avec deux mordaches faites exprès, et l'on étire dans le sens de la largeur avec un petit dégorgeoir, en croisant le coup chaque fois, changeant, prenant un dégorgeoir de plus fort en plus fort à mesure que le talon se prononce et que le patin s'élargit, de sorte que la masse de fer qui se trouvait en excédant sur l'essieu se trouve aplatie et forme la saillie du patin de chaque côté de l'essieu ; il est entendu que plus le coude de l'essieu est haut, plus il faut que le talon *h*, *c*, soit prononcé.

On corroie de même la partie qui forme la fusée de l'essieu, en ayant soin de lui laisser une masse de fer nécessaire pour former le talon du coude *d* ; quelques forgerons soudent la rondelle du collet de la fusée après avoir enlevé le talon ; d'autres enlèvent la rondelle dans la masse ; je préfère ce dernier moyen, attendu qu'il offre plus de garantie et ne coupe pas les fibres du fer. Dans ce cas il faut avoir une étampe d'étau à chaud, percée d'un trou dans le genre des clouyères, lequel trou doit être plus grand que le diamètre de la fusée, on décolte avec le dégorgeoir et on rabat la rondelle.

Il est bien entendu qu'il faut de toute nécessité que les talons soient plus hauts avant que d'être soudés, de manière à ce qu'en les présentant l'un sur l'autre ils forment un coude de 4 à 5 centimètres plus haut qu'il ne doit avoir lorsqu'il sera fini. On met les deux talons au feu jusqu'à ce qu'ils soient bien chauds, et les présentant en bout l'un sur l'autre dans la position qu'ils doivent avoir, on fait frapper dessus (en recommandant aux frappeurs de faire attention à ce que leurs coups de marteaux tombent bien d'aplomb sur le centre de la soudure) pour le souder en refoulant les deux talons l'un sur l'autre ; il se forme alors une masse de fer chaud tout autour de la soudure et on la comprime en frappant dessus tout autour, par ce moyen il ne doit rester aucune bavure, et comme l'essieu se trouve presque toujours trop fort à l'endroit où on le soude, on le dégrossit avec la tranche.

Comme c'est une chaude que l'on ne peut manquer sans s'exposer à recommencer tout le travail que l'on a fait, il faut de toute nécessité que le fer soit bien chaud, car il ne faut pas qu'il reste de bavures.

Lorsque la soudure a parfaitement réussi, on finit le côté de l'essieu en en parrant toutes les parties.

Quelques forgerons préfèrent souder la rondelle du collet de la fusée de l'essieu, après qu'il est soudé dans son coude.

Il y a plusieurs manières d'enlever cette pièce de ferrure, qui est un des beaux coups de forge de la serrurerie en voiture,

mais je laisse le soin à l'ouvrier forgeron de choisir celle qu'il préfère.

Je crois devoir joindre à la fin de cet article, 1° une note publiée dans le *Technologiste*, 4e année, p. 508, *Pl.* 48, *fig.* 19 à 38, pour des perfectionnements apportés dans la fabrication des essieux, pour les roues qui circulent sur les chemins de fer, par M. J. O. York, ingénieur anglais, et les expériences qui en ont été les résultats;

2° Un rapport fait à la Société d'Encouragement sur un moyen d'empêcher la rupture des essieux, par M. Ricord, rue Vaugirard n° 32, à Paris;

3° Une note sur la fabrication des essieux des locomotives, par M. Bauque fils;

4° Un article sur la fabrication des essieux en acier fondu, par M. Werner.

Des différentes sortes de boîtes d'essieux.

Après avoir donné les renseignements nécessaires pour le choix des matérieux, les principales mains-d'œuvre dans la fabrication, la méthode que j'employais pour trouver la force approximative que peuvent porter les essieux, je vais décrire les boîtes qui sont les compléments nécessaires à tous les essieux.

Les boîtes servent à diminuer le frottement occasioné dans l'intérieur des moyeux, par le contact des fusées de l'essieu.

On les construit avec différentes sortes de matériaux; quelques-unes sont faites avec du cuivre et de l'étain fondus ensemble et coulés dans des moules en sable; d'autres sont faites en bronze, et pour le gros charronnage elles se font ordinairement en fonte de fer.

Dans toutes les boîtes dites ordinaires, le gros bout sur la partie extérieure porte deux pièces saillantes, nommées *reilles*, et destinées à les maintenir et fixer dans les moyeux où on fait entrer les boîtes à force, ainsi qu'on l'a expliqué dans le chapitre relatif aux principes pour faire des roues.

Il existe maintenant une spécialité qui se rattache à la partie dont je traite en ce moment; je veux parler de la fabrication des essieux et boîtes patentes. Il y a entr'autres, à Forbach, département de la Moselle, une fabrique d'essieux fondée par le sieur Graeter. On voit *Pl.* 3, *fig.* 167 et 168, deux modèles d'essieux : savoir, un essieu droit à patin, et un essieu coudé à patin dans le bas.

a, *fig.* 167, est le chapeau de devant avec le réservoir d'huile, lequel se visse sur le devant de la boîte, en fermant tout-à-fait l'essieu; B est la boîte en fer tournée intérieurement juste du diamètre de l'essieu. L'essieu et la boîte sont trempés l'un et l'autre pour empêcher l'usure.

c, *h*, réservoir d'huile de ladite boîte.

c, rondelle du collet de la fusée.

d, le carré entre la rondelle et le patin:

e, *e*, *e*, *e*, patin soudé sur l'essieu ou enlevé dans la masse pour recevoir les ressorts du train.

f, carré de derrière du patin.

g, partie à huit pans de l'essieu.

h, partie cylindrique du corps de l'essieu.

On voit aussi, *fig.* 168, un côté d'essieu coudé à patin dans le bas intérieur du coude. Comme les mêmes lettres dans les deux essieux désignent les mêmes pièces, je me dispenserai de les répéter.

J'ai trouvé aussi sous le n° 9530 des Brevets d'invention expirés, un brevet de 5 ans, en date du 26 octobre 1843, délivré au sieur Neumann (Ferdinand) à Paris, pour un essieu à double rotation, et sous le n° 9530 des mêmes Brevets d'invention, un essieu à double rotation, dont j'ai copié la description, voyez *Pl.* 12, *fig.* 5. Mais comme cet article ne concerne absolument que les voitures de luxe, je renvoie le lecteur pour les renseignements à ce qu'en dit le texte du brevet.

Après avoir traité séparément des différentes sortes de ressorts et d'essieux qui composent et font la base de toutes les constructions des nouvelles voitures, je vais donner la nomenclature de toutes les pièces de ferrures qui composent l'avant-train du coupé-chaise, que je prends pour modèle, puisqu'elles sont à peu près les mêmes, dans tous les avant-trains que l'on fait aujourd'hui pour toutes les voitures bourgeoises.

Pl. 7, *fig.* 5, plan de terre du coupé-chaise. On peut consulter aussi les conditions générales pour le tracé d'un grand train.

a, a, a, plaque d'encastrure soudée dans ce modèle avec le double rond.

b, b, b, b, double rond d'encastrure soudé à la plaque et à la sassoire.

c, c, c, c, armonts en bois de frêne cintré à droit fil traversant dans l'encastrure et destinés à supporter le double rond et la sassoire.

d, d, d, ressort à pincette.

e, e, e, essieu.

f, f, tirants à embase portant embrasure d'encastrure, et destinés à assembler les ressorts à pincettes après l'encastrure.

g, circonférence de la roue vue à vol d'oiseau.

H, *h,* moyeu de la roue.

Des marche-pieds extérieurs.

Ces marche-pieds ne furent d'abord qu'une barre de fer non polie, en forme de boucle, et tombant perpendiculairement vers la terre, et retenue par les deux pattes des extrémités après les brancards. On voit *fig.* 143 à 149, *Pl.* 1, la forme de quelques uns de ces marche-pieds; on voit aussi *Pl.* 12, *fig.* 1, un marche-pied à double palette, monté après la traverse des tilburys de chasse avec grand coffre à chien, et un autre marche-pied, aussi à double palette, monté après la caisse de l'américaine, *Pl.* 7, *fig* 10.

Des marche-pieds intérieurs.

Ces marche-pieds sont plus compliqués que les premiers, ils consistent en deux ou trois plaques de forte tôle montées ensemble à charnière, de manière à ce qu'elles puissent se replier les unes sur les autres.

Avec cette sorte de marche-pied, lorsque l'on veut monter dans la voiture, le domestique descend, ouvre la portière et développe le marche-pied.

Il existe depuis 1840 un autre genre de marche-pied, inventé par M. Massé de la Rochelle, et qui se développe seul en ouvrant la portière; nous allons en donner description.

Méthode pour poser ce genre de marche-pied.

1° Il faut pour poser le marche-pied A (*fig.* 117 et 118, *Pl.* 2), entailler en B dans les planches du fond de la cave le passage du levier; 2° fixer le cylindre C le plus près de la cave; on les arrête généralement par deux petites pattes D, que l'on maintient avec des vis sur les joues de fond, quand il y a assez de place entre la bande et les planches de la cave; 3° il faut pour fixer le tirant de porte E, le mettre le plus court possible pour éviter que la branche qu'il pousse vers le fond ne pince pas les pieds, et laisser cependant assez de longueur pour que la branche *f*, que l'on est souvent obligé d'entailler dans la bande à l'endroit H, ainsi que la joue de fond à l'endroit *g*, ne gêne pas pour fermer la portière. Il faut que le tout fonctionne librement, le mécanisme aussi bien que le marche-pied, dont les frottements doivent être très-doux et même avoir un peu de jeu, principalement au rivet du marche-pied ; 4° il faut présenter la branche de derrière *i* en deux morceaux, qui ne doivent pas toucher par derrière le marche-pied. On ferme la portière pour prendre une première fois la longueur totale de la branche *i*, on ouvre la portière pour reprendre une seconde fois la longueur totale de la branche, alors on partage par la moitié la différence qui existe entre ces deux longueurs et l'on soude les deux morceaux qui doivent former la branche de derrière *i*, juste de la longueur trouvée, et surtout sans la changer. Ce moyen employé par les ferreurs est regardé comme infaillible.

Avec une cave à fond droit, le cylindre est plus près du fond de la voiture, la naissance de la branche *f* est peu visible à l'intérieur et se perd dessous le carré du plafond. Voir les figures explicatives de la planche 7, d'après M. Baslez, dessinateur en voiture.

Il y a encore de nouveaux marche-pieds mécaniques avec garde-crotte à deux volets se reployant l'un sur l'autre et qui se renferment dans la boite du marche-pied par le seul mouvement des portières ; ce marche-pied a été inventé par M. Borel, rue Saint-Lazare n° 18, à Paris.

Perfectionnements apportés dans la fabrication des essieux pour les roues qui circulent sur les chemins de fer, par M. J. O. York, *ingénieur.*

Les perfectionnements que propose M. York, ont pour but général un mode particulier de fabrication des essieux pour les roues de locomotives, de berlines, diligences ou wagons, qui circulent sur les chemins de fer, et qui consistent à faire ces essieux creux.

Nous indiquerons d'abord brièvement une méthode que M. York avait d'abord adoptée pour fabriquer ces sortes d'essieux, mais à laquelle il a apporté des améliorations que nous ferons connaître plus loin.

La figure 6, *Pl.* 12, représente un essieu pour voiture de chemin de fer, fabriqué d'après cette première méthode, et dont l'une des extrémités est vue en coupe.

La figure 7 est une section transversale de ce même essieu, composé de deux pièces plates qui ont été courbées d'abord, puis soudées ensemble pour former le tube *a*, *a*, qu'on voit dans la figure 8, laquelle ne représente qu'une des roues de l'essieu, l'autre étant toute semblable. Sur ce tube on a adapté à chaque extrémité, deux plaques embouties *b*, *b*, qu'on a assujetties au moyen d'un anneau *e*. Ces deux plaques sont destinées à fortifier les collets *d*, *fig.* 6, qui sont retenus à clé dans le moyeu de la roue; enfin, aux extrémités du système que forme chacune des deux pièces soudées *a*, *a*, on a placé un autre anneau *e* formant une embase.

Les parties *a*, *b*, *c* et *e* ayant ainsi été combinées et ajustées, sont soudées ensemble et forgées de manière à prendre la forme de la figure 6. Ce soudage s'opère au marteau et au moyen de mandrins, bigornes, etc., ainsi que le savent tous les forgerons. Les collets ou anneaux *c* et *c* produisent les embases *c'*, *c'*, de l'essieu, et les plaques *b*, *b* donnent une force additionnelle aux collets, ainsi qu'on le remarque en *d*. Enfin, on peut faire, quand cela est nécessaire, fabriquer les extrémités de ces essieux, celles qui portent dans le moyeu, en acier fondu ou autre matière élastique d'une grande dureté.

Depuis que l'inventeur a proposé ces essieux creux, il y a apporté des améliorations sensibles. Au lieu d'adapter des plaques embouties et des anneaux pour renforcer les collets et former des embases, il fabrique les extrémités de son essieu creux, qui est formé avec une ou deux plaques courbées en cylindre ou en gouttière, en façonnant à la forge même ces parties, sans avoir recours à des pièces additionnelles, ce qui épargne beaucoup de travail et procure des essieux plus forts et plus résistants.

La figure 9 fait voir, partie en coupe, un essieu fabriqué suivant cette nouvelle méthode; on forge et presse les collets de ces essieux, au moyen de la machine qui sera décrite ci-après; mais on peut forger autrement, toujours en faisant l'essieu creux de une ou deux pièces (*fig.* 10 et 11), embouties ou ployées en gouttières et soudées ensemble.

La seconde partie de l'invention de M. York a pour objet un autre mode de fabrication des essieux creux pour les locomotives et les voitures des chemins de fer. Ce mode consiste à souder ensemble trois ou un plus grand nombre de plaques de fer courbes, et à en façonner un tube ou un cylindre, comme le fait voir la figure 12. Ces plaques ayant reçu la forme convenable, on les lie les unes aux autres au moyen de quelques tours de fil-de-fer qu'on y jette de distance en distance, ou de liens en feuillard, puis après les avoir soumises au blanc soudant, on les fait passer, pour les souder, entre des rouleaux à rainures.

Une circonstance importante et qui est digne de remarque, c'est que la cavité qui règne au milieu de l'essieu, lorsque celui-ci est composé de trois ou d'un plus grand nombre de plaques courbes soudées ensemble, ne doit jamais être moindre que la moitié du diamètre total, attendu que l'expérience a prouvé que quand on fabrique des essieux creux, de trois ou de quatre pièces, qu'on soude ensemble pour en faire un tube ou un cylindre, il ne faut marteler qu'autant que cela est rigoureusement nécessaire pour souder les diverses parties ou en façonner les collets aux extrémités. Dans ce cas il est à préférer que les collets soient également creux, ce qui ne pourrait avoir lieu si le diamètre originaire du cylindre qu'on produit, avait une épaisseur de métal supérieur à la moitié du diamètre du creux.

Indépendamment de cette circonstance, le poids d'un essieu

creux, fabriqué avec du fer d'une plus grande épaisseur que celle que nous venons d'indiquer, n'est pas plus avantageux sous le rapport de le force de résistance, que sous celui des conditions économiques ou autres, et, en général, il convient de se borner toujours rigoureusement, dans cette fabrication, aux essieux de trois pièces, et à former un cylindre où le vide intérieur ait au moins la moitié du diamètre total de l'essieu.

Quant aux collets de ces essieux, ils sont façonnés à l'aide de la machine que nous allons décrire, quoique l'on puisse employer pour cela tout autre moyen qui paraîtrait plus convenable.

La troisième partie de l'invention concerne encore un autre mode de fabrication des essieux destinés aux locomotives ou wagons de chemins de fer.

La figure 13 représente, en coupe, un essieu fabriqué suivant ce mode, et où l'une des extrémités est terminée, et l'autre fait voir la manière dont on opère.

a est un cylindre extérieur en fer, fabriqué avec soin, mais par des moyens quelconques, et *b*, un tube intérieur qu'on introduit à chacune des extrémités du tube *a*, de manière à fortifier ces extrémités, et à ce que le reste de l'essieu soit d'une épaisseur moindre en métal. Une des extrémités de ce cylindre *a* ayant été chauffée, on y introduit un des tubes *b*; on porte les deux pièces ensemble au blanc soudant, et l'on forge le collet, soit avec la machine dont nous venons de parler, soit par les moyens ordinaires. Les bouts de l'essieu se forment au marteau, lorsque le fer a la chaleur nécessaire pour souder.

Le quatrième point de cette même invention a rapport à un mode de fabrication et de fixation des essieux pour chemins de fer, tels qu'en cas de rupture près du moyeu de la roue, point auquel se rompent la majeure partie des essieux, la roue reste ferme sur l'essieu. Ce mode consiste, du reste, à façonner cet essieu et les pièces qui servent à l'attacher et le fixer dans le moyeu, de manière que la roue reste, dans tous les cas, combinée avec l'essieu.

Les figures 14 et 15 représentent les extrémités de deux essieux un peu différents entre eux sous le rapport de la forme, mais construits sur le même principe. La forme de la portion qui dépasse le moyeu peut varier à volonté, pourvu que celle qui repose sur ce moyeu offre la structure convenable pour soutenir l'essieu en cas de rupture; *c c* est un collier qui embrasse l'essieu, mais qui peut tourner librement sur lui, afin que le point d'appui de cet essieu sur la roue ne varie pas et soit toujours en *d d*, et qu'au moment de la rupture, celle-ci ait lieu en ce point, et que le collier *c* puisse retenir l'extrémité brisée, l'empêcher de tomber et s'opposer au déversement de la roue.

M. York s'est proposé, dans la cinquième partie de son invention, d'établir des essieux avec ou sans collets, en empruntant un point d'appui intérieur ou extérieur.

La figure 16 fait voir la section d'un essieu, ainsi que le moyeu de la roue dans laquelle il est inséré; on y aperçoit que le point d'appui intérieur est établi sur le cylindre *e* fixé avec une clef dans le moyeu de la roue. L'extrémité intérieure de ce tube est de forme conique, et l'essieu *f* est aussi uni à clef avec ce cylindre, de façon qu'il y a moins de chances, par cette disposition, de voir l'essieu se rompre à la naissance du collet ou au point d'insertion dans le moyeu de la roue.

La figure 17 indique un essieu semblable, à collet extérieur, et construit d'après le même principe. Nous donnons maintenant la description de la machine à forger les collets des essieux dont M. York a composé la sixième partie de son invention.

Fig. 18, vue en élévation par devant de cette machine.

Fig. 19, plan.

Fig. 20, plan du chapeau.

Fig. 21, plan de la roue employée à mouvoir la vis qui amène les coussinets l'un vers l'autre.

g', *g*, quatre montants verticaux qui servent de guides aux coussinets supérieur et inférieur ; ces montants sont établis sur des plaques *h*, et reliés par le haut par le chapeau *i* ; la plaque *h* porte sur quatre piliers *j* qui s'élèvent sur une plate-forme *k*, et la plaque *h* est unie à celle-ci par des boulons à écrous qui passent à l'intérieur des piliers. Dans le principe de construction de cette machine, elle doit avoir deux ou un plus grand nombre de paires de coussinets pour façonner les collets des essieux. Ces coussinets peuvent être éloignés ou rapprochés les uns des autres ; *l* est le coussinet supérieur; *m*, le coussinet inférieur : tous deux sont disposés dans un bâtis, dont la figure donne une idée convenable. Le coussinet supérieur est mis en mouvement de haut en bas, ou réciproquement, par le moyen d'une manivelle *n* montée sur un arbre tournant. Le bâti de ce coussinet supérieur reçoit son mouvement de cette manivelle au moyen d'une bielle. Celui du coussinet inférieur glisse et s'abaisse au travers la plaque *h* où se trouve établi un boulon fixe, dans lequel fonctionne une vis *o*, qui permet de soulever le bâtis de coussinet, à mesure que le diamètre de l'essieu se trouve réduit par la pression du coussinet supérieur ; *p* est une roue établie à l'extrémité de la vis *o* pour manœuvrer celle-ci.

Les coussinets peuvent présenter une paire d'une certaine forme et une paire d'une autre, afin de façonner convenablement les collets des essieux. Les figures indiquées représentent deux paires de coussinets propres, toutes deux, à recevoir, comprimer et estamper le bout d'un essieu creux pour y pratiquer un collet, et où l'essieu est tourné à chaque fois que les coussinets se séparent.

M. York s'est encore proposé (septième point) un mode de construction des essieux à manivelle, pour les locomotives de chemins de fer. Ce mode consiste à souder ensemble un certain nombre de feuilles, plaques ou planches de fer ou d'acier, qui ont recu préalablement, à la forge ou à la fonte, la forme d'une manivelle.

La figure 22 est la vue perspective d'un essieu à manivelle ainsi établi avant que les parties qui les composent soient forgées et soudées les unes aux autres.

La figure 23 est une coupe de la portion droite de l'essieu, quand il doit former une masse solide ou être plein.

La figure 24 est une section de la même portion, quand l'essieu doit être creux.

Chacune des plaques ou barres dont se compose l'essieu, doit préalablement être courbée sous la forme d'une manivelle, mais de façon telle, que le grain ou le nerf du fer courre dans la direction indiquée par les flèches; puis le tout doit être chauffé, forgé et soudé sous la forme d'un essieu coudé.

Le huitième point de l'invention a pour objet encore un autre mode de construire les arbres creux pour les locomotives et autres voitures de chemins de fer, et consiste à insérer le collet dans un cylindre creux, ainsi que le fait voir la figure 25. Chacune des extrémités de l'essieu creux est rendue conique, et l'on donne en même temps une forme semblable au bout du collet, afin qu'il puisse pénétrer dans cette extrémité. En cet état, on l'y insère; puis on le fixe par une clef q, qui traverse diamétralement tant l'essieu que le collet, et comme le trou dans lequel entre cette clef se trouve, lorsque l'essieu est en place, caché dans l'intérieur du moyeu de la roue, et que ce moyeu s'avance beaucoup au-delà de la tête de cette clef, il s'ensuit qu'elle ne peut s'échapper, et de plus que l'arbre n'éprouve aucun affaiblissement dangereux par ce mode de fixation, qui présente, au contraire, une très-grande commodité pour changer les collets quand cela est nécessaire, ou employer des collets d'acier avec des essieux en fer. Ce mode s'applique également avec de légères modifications de détail aux essieux en fer plein.

Enfin, comme neuvième point de son invention, M. York revendique l'idée de faire des essieux creux pour locomotives, en acier fondu, et en fabriquant pour cela, et par fusion, un tube ou cylindre creux d'environ 1m20 à 1m50 de longueur, et 100 à 125 millimètres de diamètre, et où l'épaisseur du métal serait de 25 à 40 millimètres, suivant la dimension de l'essieu creux qu'on voudrait obtenir. Cette pièce fondue serait ensuite chauffée au rouge blanc, roulée ou forgée suivant la longueur convenable pour en faire un essieu, ayant à chaque extrémité des collets qu'on produirait par pression au moyen de la machine ci-dessus décrite. Il est à croire que de cette manière on fabriquerait des essieux d'une très-grande résistance.

Depuis que M. York a pris sa dernière patente en Angleterre, il a soumis à l'institution des ingénieurs civils de Londres, un mémoire où se trouve rapportée une série d'expériences sur la force comparative des essieux solides et des essieux creux.

Dans ce mémoire, l'auteur discute d'abord les causes de la rupture des essieux sur les chemins de fer, qu'il attribue à la désagrégation soudaine et à l'affaiblissement de la cohésion que produisent les chocs et les vibrations. Les résultats du choc sont principalement dus à un état défectueux dans l'établissement ou l'entretien de la voie. Tout obstacle subit qui s'oppose au passage d'un convoi, donne naissance à des chocs violents de la part des roues qui viennent frapper les pièces ou masses fixes qui composent ces obstacles, ou les parties de la voie elle-même qui se trouvent hors de leur plan. Quant aux vibrations, leur effet pour produire la rupture d'un corps aussi rigide que peut l'être un essieu de locomotive, provient de l'impossibilité où l'on est d'empêcher cet essieu d'éprouver une série continue de petits chocs auxquels il est soumis, ou de leur donner une circulation bien libre sur toute la longueur du chemin, attendu que les moyeux des roues étant fixés solidement et serrés sur les essieux, constituent de chaque côté un point où la vibration s'arrête, et où les particules de fer qui composent l'essieu en ce point, doivent se désunir sous l'influence d'un effort inégal et continu, et rompre définitivement. La même action a lieu au collet de l'essieu; de là ce fait, que les essieux de locomotives rompent rarement en un autre point qu'au collet ou derrière le moyeu de la roue.

L'effort de torsion auquel les essieux de rails-ways sont sujets, fait ensuite l'objet des spéculations de l'auteur, et le calcul lui démontre que sur un cercle d'environ 1 mètre de diamètre seulement, et en supposant qu'un véhicule de première classe à quatre roues pèse six tonneaux, cet effort est si peu considérable qu'il mérite à peine d'être pris en considération.

M. York s'attache ensuite à signaler les causes par lesquelles il se fait qu'un essieu creux est plus capable de résister aux efforts indiqués ci-dessus que les essieux solides et pleins ordinairement en usage.

Cette plus grande résistance est due, selon lui :

1° Au mode de fabrication qui permet d'éviter la cristallisation du fer, lequel se trouve ainsi dans un état plus propre à résister à des efforts instantanés et soudains, ainsi qu'à une force exerçant une action continue;

2° A la position qu'occupe le métal qui compose l'essieu, puisque les forces comparatives des essieux sont comme le cube de leur diamètre, tandis que leurs poids comparatifs n'augmentent que dans le rapport de leurs carrés; d'où il résulte qu'avec un moindre poids on peut obtenir une augmentation de résistance;

3° A ce que les vibrations peuvent se propager et circuler librement dans toute la longueur de l'essieu, sans qu'aucune portion puisse être exposée à un choc inégal venant de l'une de ces vibrations, d'où il suit que l'essieu éprouve bien moins de dommage par cette cause.

Enfin, l'auteur exige que l'essieu pour chemin de fer possède la plus grande rigidité possible entre les roues, pour prévenir toute courbure, inflexion ou rupture par les chocs, mais qu'on donne en même temps le plus haut degré d'élasticité et de liberté aux particules de fer à l'intérieur de cet essieu lui-même, pour prévenir ces désastreux effets de la vibration.

M. York a communiqué ensuite les détails de nombreuses séries d'expériences qu'il a faites pour démontrer la supériorité des essieux creux, sous les divers rapports, et en a présenté ainsi qu'il suit les résultats moyens :

D'abord, relativement à la rigidité pour résister à un poids mort, l'essieu étant soutenu à ses extrémités et le poids se trouvant appliqué au milieu.

(Voir, ci-contre, un tableau comparatif des forces relatives des essieux creux et des essieux pleins.)

ESSIEU CREUX (1).			ESSIEU PLEIN.		
Poids.	Inflexion temporaire.	Inflexion permanente	Poids.	Inflexion temporaire.	Inflexion permanente
kil. 7,848	millim. 1,587	millim. »	kil. 7,810	millim. 7,527	millim. 1,587
9,242	4,762	»	8,126	12,700	3,968
9,953	9,524	3,174	»	»	»

(1) On a oublié dans cet extrait de donner la distance exacte entre les appuis ainsi que le diamètre intérieur de l'essieu creux, qui auraient pu servir à établir ou à vérifier les formules mathématiques de la résistance des essieux.

Relativement à la résistance à une force vive, c'est-à-dire à un poids tombant d'une certaine hauteur, voici les résultats qui ont été obtenus :

Un poids de 294 k. 70 tombant d'une hauteur de 4m,876 sur le milieu de l'essieu :

Essieu creux.	millim.	Essieu plein.	millim.
1re chute, inflexion.	28,774	1re chute, inflexion.	44,448
2e chute, —	57,147	2e chute, —	84,320
3e chute, —	84,320	3e chute, —	107,945

Quant à l'élasticité et à la qualité fibreuse des collets, on a eu :

Essieu creux.		Essieu plein.	
Nombre moyen des coups de chute pour rompre un collet	28	Nombre moyen des chutes ou coups pour rompre un collet	10

Dimension des essieux.

	Essieu creux.	Essieu plein.
	millim.	millim.
Diamètre. . . .	101,598	88,898
	kil.	kil.
Poids.	85,230	99,740

A la suite de la lecture du mémoire de M. York, il s'est élevé au sein de l'institution civile des ingénieurs, une discussion à ce sujet, et à laquelle plusieurs membres ont pris part.

D'abord, M. Geach a présenté une série d'échantillons d'essieux pleins rompus, fabriqués par la compagnie patentée de Wednesburg, pour la fabrication des arbres et des essieux. Ces pièces, dit-il, ont supporté, les unes 886, les autres 148,

293 et 278 coups d'un martinet du poids de 17 k., 229 (1), avant qu'il y eût séparation entre les parties. En outre, on a rompu vingt collets dont le plus faible a supporté 138 coups; le diamètre des collets était de 63mm,398. M. Geach a aussi déposé sur le bureau un essieu qui a été ployé et presque doublé par le moyen d'une presse hydraulique, sous la pression de 64 tonneaux. On avait aussi replié les fusées, de 63mm,398 de diamètre, dans des directions opposées, par des coups répétés d'un martinet, sans qu'il y eût la moindre apparence de rupture. La compagnie en question a fabriqué déjà plus de 25,000 essieux, et en a soumis un très-grand nombre à des épreuves en les rompant; ces essieux ont toujours été trouvés de bonne qualité, circonstance qu'on doit attribuer à leur bonne fabrication. Pour procéder à cette fabrication, on place une barre centrale, autour de laquelle on dispose huit autres barres de fer, laminées sous une forme convenable pour compléter un cercle, et où les plans du contact des barres rayonnent du centre à la circonférence. Ce fagot de barres est ensuite soudé en le passant au laminoir, puis terminé au marteau; la fibre du fer travaillé de cette manière demeure, assure-t-on, dans la position la plus favorable à la résistance.

M. Geach n'a aucune objection à faire au principe des essieux creux; mais il désire qu'on ne préjuge rien sans nécessité contre les essieux pleins, d'après une seule série d'expériences. Il pense même qu'il serait urgent de recommencer de nouveaux essais entre les résistances comparatives des deux natures d'essieux, mais en ayant égard à toutes les conditions du problème.

M. York entre, à son tour, dans quelques détails sur la manière dont les essieux pleins ont été choisis pour ces expériences. Ayant obtenu du général Pasley la permission d'être

(1) Il aurait fallu aussi indiquer la hauteur de la chute.

présent dans cette occasion, il rappelle que, pour ces essais, le général a fait apporter devant lui un nombre assez considérable d'essieux fabriqués par la compagnie, ainsi que par un autre fabricant habile, et qui a fait choix aussi de plusieurs autres essieux que la compagnie fournit au rail-way de Londres à Birmingham. Ces essieux étaient neufs et n'avaient jamais été adaptés à une voiture; ce sont généralement ceux sur lesquels le public circule tous les jours. Mais depuis, la compagnie a fabriqué d'autres essieux qui sont ceux déposés sur le bureau, où la qualité du fer est véritablement supérieure. Cependant, si c'est là le mode journalier de la fabrication de la compagnie, les résultats n'en viennent que plus fortement à l'appui des assertions qu'il a avancées dans son mémoire sur le mode imparfait de fabrication des essieux : car s'il est vrai que, dans les expériences, l'un des essieux ait résisté, avant de se rompre, à un grand nombre de coups, il est bien certain aussi que la majorité d'entre eux a cédé aux effets d'une force peu considérable. C'est précisément sur cette incertitude, quant à la fabrication des essieux, et à leur résistance, qu'il désire attirer l'attention sur l'incertitude inséparable du mode de fabrication indiqué par M. Geach, puisqu'en passant le fagot au laminoir pour souder les barres qui le composent, il arrive souvent que celles-ci ne sont unies les unes aux autres que sur une épaisseur de 12 à 18 millimètres, c'est-à-dire que l'essieu est en partie creux et se soumet ainsi, jusqu'à un certain point, aux effets désastreux du martelage. Si, au contraire, ces barres se soudent parfaitement, le fer devient cristallisé comme dans tous les autres essieux. Ce fait, du reste, est démontré par les échantillons déposés sur le bureau : ceux qui sont solides ont été brisés par les forces les plus légères, tandis que ceux qui ne sont pas sains ou parfaitement soudés, ont exigé un bien plus grand nombre de coups pour en produire la rupture.

Dans les expériences citées ci-dessus, les essieux creux ont rompu sous un nombre assez variable de coups; mais cela vient de ce qu'ils ont été tenus d'un plus grand diamètre au collet que les essieux pleins (mais, toutefois, avec une même quantité de métal), puis ensuite ramenés sur le tour au même diamètre, ce qui ne leur a laissé qu'une épaisseur inégale et trop faible pour des expériences concluantes. Néanmoins, avec moins de métal que les essieux pleins, ceux en fer creux se sont montrés plus résistants, circonstance qu'on peut certainement bien expliquer par le mode de fabrication, attendu qu'en laissant l'essieu creux, on a évité la cristallisation du fer. M. York a rappelé ici la manière de fabriquer les essieux creux, telle que nous l'avons donnée ci-dessus, et a ajouté qu'il se proposait de supprimer entièrement le martelage et de les terminer par la compression seulement, afin d'éviter tous les inconvénients qu'on reproche aux essieux actuels.

Jusqu'à présent, on avait considéré les essieux creux comme une chose utile et désirable; mais on avait été arrêté par le haut prix de leur fabrication. Que ces essieux creux ne coûtent pas plus que ceux pleins, et dès-lors on les verra avec intérêt, et ils finiront par être adoptés définitivement.

Le général Pasley confirme, en tous points, l'exactitude des résultats rapportés par M. York, ainsi que le succès des expériences entreprises sur les essieux creux et qui lui font juger très-favorablement cette invention : c'est, ajoute-t-il, une chose de la plus haute importance que d'éviter l'inflexion ou le changement de forme des essieux, qui causent presque autant de fatals accidents que leur rupture. Après l'accident survenu récemment sur le chemin de North Midland, il a observé un essieu plein courbé sous la forme de la lettre C, et les portions supérieures de la périphérie des deux roues se touchant presque entre elles. Il est aujourd'hui parfaitement démontré pour lui que les essieux creux résistent mieux à l'inflexion que ceux en fer plein d'égal poids.

M. Taylor rappelle que la question de la résistance des essieux a été traitée avec étendue lors de la dernière réunion de l'association britannique, et que M. Nasmyth a démontré que si le fer perdait de sa tenacité par la martelage, il était possible de la lui rendre par un recuit, ainsi qu'on le pratiquait déjà dans quelques industries, entre autres chez les fabricants de chaînes.

M. York n'ajoute pas une foi implicite aux avantages que l'on attribue au recuit du fer; en effet, il a trouvé que l'une des extrémités d'un essieu creux, qui avait été recuit pendant 48 heures, s'était rompu au quarante-huitième coup de marteau, tandis que l'autre extrémité du même essieu, qui n'avait pas été recuit, avait résisté jusqu'au soixante-dix-huitième coup. Dans tous les cas, si ce recuit n'est pas ménagé avec beaucoup de soin, ou bien si à la forge on donne un coup de feu trop violent, le fer éprouve une détérioration aussi profonde que par un martelage trop prolongé et hors de saison; seulement, la différence dans l'aspect lors de la rupture, indique immédiatement si le fer a été surchauffé. On a même trouvé des cas, dans les expériences de M Nasmyth, où du fer chauffé était devenu aussi fragile que du verre.

M. Gravatt est convaincu que les ébranlements ou les vibrations que le fer éprouve, soit par le marteau du forgeron, soit par les barres auxquelles on applique les barres de fer, sont la véritable cause de rupture de celles-ci, et une chose incontestable aujourd'hui, c'est qu'un changement de nature s'opère constamment dans les fers manufacturés. Au tunnel de la Tamise, les barres volantes employées comme leviers pour tourner les grosses vis qui servaient à faire marcher le bouclier en avant n'ont jamais duré plus de trois à quatre semaines, quoiqu'elles fussent d'une très-forte dimension et qu'elles eussent été fabriquées avec les meilleures matières et par les plus habiles forgerons. On n'en faisait usage que de temps à autre, à des intervalles assez éloignés, pendant une journée de travail, sans leur faire éprouver le moindre choc, et l'on n'y appliquait que la force de huit hommes ; cependant elles ont rompu constamment, et leur plan de rupture a présenté un aspect cristallisé et brillant. On a trouvé, à la fin, qu'il valait beaucoup mieux les laisser brutes, afin qu'elles eussent plus de durée, et que les parer et les marteler était le moyen de leur enlever leur solidité.

M. Fox déclare qu'il est partisan des essieux creux ; mais qu'il ne considère pas les expériences en question comme parfaitement concluantes, attendu qu'on y remarquait des différences dans les dimensions des essieux mis à l'épreuve. Il pense qu'on devrait entreprendre une nouvelle série de ces expériences sur un plus grand nombre d'essieux, car le sujet était de la plus haute importance, non-seulement pour les arts et les manufactures, mais aussi pour le public lui-même, dont la sécurité, dans les divers modes de transport, dépend de la résistance et de la bonté des essieux des véhicules. Quant à lui, il a employé plus de 5,000 essieux provenant de la compagnie patentée ci-dessus nommée et a fait beaucoup d'expériences sur leur rupture. Le résultat moyen de ces expériences a été le même, à très-peu près, que celui trouvé par M. York. Il partage l'avis de ceux qui voient un grand danger dans le surchauffement du fer, comme aussi dans son martelage prolongé, et, depuis quelque temps, il a adopté l'habitude de faire fabriquer les essieux de 15 centimètres (5 pouces et demi) plus longs que cela n'est nécessaire, afin d'en rompre 7,5 cent. à chaque bout, et d'éprouver ainsi la qualité ainsi que l'aspect des plans de rupture du fer.

M. le président termine le débat en disant qu'il paraît maintenant bien établi que les essieux creux présentent plus de résistance que ceux en fer plein, sous un même poids de matière. La question principale qu'il s'agit de traiter maintenant, est celle des vibrations, dont il s'agit de rechercher les effets sur la force de cohésion du métal. Il faut voir si cette action sur les particules du fer est irrégulière dans un corps solide ou se distribue plus également dans un corps creux. C'est là un sujet qui pourrait faire l'objet des spéculations des géomètres, dont les recherches aideraient matériellement au développement de la vérité par des expériences pratiques.

Moyen d'empêcher la rupture des essieux de voitures, *par* M. Ricord.

M. Ricord, docteur en médecine, dit M. Olivier, rapporteur du comité des arts mécaniques à la Société d'encouragement, frappé des accidents graves qui arrivent par le bris en éclats des essieux de voiture, a cherché une construction nouvelle d'essieux, telle qu'elle leur permît, lorsqu'ils se brisent par un choc, de porter en eux le remède au mal.

Il a donc imaginé de placer une âme en fer forgé, et de bonne qualité, dans l'intérieur de l'essieu, qui dès-lors est creux. Cette âme, soudée aux extrémités des fusées, est destinée à empêcher la chute de la roue, lorsque la fusée est soudainement brisée par un choc ou toute autre cause : de sorte que l'on pourrait conduire la voiture jusqu'à l'atelier de réparation, l'âme en fer, qui se serait pliée, mais non rompue, après le bris de la fusée, permettant de faire encore cheminer la voiture sur ses roues.

Cette idée est ingénieuse, on ne peut en disconvenir; des essais, en petit nombre, il est vrai, paraissent justifier les prévisions de l'inventeur.

Le comité ne peut se prononcer, et toutefois aussi il ne peut repousser une invention qu'une longue pratique peut seule faire apprécier.

Très-certainement, comme pièce de forge, le problème est curieux, et les ouvriers qui ont exécuté l'essieu inventé par M. Ricord sont des ouvriers habiles.

D'après les pièces justificatives qui ont été mises sous les yeux du comité des arts mécaniques, un des essieux, employé par la compagnie des accélérés, a fait 6,000 lieues sans présenter de fissure, expérience qui prouve la bonne exécution de cet essieu.

Ainsi, tout en reconnaissant tout ce qu'il y a d'ingénieux dans l'idée et de remarquable dans l'exécution des essieux garde-roues, nous ne pouvons vous proposer que de remercier l'auteur de sa communication, de nombreuses expériences pouvant seules mettre à même d'apprécier les avantages ou les défauts inhérents à ce genre de fabrication, et faire savoir si les nouveaux essieux sont préférables, en définitive, à ceux adoptés par les carrossiers.

Des Essieux en acier fondu, de M. Werner.

Le *Technologiste*, neuvième année, page 550, a donné à ce sujet les détails que voici :

« M. Werner, maître de forges à Neustadt-Eberswalde, est parvenu à fabriquer des essieux en acier fondu auxquels il a su, par un procédé particulier dont il est l'inventeur, donner une tenacité telle, que leur rupture, dans les circonstances usuelles, ne paraît nullement à craindre. Ce fait a été constaté par des expériences qui ont eu lieu, tant le 25 novembre 1847, en présence de plusieurs directeurs de chemins de fer et d'industriels, que le 10 du même mois, par M. Bothe, conseiller des bâtiments, et M. Boix, inspecteur des fabriques, expériences qui ont donné les résultats suivants :

» Les essieux soumis aux expériences avaient en général un diamètre de $0^m,0915$ et une longueur de $1^m,935$. Leur essai a eu lieu au moyen d'une sonnette, en les posant sur des appuis distants entre eux de $0^m,942$, et par la chute d'un mouton du poids de 287 kilogrammes tombant d'une hauteur de 4 mètres.

» D'abord on a pris un essieu au hasard parmi un grand

nombre présentés aux commissaires, et son essai a démontré qu'après trois chutes du mouton sur le milieu de la longueur de 0m,942 entre les appuis, il en résultait une flèche, une courbure permanente de 0m,0392. En cet état, l'essieu a été retourné et a été frappé de quatre nouveaux coups.

	mètres.
Le premier, avec une chute de . . .	4,000
Le second.	2,482
Le troisième.	1,569
Le quatrième.	1,253

qui ont suffi pour le redresser. Après ce redressement, l'essieu n'a présenté ni crevasses ni gerçures. Au cinquième coup frappé d'une hauteur de 4 mètres, il s'est courbé en sens contraire de 0m,0147, et au cinquième coup de la même hauteur il s'est rompu.

Un deuxième essieu a présenté, sous une chute de mouton de 4 mètres :

	mètres.
Au premier coup, une flèche d'inflexion de	0,0147
Au deuxième.	0,02615
Au troisième.	0,0310

Ces essieux reposent toujours sur des appuis distants entre eux de 0m,942. La rupture a eu lieu au quatrième coup.

La moitié de l'un des deux derniers essieux rompus a été remise sous les mêmes appuis (rapprochés seulement de quelques centimètres) et essayée de même sous une chute de mouton de 4 mètres. Cette portion a pris une courbure,

	mètres.
Sous le premier coup, de	0,01634
On n'a pas pris note du second coup.	
Sous le troisième, de	0,0392
Sous le quatrième, de	0,0437

Au cinquième coup a eu lieu la rupture. Du reste, toutes les cassures présentaient un aspect à grain fin parfaitement informe, et la texture était celle dentelée et anguleuse propre à l'acier fondu.

Enfin, on a encore fait un essai sur un essieu de 0m,0588 de diamètre et 1m,569 de longueur; la chute était toujours de 4 mètres, et la distance entre les appuis de 0m,942. Cet essieu a pris les courbures suivantes :

	mètres.
Sous le premier coup	0,0392
Sous le deuxième	0,0654
Sous le troisième.	0,0784

On l'a ensuite retourné, puis redressé d'abord au moyen de plusieurs coups, et en continuant ainsi, courbé en sens contraire, jusqu'à ce qu'il rompît enfin au treizième coup. La cassure et la texture étaient les mêmes que pour les précédents.

Un essieu d'acier fondu, forgé sous le marteau à vapeur de 0m,0915 de diamètre et 2m,5485 de largeur, pesant 99 kilog., a été soumis à de nouvelles expériences sur des appuis distants entre eux de 0m,942, et aux coups d'un mouton de fonte ayant une chute de 4 mètres et frappant sur le milieu de la longueur entre les appuis : on a ainsi observé les flèches d'inflexion suivantes :

	mètres.
Inflexion au milieu du premier coup. .	0,01307
Deuxième	0,02280
Troisième	0,03050
Quatrième	0,03706
Cinquième	0,04142
Sixième.	0,04578
Septième	0,05014
Huitième	0,05450
Neuvième	0,05668

Dixième.	0,05886
Onzième.	0,06213
Douzième	0,06431
Treizième	0,06867
Quatorzième	0,07194
Quinzième	0,07194

La cause pour laquelle l'inflexion n'a pas augmenté au quinzième coup, c'est que, par suite de la courbure précédente, l'espace entre le sommier du bâtis et le milieu de l'essieu s'étant trouvé réduit à $0^m,01744$, cet essieu, après le coup, tourna, et, au moyen de son élasticité, fit ressort et reprit sa courbure dernière. On l'a donc enlevé pour relever les deux appuis, et on s'est assuré dans cette occasion, par un examen attentif, qu'il ne présentait encore aucune trace d'avarie indiquant une rupture prochaine. En conséquence, les expériences ont continué avec les résultats suivants :

	mètres.
Inflexion au milieu, au seizième coup.	0,07610
Dix-septième	0,07610
Dix-huitième	0,07957
Dix-neuvième	0,08120
Vingtième	0,08284

Comme il n'y avait pas d'apparence qu'on pût amener la rupture par ce moyen, et en même temps obtenir des résultats sur lesquels on eût droit de compter, l'essieu a été enlevé ; on l'a trouvé, à l'examen, parfaitement sain et intact, puis on l'a retourné la courbure en haut, posé sur les appuis distants toujours de $0^m,942$, et la dernière courbure de $0^m,08285$ s'est réduite, savoir :

	mètres.
Au premier coup de mouton à	0,05230
Deuxième	0,03706
Troisième	0,02398

Quatrième 0,01307
Cinquième 0,00436
Sixième . . . . 0,00654 en sens inverse.
Septième. . . . . Rupture.

La cassure ne présentait aucun défaut; elle était à grain fin et très-serré.

Dans la réunion du congrès pour les chemins de fer, qui a eu lieu le 14 décembre 1847, M. Boix a communiqué le procès-verbal de ces expériences, ainsi qu'un échantillon de l'acier; il a parlé de la manière la plus favorable de ces essieux en acier fondu, et ajoutant que, dans son opinion, l'emploi de cette matière ne laisse plus à craindre ces changements moléculaires dans la texture intime de ces pièces, si funestes dans les essieux en fer forgé, après un certain temps de service.

Relativement au prix des essieux en acier fondu, il a dit que le fabricant vendait la matière au prix de 2 fr. 57 c. le kilogramme, ce qui, pour 98 kilogrammes, poids d'un essieu, en établit le prix de 252 fr. environ pour chacun d'eux, ou le double à peu près d'un essieu ordinaire. Mais comme on doit supposer que les essieux en acier fondu, en raison de leur résistance bien supérieure, pourront admettre des dimensions moindres que ceux en fer, il résultera que le rapport dans le prix d'achat deviendra moins défavorable aux premiers.

Un essieu à double rotation de F. Neumann.

On trouve sous le n° 9530, dans le recueil des Brevets d'invention expirés de l'année 1843, une description d'un essieu à double rotation, de l'invention de M. Neumann, dont nous allons donner la description d'après le brevet.

« Depuis 15 ans que l'on a adopté en France le système des essieux dits patentes, on a vainement cherché des moyens qui pussent éviter les désagréments qu'ils occasionnent, surtout aux voitures de voyages ; ce qui empêchait la consommation d'être aussi grande qu'elle devait l'être.

» Beaucoup de personnes les refusaient, dans la crainte d'être arrêtées par l'enrayage ou grippement de la boîte sur l'essieu, ce qui empêche entièrement la roue de tourner.

» Ce désagrément était occasioné par l'huile qui se séchait sur la fusée, et se retirait dans le réservoir de la boîte et dans celui du chapeau de devant, laissait la fusée et la boîte à sec, lesquelles s'échauffant par la rotation, finissaient par se gripper et se prendre tellement ensemble, qu'elles empêchaient la roue de tourner.

» Ceci arrivait surtout dans les grandes chaleurs et dans les grands froids ; ce désagrément est d'autant plus grand qu'il est de toute impossibilité, une fois la boîte enrayée, de l'ôter de dessus l'essieu, à moins de la briser ou sans une machine spéciale faite à cet effet, et qu'en voyage on ne peut se procurer faute de mécanicien dans cette spécialité.

» Le moyen que je viens de découvrir, consiste en une double boîte en fer tourné et trempé, intérieurement et extérieurement ajustée sur la fusée de l'essieu, et recouverte par une boîte en fonte, aussi parfaitement ajustée et percée de plusieurs petits trous qui laisseront l'huile se communiquer du réservoir de la boîte extérieure et du chapeau de devant, dans toute la longueur de la fusée, de manière à rendre l'enrayage tout-à-fait impossible, car ces deux boîtes entraînées l'une par l'autre, tournant l'une sur l'autre, ainsi que sur la fusée d'essieu, éviteront tout grippement, parce que l'une ne peut jamais laisser à l'autre le temps de s'échauffer.

» Car si l'une des deux boîtes éprouvait la moindre résistance, l'entraînement de l'autre fonctionnant en toute liberté et l'huile en se communiquant continuellement par les trous de la boîte de fer, en paralyseraient de suite l'effet.

» Le brevet est donc spécialement pour la double boîte et

généralement contre tout ce qui pourrait la fermer en une ou plusieurs pièces, et n'importe en quelle matière.

» Ce nouveau système aura aussi pour avantage, par le moyen de la double rotation, d'allégir d'un quart le tirage de la voiture. »

Description de l'essieu Neumann avec boîte à double rotation (fig. 26, Pl. 12).

a, fusée d'essieu avec ses rondelles, creusée d'une rainure pour introduire la boîte extérieure en fonte.

a, *e*, au bout de la fusée, emplacement du collier avec ajustement en fonte.

a, *f*, taraudage à filet droit.

a, *g*, taraudage à filet gauche.

a, *j*, bout de l'essieu avec mortaise pour clavette.

b, boîte en fer à double rotation, percée de plusieurs petits trous, tournée et trempée intérieurement et extérieurement.

c, boîte extérieure en fonte de fer.

c, *h*, réservoir d'huile de ladite boîte.

e, collier en cuivre-bronze, ajusté avec méplat sur l'emplacement *a*, *e*; ce collier tient les deux boîtes sur l'essieu et fait rotation avec la boîte extérieure par un ajustement conique.

f, écrou à six pans à filet droit, en cuivre-bronze, vissé sur le taraudage *a*, *f*, contre le collier.

g, écrou à six pans à filet gauche, en cuivre-bronze, vissé sur le taraudage *a*, *g*, contre l'écrou droit.

d, chapeau de devant en cuivre jaune avec réservoir d'huile, se vissant dans la boîte extérieure et fermant tout-à-fait l'essieu.

i, rondelle en cuir renfermée dans le derrière de la boîte extérieure et faisant rotation avec la boîte contre la rondelle de l'essieu.

j, clavette pour la mortaise du bout de l'essieu.

Fabrication des essieux des locomotives, par M. de BAUQUE *fils.*

On fait choix de bonne mitraille de fer ductile réunie en masse, qu'on chauffe avec soin dans un four à réverbère, et qu'on étire entre des cylindres en barres plates, puis qu'on réunit en trousses de sept morceaux, après les avoir coupées à froid par la cisaille. On porte ces trousses au four de chaufferie pour être converties en carrés de 12 centimètres (5 pouces) ; ces carrés sont alors réchauffés de nouveau, puis étirés sous le marteau à la dimension de 9 centimètres (3 pouces) de diamètre.

D'après ce procédé, on obtient, à la vérité, des essieux infiniment plus durs, plus compactes et plus raides que des essieux laminés, mais ils résistent moins sous le mouton.

Pour obtenir ce qu'ont d'avantageux les essieux laminés sans perdre les qualités si précieuses de ceux qui sont battus, on est obligé de donner une chaude de plus, et on obtient alors des essieux qui supportent, sans se casser, jusqu'à sept coups de mouton tombant de la hauteur de 5 mètres (15 pieds).

Voici d'après M. de Bauque, les avantages que présentent les essieux ainsi traités :

1° Sur ceux battus à l'ancienne méthode, parce que ces derniers qui sont faits de trois ou quatre lames de mitraille étirées sous le marteau, ne pouvant être d'une aussi bonne qualité que les précédents, puisqu'ils reçoivent une chaude de moins, chaude qui augmente considérablement la qualité du fer, parce que, comme dans les masses, malgré les soins les plus minutieux, il entre des mitrailles de natures différentes, il y aura nécessairement plus d'homogénéité dans un essieu composé de trente-cinq barres, que dans un essieu composé seulement de trois ou quatre ; enfin, parce que les essieux faits de sept lames, dont cinq superposées les unes sur les autres et deux sur les côtés de celle-ci, ont une égale résistance dans tous les sens.

2° Sur les essieux laminés, en ce que ceux-ci étant d'un dixième moins pesants, ils n'ont ni dureté, ni compacité, ni raideur, et que conséquemment ils doivent s'user plus vite, se tordre assez souvent et finalement subir des déflexions toujours préjudiciables, en ce qu'au laminoir on pourra toujours employer des fers plus ou moins rouverains, et qu'au marteau, si l'on employait des fers de cette qualité, les essieux deviendraient doubles en les forgeant.

Rapport fait à la société d'encouragement, par M. Francœur, sur un nouveau marche-pied de voiture, imaginé par M. Massé, *de la Rochelle.*

Les personnes qui se servent de voitures à quatre roues et qui n'ont que leur seul cocher pour domestique, éprouvent un sujet d'inquiétude, lorsque leur cocher est obligé de descendre de son siège pour ouvrir la portière de la voiture et abaisser le marche-pied. En effet, pendant ce temps, les chevaux livrés à eux-mêmes, peuvent s'emporter et causer des malheurs. Les médecins qui particulièrement se servent de ces sortes de voitures, sont exposés à une foule d'accidents dont ils peuvent aussi être victimes.

M. Massé est parvenu à éviter cet inconvénient par un mécanisme très-simple. Un bouton situé à l'intérieur de la voiture sert à ouvrir la portière, et le mouvement de rotation qu'on fait prendre à celle-ci, suffit pour abattre le marche-pied et amener chaque marche à sa place horizontalement; comme aussi en fermant cette portière, le marche-pied se redresse de lui-même, et les marches se replient pour se placer dans un plan vertical.

Ces fonctions sont produites par un mécanisme ingénieux

et simple à la fois. Le marche-pied est monté sur un axe horizontal en fer qui se prolonge par les deux bouts au-delà des tourillons de rotation ; à l'un des bouts est un barillet enfermant un ressort spiral, qui se bande de plus en plus à mesure que le marche-pied descend, et sert à en modérer la chute et à en faciliter l'ascension. A l'autre bout est une roue d'angle qui engrène avec une roue semblable fixée au bas de l'axe de rotation de la portière. Ainsi, quand on ouvre cette portière, le marche-pied entraîné par son arbre tombe au dehors de la voiture ; il y remonte au contraire lorsqu'on referme la portière.

Il faut ajouter que les marches sont rendues solidaires entr'elles par des leviers coudés, en sorte qu'elles se redressent ou s'abattent ensemble, par le seul fait du mouvement total du marche-pied, et que les roues d'angle ne sont dentées que sur une portion de leur contour, afin que le marche-pied ne commence à se mouvoir que quand la portière est déjà en partie ouverte ou fermée.

Cet appareil fonctionne bien ; MM. les membres du jury de la Charente-Inférieure nous ont adressé un rapport très-favorable à cette invention, dont notre collègue, M. Fleuriau de Belle-Vue, fait depuis longtemps usage. M. le duc de Doudeauville et différentes autres personnes s'en servent aussi et se louent beaucoup de son emploi.

Le problème avait, il est vrai, déjà été résolu : il existait au Conservatoire un appareil qui avait été l'objet dont nous venons de parler ; mais le mécanisme en était si compliqué que cette invention n'a eu aucun succès.

Quoique cette petite machine ne puisse être à l'usage que d'un nombre restreint de personnes, puisque celles qui ont des voitures à quatre roues, ont ordinairement un laquais de service, le comité a pensé que nous ne devions pas rester indifférents à la sûreté publique ; les maîtres des voitures, aussi bien que les passants, peuvent se trouver victimes d'accidents causés par des chevaux qui momentanément ne sont plus retenus. D'après ces considérations, nous vous proposons, messieurs, de remercier M. Massé de sa communication, et d'insérer le présent rapport au bulletin avec la figure nécessaire pour en faire concevoir le mécanisme. L'auteur trouvera dans cette publicité l'occasion d'exploiter son brevet, et les personnes qui en connaîtront l'existence pourront recourir à lui au besoin.

Description d'un marchepied de voiture de M. MASSÉ, *carrossier à la Rochelle.*

La figure 27, *Pl.* 12, représente le marche-pied vu de face et abaissé par le mouvement d'ouverture de la portière.

Fig. 28, la même vue de côté et dans la même position.

Fig. 29, le marche-pied relevé dans l'intérieur de la voiture au moment où la portière va se fermer.

Fig. 30, barillet renfermant le ressort, vu séparément et dessiné sur une plus grande échelle.

Fig. 31, engrenage destiné à faire mouvoir le marche-pied, vu en dessus.

Fig. 32, portion de la tringle mobile garnie de sa roulette, qui roule le long d'une tringle attachée à la portière.

Fig. 33, détails.

Les mêmes lettres indiquent les mêmes objets dans toutes les figures. *a*, châssis du marche-pied. *b*, axe faisant corps avec la partie supérieure du châssis et, qui en tournant, le relève ou l'abaisse. *c*, marche en fer se relevant et s'abattant par l'effet du mouvement du châssis. *d*, tringle coudée tournant par sa partie supérieure sur un boulon implanté dans le bas de la caisse de la voiture et attachée par sa partie inférieure à un petit levier à bascule *e*, qui relève ou abat la marche supérieure. *f*, autre tringle articulée avec un levier *g*, semblable au précédent, mais plus court, qui relève la marche inférieure du marche-pied. *h*, portière. *i*, tringle vissée sur la portière et dont les deux bouts sont coudés pour laisser l'espace nécessaire au passage de la roulette *k* attachée à la tringle mobile *l*; cette tringle est rendue solidaire avec un axe vertical *m*, portant une portion de roue d'angle *n*, qui engrène avec un fort pignon *o*, dont une partie de la circonférence seulement est dentée; c'est sur ce pignon qu'est monté l'axe moteur *b*. *p*, barillet renfermant un ressort destiné à modérer les mouvements trop brusques du mécanisme. *q*, boulons à anneau et à écrou servant à suspendre l'axe horizontal *b*. *r*, portion de la caisse de la voiture. *s*, boîte renfermant l'engrenage pour la garantir de l'humidité.

Jeu du mécanisme. — Nous supposons la portière fermée, pour l'ouvrir, la personne placée dans l'intérieur de la voiture tourne un bouton et pousse la portière en dehors; quand elle est déjà en partie ouverte, la tringle *l* fait agir l'axe *m*, et par suite la roue d'angle *n*, le pignon *o*, et l'axe horizontal *b*, lequel, en tournant, abat le marche-pied, par le même mouvement, les tringles *d* et *f* amènent par l'intermédiaire des leviers coudés *e*, *g*, les marches *c*, *c*, dans la position horizontale. Le ressort renfermé dans barillet *p* et monté sur l'axe *b*, est destiné à modérer la chute trop brusque du marche-pied et à diminuer l'effort nécessaire pour le remonter. Quand on est monté dans la voiture, on tire la portière, et avant qu'elle soit entièrement fermée, le marche-pied se replie de lui-même et rentre dans l'intérieur, où il occupe peu de place; il est matelassé comme les marche-pieds ordinaires, et de plus un talon à coulisse, ménagé dans l'engrenage, le fixe de manière à éviter tout battement dans les cahots.

Les mouvements de ce marche-pied, qui pèse environ 7 kilogrammes (14 livres), sont très doux, étant modérés par l'effet du ressort, ce qui ménage l'engrenage, lequel n'a qu'un faible effort à exercer pour vaincre les résistances.

Le prix de ce nouveau marche-pied est de 80 francs environ

CHAPITRE XIV.

DES ENRAYAGES.

Charrette s'arrêtant d'elle-même, de Peltier. — Enrayage d'Artaud. — Frein d'enrayage de Joanny. — Tuteur de limonier. — Encliquetage pour voitures. — Cale à fléau.

Les enrayages constituent une partie assez importante de l'art de construire les voitures, mais dont la fabrication ne présente aucune difficulté pratique pour le forgeron, le charron ou l'ajusteur. Tout le monde connaît l'enrayage à sabot et l'enrayage à levier et à mécanique qu'on adapte généralement aux voitures, mais ces moyens n'ont pas paru suffisants, et c'est pour cela qu'une foule d'inventeurs se sont mis sur les rangs pour résoudre le problème d'un bon enrayage. Dans cette lutte industrielle, nous avons pensé qu'il convenait de nous borner à décrire quelques-uns des appareils de ce genre qui ont été proposés le plus récemment, parce que la plupart des autres ont été successivement abandonnés.

Charrette s'arrêtant d'elle-même, par M. T. Peltier.

Voici les principaux perfectionnements :

1° Suppression des crochets de reculement du cheval, crochets fixés aux brancards des voitures, et remplacés par des crochets mis en rapport avec une machine jointe à la force du cheval, qui, selon la rapidité de la côte, fait plus ou moins retenir le cheval.

Alors, serrant plus ou moins la machine sur les roues, on ressent toujours la charge de la voiture égale à sa force.

Cette machine se compose d'une traverse de bois garnie de deux platines en fer ; à l'une et l'autre extrémité faisant pression et frottement sur les roues, elle est supportée au corps de la voiture par deux colliers en fer dans lesquels elle coulisse.

2° Vergette de fer d'un bout, passant au milieu de la traverse de pression et d'un ressort de dégagement de pression se mariant avec deux nez de leviers.

3° Ressort de dégagement faisant écarter la traverse des roues lors du tirage du cheval.

4° Deux leviers en fer boulonnés à la traverse principale des brancards, et qui se lient avec les tringles de reculement, supportés par deux colliers en fer, et, enfin, de crochets formant les autres extrémités pour recevoir les chaînettes tenant à l'équipement du cheval.

Dessin de la charrette en plan.

Pl. 12, *fig.* 34, *a*, corps de la charrette.
b, traverse en bois, garnie de ses platines de pression.
c, vergette tenant à la traverse et aux leviers.
d, leviers de pression.
e, ressort de dégagement.
f, tringle de fer avec son crochet de reculement.
g, colliers pour fixer la tringle aux brancards.
h, colliers pour fixer la traverse aux leviers de pression.

Système d'enrayage des voitures, de P.-A. ARTAUD.

Ce système a été décrit ainsi qu'il suit dans le tome 45 de Brevets d'invention :

« Les personnes qui ont acquis une certaine expérience dan la manière de conduire et gouverner les voitures publique sur les routes, ont toutes été frappées de l'insuffisance de moyens d'enrayage ordinaires ; insuffisance qu'il faut attribuer d'abord à la lenteur avec laquelle la pression s'opère su les roues de derrière au moyen de la vis ascendante, ce q permet presque toujours à la voiture de prendre, au début d'une pente rapide, un essor difficile à arrêter ; ensuite à l'emploi de cordages qui, même goudronnés, subissent une grande dilatation ; ainsi, par un temps humide, le cordage gonflé cédera difficilement à l'action de la vis ; mais bientôt les efforts de cette vis auront fait distendre le cordage, et le conducteur croit sa voiture enrayée lorsqu'elle ne l'est pas du tout.

» Le seul moyen de remédier à ces inconvénients, cause première de la plus grande partie des accidents qui se renouvellent trop souvent, était donc de remplacer la pression lente et progressive par une pression immédiate, dont l'action puissante sur les roues en puisse arrêter spontanément la marche.

» C'est ce qu'a cherché M. Artaud en se basant sur cette observation : lorsque les chevaux se sentent poussés en avant par le poids de la voiture, ils cherchent à résister en s'acculant sur cette large courroie qu'on appelle avaloire, laquelle, après avoir entouré la croupe et les flancs de l'animal, vient correspondre aux chaînettes du timon, et parviennent ainsi à ralentir, au moins momentanément, la marche de la voiture.

Ainsi une tringle en fer brisée est attachée au balancier de la barre d'enrayure ; elle passe sous l'encastrure de derrière, la flèche et l'encastrure de devant, et se prolonge en dessous du timon, se terminant par une petite chaîne divisée en deux à la sortie d'une poulie à chape, placée à 6 pouces de l'extrémité du timon, chacune des branches de l'extrémité de la petite chaîne répondant à chacun des crochets de chaînette dont sont armés les attelages des chevaux de timon.

» La tringle brisée est soutenue dans sa course par des conduites posées de distance en distance.

» Le résultat est, que toutes les fois que les chevaux de timon font un mouvement de résistance, la voiture se trouve enrayée spontanément, parce que la pression est immédiate et directe.

» Ce mode d'enrayage est, comme on le voit, indépendant de

la négligence du conducteur ou de tout autre empêchement; à la moindre descente, la voiture est enrayée; si un des chevaux de timon s'abattait, la voiture se trouverait arrêtée tout court, car la chaînette se trouverait tendue à son maximum par le poids spécifique de l'animal. Si le timon venait à se rompre, la voiture serait encore fortement enrayée, car la tringle se trouvant alors courbée avec violence produirait une pression subite. On évitera encore par ce moyen de faire, en cas de chute, écraser les chevaux par les roues de devant, ce qui n'arrive que trop souvent avec le système en usage.

» Mais il ne suffit pas que les chevaux enrayent d'eux-mêmes la voiture, il faut encore prévenir le cas où ils viendraient à s'emporter par une cause quelconque; pour cela, il faut établir au centre de la réunion de la flèche et des empennons, et en contre-bas, un rochet dont la base dentelée forme cric et est armée d'un cliquet fixé sur l'un des empennons : le cric a 7 pouces de diamètre, le cliquet 8 pouces de longueur, le tambour du rochet a 5 pouces de diamètre; il est garni de petites pointes de 6 lignes de saillie et a 3 lignes de grosseur. Le rochet est retenu par une chape dont les extrémités sont fixées aux deux empennons; par cette chape passe un bout de chaîne à la Vaucanson, qui s'engrène sur les dents du rochet; ce bout de chaîne tient par ses deux extrémités à la tringle d'enrayure, brisée en cet endroit; au moyen de ce rochet, le moindre mouvement de traction fait par les chevaux sur la tringle d'enrayure aboutissant aux chaînettes, fait prendre un ou plusieurs crans sur le cric adhérent au rochet, et ces crans une fois pris, la voiture se trouve enrayée, quels que soient les mouvements des chevaux.

» Comme il est indispensable que le conducteur puisse disposer de l'enrayage dans toutes les circonstances, on a placé à environ deux pouces de la dent du cliquet un anneau auquel vient aboutir une tringle brisée en fil-de-fer, d'une ligne de diamètre; elle passe, en glissant, sur une petite poulie placée entre la réunion de la flèche et de l'empennon de gauche, en-dessous de la caisse, et se prolonge jusqu'à un point fixe directement au-dessous de la banquette du conducteur; rendue à ce point, la petite tringle brisée par des anneaux, roule sur un petit galet, et s'élève jusqu'à la gauche du conducteur qui, en la tirant, fait sortir le cliquet de son cran; alors le poids seul de l'enrayage lui fait reprendre sa position perpendiculaire, et éloigne conséquemment les plaques de frottement de la circonférence des roues.

» Les dessins de la planche 12, *fig.* 35, rendront plus sensible la démonstration de ce système d'enrayage. Le train est représenté renversé afin de voir plus facilement le mécanisme.

Description du nouveau système d'enrayage.

Fig. 35. *a*, barre d'enrayage suspendue à la caisse par deux tringles en fer.

b, plaques de frottement fixées à la barre d'enrayage, exerçant pression sur la circonférence des roues de derrière.

c, tringle dont le sommet est fixé au balancier ou levier d'enrayure.

d, balancier ou levier d'enrayure qui fait exercer la pression sur les roues par les plaques de frottement : une des extrémités du levier est retenue par un crochet fixé à un des empennons et forme point d'appui; l'autre extrémité est attachée à la tringle d'enrayure se dirigeant vers le centre de la flèche où elle est interrompue par une chaîne à la Vaucanson.

e, tringle d'enrayure à course.

f, chaîne à la Vaucanson s'enroulant sur un tambour à hérissons, réunissant les deux extrémités de la tringle d'enrayure en *g*,*g*.

k, rochet dont la base de 0^{m},16 (6 pouces) de diamètre est dentelée à crans de 0^{m},014 (6 lignes) de profondeur; cette base, formant plate-forme, est destinée à recevoir un cliquet dont il est parlé plus bas. La plate-forme ou platine est surmontée d'un tambour de $0^m,042$ (18 lignes) de hauteur, qui lui est adhérent pour recevoir la chaîne à la Vaucanson. Ce tambour a $0^m,108$ (4 pouces) de diamètre; il est garni d'un hérisson, c'est-à-dire de dents isolées, dont chacune a $0^m,014$ (6 lignes) de long sur $0^m,007$ (3 lignes) de grosseur. La chaîne cédant à l'action du tirage sur les chaînettes de collier d'avaloire, par la résistance des chevaux, fait nécessairement prendre au cliquet un ou plusieurs crans; alors la fonction de la chaîne Vaucanson cesse jusqu'au moment où un effort contraire à celui auquel elle se trouve soumise vienne la rétablir dans sa position normale. Le rochet est maintenu par une chape coudée d'équerre, comme on le voit, dans l'élévation.

l, cliquet fonctionnant sur *k*. L'œil du cliquet, placé par de la dentelure de la plate-forme, est destiné à recevoir une petite tringle en fil-de-fer qui passe entre la flèche et l'empennon de gauche, se dirigeant au moyen d'un galet jusqu'au point de rencontre où cette tringle, quittant la direction horizontale, s'élève perpendiculairement au siège du conducteur, qui a, par ce moyen, à sa disposition le jeu du cliquet *l*.

Nota. La tringle d'enrayure *e*, au point où elle forme jonction avec la chaîne Vaucanson, passe sous un galet *m*, qui sert de guide à cette tringle, laquelle continue sa course jusqu'à $0^m,270$ (10 pouces) environ de l'extrémité du timon; elle se termine alors par une chaîne à maillons arrondis, pour passer dans une chape *n*, pratiquée dans l'épaisseur du timon et garnie d'un galet sur lequel cette chaîne, après avoir roulé, se divise en deux branches pour s'attacher aux chaînettes du collier d'avaloire.

Frein d'enrayage fonctionnant seul par le recul du cheval, et applicable à toutes espèces de charrettes ou voitures, par M. L. JOANNY.

L'appareil se compose de deux pièces de bois *bb*, *Pl.* 13, *fig.* 2 à 5, et *dc*, assemblées et consolidées par les barres de fer *om* et *on*, et pivotant autour du point *a*, *fig.* 4, à l'aide de brides en fer; à l'extrémité *d* du levier *cd* est attachée une corde qui vient s'enrouler sur la poulie *e*, et de là va passer sur les poulies *f* pour retourner ensuite en *d*, après avoir formé un triangle dont le sommet est en *k*.

Un cheval attelé à une charrette munie de cet appareil, et placé sur un terrain en pente, par le seul fait de la résistance de recul qu'il opposera, exercera en *g* une pression dans la direction *gk*; au même instant, le point *d* du levier *cd* montera de *d* en *e*, et la pièce de bois *bb* se rapprochera des roues; les patins *ii* qui y sont attachés seront serrés contre ces dernières avec un effort égal à celui du cheval au point *g*, multiplié par le quotient de la longueur des deux leviers *cd* et *ab*, jusqu'à ce que le terrain redevenu uni, la pression cesse en *g*; alors le levier *cd*, par l'effet de son poids comme par celui du contre-poids *p*, revient, ainsi que les autres pièces de l'appareil, à sa position primitive, pour recommencer à fonctionner aussitôt que les accidents du terrain l'exigeront.

Sur le côté de l'appareil où se tient le conducteur, la corde est munie d'une chaînette et d'un crochet, afin de lui laisser la faculté de l'allonger ou de la raccourcir, ou même de la détacher entièrement s'il y a nécessité.

Cette machine n'exige aucun changement dans le harnais du cheval; la seule précaution à prendre, est de tenir les chaînettes de l'avaloire moins tendues.

L'appareil se peut appliquer également à une voiture à quatre roues, comme on le voit dans la *fig.* 3. Le frein y est adapté au train de devant : la corde, après s'être enroulée sur la poulie *e*, comme il a été dit plus haut, se bifurque, pour aller reprendre l'une des branches de la poulie *r*, l'autre, la poulie *s*, et de là, servir de point d'attache aux chevaux, ainsi que cela se pratique aux harnais actuels. Il est facile de comprendre que leur effort de recul fait alors manœuvrer le frein comme dans le cas précédent : le conducteur peut, sans quitter son siège, à l'aide d'un point d'arrêt, représenté *fig.* 5, neutraliser au besoin l'effet de l'appareil d'enrayage.

Frein mécanique de M. TRAVENET.

M. Travenet a pris, le 15 octobre 1844, un brevet de quinze années pour un frein mécanique dont on trouve la description, ainsi que les divers perfectionnements qui ont été apportés successivement dans la description des machines et procédés pour lesquels il a eté pris des brevets d'invention. Nous croyons devoir mentionner cette description, malgré sa longueur, parce qu'on y trouve l'explication de tous les principes qui doivent, en général, régir cette partie des constructions.

« Le frein, *fig.* 16, 17, 18, 19, *Pl.* 13, vulgairement appelé *frein mécanique*, ne diffère en rien de ceux déjà employés pour les voitures de roulage et de diligences, glissant, dans le premier cas, dans des étriers en fer; et suspendus, dans le second, à la caisse de la voiture par des tringles à charnières; le frein mécanique est, comme ceux des diligences, tiré par deux tringles placées triangulairement, et dont les deux extrémités se réunissent à un bout de chaîne, qui s'attache au levier très-près de son point d'appui ou de tourillonnement, afin que ce dernier agisse avec plus d'énergie.

» Deux ressorts K placés à l'arrière tendent à faire dresser le frein.

» Ils sont placés à l'arrière et sous la voiture, et tirent la barre du frein en arrière, avec un effort de 50 kilogrammes environ ; il est bien entendu que la force de ces ressorts doit varier selon la force des voitures où ils sont employés. Un levier *m* adapté sous l'essieu sert à faire serrer le frein par le moyen de la courroie *n*.

» Il doit être placé sous l'essieu le plus près possible du milieu et jouer dans une chape ou charnière adaptée sous l'essieu ; il aura environ 50 centimètres de longueur, et sera placé de manière que lorsque le frein sera complètement desserré, l'extrémité du levier se trouve tournée vers le frein, c'est-à-dire vers l'arrière de la voiture, dans une position presqu'horizontale, afin d'être à peu près vertical au moment où le frein commencera à serrer, et d'être ainsi dans la position la plus avantageuse pour agir avec énergie. Le point d'attache de la chaîne du frein est, comme nous l'avons dit, très-rapproché du tourillonnement du levier, à 3 centimètres environ. Cependant cette distance variera afin de pouvoir aussi varier à volonté la force avec laquelle le levier agira. Nous avons dit que ce levier serait adapté vers le milieu de l'essieu, parce que nous avons dû prévoir des circonstances où quelques pièces de la voiture gêneraient pour le mettre tout-à-fait au milieu.

La courroie *n* adaptée à l'extrémité dudit levier s'enroule sur un treuil.

Cette courroie est fixée à l'axe du treuil à roues E, par deux rangs de vis dans le sens de sa largeur ; elle s'enroule sur elle-même et produit sur l'axe un tirage égal à celui qu'elle exerce sur l'extrémité du levier ; néanmoins, par l'effet du levier, l'effort produit sur le frein sera de douze à quinze fois plus fort que celui ressenti par le treuil et dû à lui-même.

» Un axe ou treuil muni à ses extrémités de deux petites roues fixes, placé parallèlement à l'essieu dans une coulisse en avant des roues, est destiné à tourner par leur frottement, et c'est sur lui, dans ce cas, que s'enroule la courroie,

» Ce sera un axe en fer rond, plein ou creux selon la force des voitures, de 5 centimètres (2 pouces) de diamètre et de la même longueur que l'essieu, il aura une roue fixée à chaque extrémité, roue de 30 centimètres (1 pied 3 pouces) de diamètre ordinairement, et moindre pour les petites voitures; cet axe sera placé dans une coulisse ou étrier, disposée sous le brancard de la voiture ou sur un châssis de charpente adapté à l'essieu et au train des voitures, quand elles n'ont pas de brancards comme les diligences à quatre roues et quelques autres voitures. Cet axe pourra glisser dans sa coulisse, de manière que ses petites roues puissent serrer celles de la voiture ou s'en tenir éloignées de quelques centimètres, selon le besoin. Ainsi, quand les chevaux, dans une descente, cesseront de tirer, les ressorts tireront à eux l'axe qui, glissant dans sa coulisse, approchera ses roues de celles de la voiture et les fera serrer contre elles; alors le frottement des grandes roues fera tourner les petites; leur rotation déterminera celle de l'axe auquel elles sont fixées; et cet axe, en tournant, fera enrouler sur lui-même la courroie qui tirera ainsi le levier et fera serrer le frein quand les chevaux recommenceront à tirer; leur tirage étant supérieur à la force des ressorts ramènera en avant l'axe ou treuil, en le faisant glisser dans sa coulisse, et l'isolera des roues de la voiture. Alors le levier tiré en arrière par le frein, tiré lui-même par ses ressorts K, le levier attirera la courroie qui se déroulera en faisant tourner l'axe en sens inverse; les roues de cet axe entraînées par lui et isolées de celles de la voiture n'opposeront aucune résistance à ce mouvement.

» Deux autres ressorts en spirale tirent par des colliers sur ledit axe ou treuil à roues, de manière à faire serrer les roues de ses extrémités contre celles de la voiture et opérer ainsi la rotation du treuil.

» Ces ressorts en spirale, ou autres, seront attachés d'un bout à l'essieu et de l'autre à l'axe ou treuil, par le moyen d'un collier dans lequel l'axe pourra tourner librément; leur force sera telle qu'ils puissent attirer l'axe à eux, dès que les traits pendants ne nécessiteront néanmoins qu'un tirage léger de la part des chevaux, pour ramener le treuil ou axe en avant. Une force de tirage de 25 kilogrammes, pour les deux, paraît convenable pour les voitures de force moyenne.

» Deux petites chaînes ou tringles *u* (*fig.* 6) sont adaptées audit axe ou treuil à roues, par les mêmes colliers que les ressorts, et attachées par l'autre bout aux boulons *z*, par le moyen desquels elles correspondent aux traits des chevaux et tirent l'axe ou treuil à roues dans le sens opposé aux ressorts *t*, de manière à le desserrer.

» Ces petites chaînes ou tringles étant attachées, comme nous venons de le dire, aux mêmes colliers que les ressorts *t*, feront ressentir immédiatement leur tirage à ces mêmes ressorts sans fatiguer l'axe qui, dans son collier, suivra naturellement, en glissant dans sa coulisse, l'impulsion que lui donnera le tirage le plus fort. Dans les voitures à deux roues, les petites chaînes iront en ligne droite s'attacher aux boulons *z*; mais dans les voitures à avant-train la position variable du train de devant génerait cette disposition; elles seront alors attachées plus près du milieu de l'axe (les colliers et les ressorts suivront la même disposition), et elles se réuniront en une seule, entrant dans un anneau passant directement au-dessus de la cheville ouvrière du train de devant; de là cette chaîne ira s'attacher au milieu d'un palonnier, attaché lui-même par les deux bouts aux boulons *z* (*fig.* 8). Alors, quelle que soit la position de l'avant-train, la petite chaîne en question, passant directement par le centre autour duquel se fait le mouvement, sera toujours dans une position convenable pour fonctionner.

» Les boulons d'attache *z* à tiges mobiles sont les points de jonction des traits des chevaux avec les petites chaînes ou tringles destinées à faire desserrer le treuil à roues.

» Ces boulons entrent dans des trous pratiqués à la première barre ou traverse de devant des voitures à deux roues, près des limons ; l'épaissseur de la traverse les excède un peu en dessous, afin que les boulons se trouvent à peu près au niveau de l'axe. Dans les diligences, ces boulons sont placés précisément à l'endroit où sont ceux qui tiennent le palonnier. Voici ce que ces boulons ont de particulier : leur longueur entre l'écrou et leur point d'appui ou épaulement, du côté des traits des chevaux, excède de 8 à 10 centimètres (3 à 4 pouces) la largeur de la traverse qui les reçoit ; ils peuvent ainsi aller et venir, dans leur trou, ayant environ 10 centimètres (3 pouces 8 lignes) de jeu, dans le sens de leur longueur, et les petites chaînes qui s'y adaptent, ainsi qu'au treuil à roues, sont calculées d'une longueur telle que, lorsque les boulons sont tirés par les chevaux et que leurs écrous, par l'effet du tirage, viennent s'appuyer sur la traverse sans pouvoir aller plus loin, l'axe à treuil a ses petites roues éloignées de 5 à 6 centimètres (22 à 27 lignes) de celles de la voiture, et, quand les petites roues touchent aux grandes roues de la voiture, les boulons ne sont tirés en arrière que de 5 à 6 centimètres (22 à 27 lignes) ; et, comme il y a encore 3 ou 4 centimètres (14 ou 18 lignes) entre leur épaulement extérieur et la traverse, ils pourraient encore rétrograder de ces 3 ou 4 centimètres. Le but de cette disposition, est de permettre aux petites roues du treuil de serrer plus fort contre celles de la voiture, ce qui ne pourrait avoir lieu si elles se trouvaient retenues par les chaînettes et les boulons. Les chaînes s'attachent aux boulons par la dernière maille de chacune qui est tenue plus forte et dans la forme des mailles à clous tournants ; elle entre dans la partie taraudée du boulon et s'y visse. La partie extérieure du boulon est terminée par un crochet ou par une chape semblable à celle où s'attache le trait de cuir ou courroie qui, dans les diligences, tient le palonnier à l'avant-train de la voiture.

Dans les voitures à deux roues, les boulons s'attachent directement aux chaînes, mais dans les voitures à avant-train ces boulons, après avoir passé dans la traverse antérieure, où ils peuvent glisser, comme il est dit ci-dessus, vont se rattacher à une seconde barre mobile, ou palonnier, dans laquelle ils sont fixés, et alors c'est entre cette barre mobile et la traverse antérieure qu'existe le jeu de 8 à 10 centimètres (3 à 4 pouces), de manière que les boulons en avançant et reculant dans leurs trous font avancer et reculer avec eux le palonnier auquel ils sont fixés; c'est au milieu de ce palonnier que s'attache la chaîne destinée à tirer l'axe ; elle se dirige de là dans l'anneau placé sur la cheville ouvrière, et va rejoindre immédiatement les deux chaînes qui s'attachent aux colliers des ressorts, comme il a été dit plus haut. A la moitié de leur longueur, les boulons sont percés d'un trou K (*fig.* 9) destiné à recevoir une goupille ou clavette dont la fonction est d'empêcher, à volonté et complètement, le jeu du mécanisme. Lorsqu'on voyage constamment en plaine ou que la voiture étant vide, il n'y a pas de précautions à prendre, on peut ou non mettre la goupille ; mais elle devient nécessaire dans les occasions où l'on a besoin de faire reculer la voiture.

» On a vu par ce qui précède, que ce mécanisme, dont aucunes des dimensions ne sont d'ailleurs rigoureusement fixées, peut s'adapter à toute espèce de voitures. Un ouvrier intelligent peut, sans compromettre le succès, faire varier toutes les proportions, selon les besoins de l'application.

Le boulon z est représenté *fig.* 9.

K représente le trou percé à environ moitié de la longueur du boulon pour y placer une clavette et empêcher, à volonté, le jeu du mécanisme.

Fig. 6 et 7. A, écrous des branches de la coulisse ou étrier de la barre du frein.

B, écrous des branches de la coulisse ou étrier du treuil à roues.

C, tringles par lesquelles le levier tire sur la barre du frein.

d, roues de la charrette avec leurs jantes et leurs cercles.

E, roues du treuil à roues, serrant contre celles de la voiture.

F, essieu de la charrette.

G, colliers qui environnent l'axe et auxquels sont attachées les chaînes ou tringles *t* et *u*.

H, première barre ou traverse de la charrette où sont les boulons *z*.

I, traits ou chaînes de limonier pendants dans une descente.

J, chape qui s'adapte au levier et par laquelle il tire les tringles de la barre du frein.

q, bande de fer attachée à la barre du frein, ou frein proprement dit.

R, étrier ou coulisse du treuil à roues.

S, limon de la charrette.

Fig. 8 : M, barre ou palonnier supporté ou glissant sur les trois jumelles T, qui font partie de l'avant-train des diligences. Au milieu de ce palonnier s'attache la chaîne ou tringle *u*. Quand le mécanisme ou frein est lâché, ledit palonnier s'appuie sur la traverse N' N' où sont les boulons *z*, à tiges mobiles ou glissantes.

u'' représente, par de petits traits, la direction naturelle qu'auraient les chaînes ou tringles *u* dans une voiture à deux roues et qui n'aurait pas d'avant-train mobile.

l représente l'emplacement de la cheville ouvrière de l'avant-train.

L représente un anneau placé au-dessus et dans lequel passe la chaîne *u*, ou un petit bout de chaîne, si le reste de la longueur fait partie de la tringle, car cette partie, de 20 centimètres de longueur, doit pouvoir plier quand on tourne.

N représente le bâtis de l'avant-train des voitures, lequel sert de point d'appui au mécanisme.

» La petite roue est faite comme la grande; si elle était beaucoup plus petite, comme 20 centimètres par exemple, ce serait tout simplement un moyeu d'orme tortillard, ferré, qui servirait de roue. On voit, par les dessins, que le mécanisme est représenté faisant serrer le frein; on peut voir par les boulons z que le moindre tirage des chevaux ferait porter l'écrou sur la traverse H, qui supporterait tout le tirage; on voit, en même temps, que l'écrou ne peut porter sur la traverse sans attirer à lui le treuil à roues qui, glissant dans la coulisse R, s'éloignerait de la roue et permettrait au frein de se desserrer, en rappelant en arrière le levier qui ferait dérouler la courroie, comme il a été dit plus haut. »

M. Travenet a pris, en date du 2 septembre 1845, un premier certificat d'addition où l'on lit ce qui suit :

« 1° Perfectionnements généraux dans les détails, et particulièrement suppression de l'un des deux galets de l'axe. (Nous appellerons dorénavant galets les petites roues de l'axe, afin d'éviter la confusion avec les roues de la voiture, et l'axe s'appellera axe à galet ou frein circulaire.)

» 2° Moyen donné au conducteur de régler le jeu du frein circulaire, et, par suite, l'enrayage des roues.

» 3° Disposition, dans certains cas, de l'axe à galet ou frein circulaire en arrière de la voiture.

» On voit, au brevet principal, que l'organe essentiel du mécanisme est cet axe à galet, mû lui-même par les roues de la voiture. Il est le moteur des autres pièces et est destiné à agir sur le frein d'enrayage, de quelque espèce qu'il soit; nous l'avons vu, au brevet principal, serré par des ressorts et desserré par le tirage des chevaux; nous le verrons, dans la seconde section des perfectionnements, réglé par le conducteur, mais néanmoins toujours mû par les roues de la voiture, et, par conséquent, subissant l'influence de l'action des chevaux, qui le font agir d'autant plus vite que leur course est plus rapide.

» Les perfectionnements sont :

» 1° L'axe des roues du frein circulaire peut beaucoup varier, suivant la force dont on a besoin et, quelquefois, la place disponible aux voitures.

2° Au lieu de donner 5 centimètres de diamètre à l'axe du frein circulaire, on obtient un bien plus grand effet en ne lui donnant que 25 à 30 millimètres.

3° L'emploi d'une seule roue ou frein circulaire au lieu de deux.

L'axe, dans ce cas, ne conserve qu'un peu plus de la moitié de sa longueur primitive ; il a deux points d'appui sous la voiture : l'un sous le brancard de la caisse à deux tringles disposées en V, ou à une seule tringle inclinée en dehors pour soutenir l'axe le plus près possible du galet ; et l'autre à 15 ou 20 centimètres plus loin que le milieu de la caisse de la voiture, dans un piton faisant corps avec une plaque de fer boulonnée après les planches de la caisse de la voiture ; la partie de l'axe, près de ce piton, est réduite à environ deux centimètres de diamètre dans une longueur de 10 à 12 centimètres pour recevoir la sangle, tandis que le reste du corps de l'axe peut avoir 3 centimètres de diamètre. La portion de l'axe ainsi réduite est percée d'une mortaise à jour, de 8 centimètres de long sur 2 millimètres d'épaisseur, pour recevoir la sangle qui y entre, doublée, en cet endroit, de fer-blanc, qui y est solidement adhérent par plusieurs petits rivets, et c'est en rivant le fer-blanc de l'autre côté de la mortaise, que la sangle s'y trouve solidement maintenue ; dans ce cas de l'emploi d'un seul galet, les ressorts et la chaînette de transmission tirent en sens opposé en un seul et même point, tout près de l'unique galet, au lieu d'agir aux deux extrémités.

Les ressorts. Quand le frein est suspendu à la voiture comme aux diligences, on peut, le plus souvent, se dispenser de l'emploi des ressorts, le poids seul du frein suffisant pour l'éloigner convenablement des roues.

La courroie. 1° Au lieu de cuir, on peut employer à cet usage des sangles de chanvre qui, à épaisseur et longueur égales, sont plus fortes et plus souples, ce qui permet de les mettre plus minces, et c'est un avantage important, parce que alors les quatre ou cinq tours qu'elles font sur l'axe n'en augmentent pas beaucoup le diamètre; cette augmentation du diamètre de l'axe nuirait beaucoup à l'énergie de son action.

2° On peut, au lieu de sangles, employer des cordes; alors on en met deux à 12 ou 15 centimètres l'une de l'autre, attachées à des brides ou pitons qui traversent l'axe, ou tout simplement passées dans des trous percés dans cet axe. En s'enroulant, elles s'approchent l'une de l'autre, et tirent toutes deux sur le même point, à l'extrémité du levier; elles doivent être de chanvre très-souple et d'excellente qualité, et leur diamètre, pour éviter la raideur, ne doit pas dépasser 12 à 15 millimètres.

Le levier. 1° La chape dont il est parlé à la description principale, présente plus de solidité, placée sur la partie antérieure de l'essieu qu'elle enveloppe, au lieu d'être vissée dessus, et, au lieu de lui faire décrire un arc de 100 à 150 degrés, on peut en faire décrire un de 60 à 70, s'il est égal au rayon de la roue ou à peu près; au lieu de le mettre à l'essieu dans les voitures à train, pour qu'il ait moins de longueur, on peut l'adapter sous le train même.

2° Pour augmenter la puissance d'action de l'axe, et surtout quand au lieu de sangles on emploie des cordes, on peut faire passer la corde qui, dans ce cas, est simple, sur une poulie adaptée à l'extrémité du levier, terminée à cet effet en forme de chape, en allant rattacher le bout de la corde à la caisse de la voiture, directement au-dessus de l'extrémité du levier; ceci doit surtout se faire quand la place disponible ne permet pas de donner beaucoup de course au levier. Sur les chemins de fer, on peut mettre plusieurs poulies au levier (deux, par exemple), et une autre à la caisse du wagon, agissant comme moufle, ce qui augmente la force et diminue la promptitude d'action qu'il ne faut pas trop favoriser sur les chemins de fer.

Les chaînettes ou courroies de transmission. Par l'emploi d'un seul galet, au lieu de deux, les chaînettes de transmission subissent une certaine modification :

Dans les diligences, au sortir de l'anneau qui est au-dessus de la cheville-ouvrière, la chaînette se dirige en biais vers l'unique collier auquel sont attachés les ressorts qui tendent à faire serrer le galet contre la roue; ce collier doit être placé à 10 centimètres au plus du galet, pour moins fatiguer l'axe.

Les boulons à tiges mobiles. 1° Il n'y a pas de changement dans leur position pour les diligences; dans les charrettes, on peut les mettre sous les limons à une distance plus ou moins grande de la première traverse où on les plaçait d'abord, mais pas à moins de 50 centimètres du collier du limonier; ces boulons glissent dans deux forts pitons vissés aux limons à 12 ou 15 centimètres l'un de l'autre.

2° On peut attacher aux boulons mobiles des chaînettes qui vont de l'autre bout s'attacher près du bout du limon, à la troisième ou quatrième maille des traits des chevaux de devant, afin que, dans le cas où le limonier ne tirerait pas quand il serait à propos, le tirage du cheval ou des chevaux de devant puisse y suppléer, en agissant, à son défaut, pour desserrer le frein; dans les diligences et voitures à train, le tirage des chevaux de devant se commmunique par une chaîne qui file le long du timon, et va se rattacher au milieu du palonnier intérieur, sur lequel tirent les boulons mobiles, comme on le voit à la figure 8 du brevet principal.

Manœuvre du frein circulaire par le conducteur. Cette addition est extrêmement simple : au lieu de faire opérer le frottement du galet contre la roue par des ressorts qui le serrent contre elle, c'est le conducteur lui-même qui opère ce serrage, par le moyen d'une manivelle, de la manière suivante :

« La pièce principale de ce mécanisme additionnel est une tringle verticale qui descend de la place du conducteur à travers les parois du coupé, et sort sous le brancard de la caisse; son extrémité inférieure est percée d'une mortaise dans laquelle s'emmanche une sangle de quelques centimètres de longueur, qui s'attache à une corde passant sous la voiture, et va rejoindre une poulie de renvoi adaptée à l'essieu, et de là vient s'attacher au collier qui enveloppe l'axe à 10 centimètres du galet. Au lieu de la poulie, on peut adapter à l'essieu un petit levier ou bascule de renvoi qui remplit le même but. Il y a encore une autre disposition de la tringle régulatrice qu'on peut adopter, quand il y a des obstacles à l'emploi de la précédente; la voici : La tringle régulatrice se place horizontalement sur le côté de la voiture, parallèlement à une tringle où s'attachent les courroies de la boîte, et immédiatement au-dessous; la tringle régulatrice se prolonge ainsi jusqu'au-dessus de l'essieu; là elle tourillonne dans deux pitons placés à 10 ou 12 centimètres l'un de l'autre. La mortaise dont nous avons parlé plus haut est percée entre ces deux pitons; la sangle et la corde s'y attachent immédiatement et descendent verticalement. La corde, qui n'est que le prolongement de la sangle, passe sur une poulie de renvoi attachée au brancard de le caisse, et dont le plan est parallèle à l'essieu. De cette poulie, elle va sur une autre poulie placée à l'essieu même ou au brancard de la caisse de l'autre côté, et de là enfin va se rattacher au collier de l'axe.

» Les portions de cordes qui ne passent pas sur des poulies peuvent être remplacées par des tringlettes, en conservant toutefois deux mètres de corde pour l'élasticité.

« Cependant le premier moyen nous semble mériter la préférence quand il peut être appliqué; alors la tringle verticale, que nous appellerons tringle régulatrice, est surmontée d'une manivelle qu'on peut jouer sur le sommet de la tringle qui lui est unie, à peu près en manière de tête de compas. Cette manivelle tourne horizontalement sur une rondelle de tôle, percée à la circonférence d'un grand nombre de trous dans lesquels entre un goujon, ou cheville de fer, fixé sur la manivelle. Ce sont ces trous qui servent à régler l'enrayage à autant de degrés différents qu'il y a de trous. Le conducteur, pour tourner la manivelle, l'élève de 2 ou 3 centimètres; le goujon qui n'en a qu'un de longueur, s'échappe du trou qui le retenait; et le conducteur, après avoir fait agir la manivelle, la laisse s'appuyer, par son propre poids, sur la rondelle de tôle, en sorte que le goujon rentre dans l'un des trous et la retient au point voulu. Afin que le conducteur puisse produire un effet énergique au moyen de la tringle régulatrice, on ne lui donne, au point d'enroulement de la sangle, qu'une chaînette de 15 à 20 millimètres. Il est préférable d'employer ici une matière tant soit peu élastique, comme du chanvre, du cuir, etc., parce qu'alors les oscillations de la voiture réagissent moins sur le frein circulaire; néanmoins on peut se contenter d'avoir à cet effet une longueur de deux mètres de matière élastique, le reste pouvant être en tringlettes. Dans le cas où le frein est ainsi réglé par le conducteur, tous les ressorts sont supprimés comme inutiles, car les tringles de suspension qui soutiennent l'axe sous le baancard de la caisse sont inclinées, de manière qu'il revienne de lui-même en arrière lorsqu'il est redevenu libre, de la même manière que la barre du frein se rejette en arrière quand le tirage cesse.

» Dans les charrettes, comme nous l'avons dit précédemment, la tringle régulatrice se place horizontalement, ou en avant ou en arrière de la voiture, à la plus grande commodité du conducteur, et en général on peut modifier son emplacement et sa disposition, suivant les voitures auxquelles on applique ce système, car on sait que, par des renvois, on transmet partout où besoin est un effort fait en un point quelconque de la voiture.

» Le frein circulaire est placé à l'arrière des roues.

» On peut adopter cette disposition quand quelque obstacle s'oppose à l'emploi de la première, et oblige de placer le frein ordinaire en avant des roues, comme on le voit dans plusieurs services de messageries. La disposition relative de toutes les pièces du mécanisme reste la même, à cette différence que si le jeu du mécanisme a lieu par les chevaux, il faut que la chaînette de transmission agisse sur le frein circulaire, pour le tirer en arrière par l'intermédiaire d'une poulie de renvoi placée à cet effet à l'arrière de la voiture; et si c'est par le conducteur que doit se régler le jeu du frein, la corde ou courroie régulatrice va directement, sans renvoi, s'attacher au collier qui embrasse l'axe près du galet. »

Par un certificat d'addition, en date du 19 septembre 1845, M. Travenet a proposé les perfectionnements suivants :

« Cette description représente le frein mécanique de voiture, ou frein circulaire, agissant (en remplacement de la vis) sur le système de levier ou bascule qui sert actuellement à faire appuyer les sabots contre les roues des wagons ou tenders.

» L'enrayage des wagons ou tenders diffère aujourd'hui de celui des diligences et autres voitures de routes ordinaires, en ce que : 1° on se contente ordinairement d'enrayer les roues d'un même plan, sans s'occuper des autres qui ressentent l'effet de l'enrayage par l'intermédiaire de l'essieu qui est fixé avec elles; 2° en ce que l'on cherche à éviter que la pression du sabot sur la roue tende à détruire le parallélisme des deux essieux. Pour éviter cet inconvénient, deux moyens se présentent : le premier consiste à faire serrer chaque roue du même plan, en avant et en arrière; le deuxième, à réunir les plaques de garde de la roue de devant à celle de la roue de derrière, par une traverse de fer qui neutralise l'effort des deux sabots, qui tendent à éloigner les roues l'une de l'autre par leur pression, lorsqu'elle ne s'exerce que d'un côté seulement de la roue, car alors la roue de devant est poussée en avant par le sabot; celle d'arrière est au contraire poussée en arrière.

« Le moyen le plus ordinaire de faire presser les sabots contre les roues, est l'emploi d'une vis qui agit sur l'extrémité d'un levier qui exerce son action sur les sabots, soit directement, soit par l'intermédiaire d'une bascule avec laquelle il fait corps.

» Comme tous ces mécanismes sont parfaitement connus, il suffit de faire voir comment le frein mécanique ou circulaire agit sur l'extrémité du levier de la bascule, quelle que soit d'ailleurs la disposition des organes sur lesquels la bascule exerce son action, et qui ne font pas partie de l'invention dont nous nous occupons. Nous ne les mentionnons que pour faire voir leur liaison avec le mécanisme et les modifications de forme qui pourraient les rendre plus propres à son emploi. »

» L'axe à galet a une longueur à peu près égale à la largeur du wagon ou du tender; il est placé le plus haut possible entre les deux essieux auxquels il est parallèle; il est soutenu du côté droit tout près du galet, par une tringle de fer, fermée par un collier à sa partie inférieure, et dont la partie supérieure, en forme de charnière, est attachée au fond du tender ou du wagon, à quelques centimètres plus loin en avant de la roue que ne le demanderait l'aplomb, afin que son propre poids tende à l'éloigner de la roue pour faciliter le désenrayage; l'inventeur l'appelle tringle de suspension et de serrage. Elle diffère de la tringle de suspension des diligences, en ce que cette dernière fait avec l'axe un angle aigu, tandis que dans les wagons et tenders, les roues étant sous la voiture même, on a un point d'appui facile pour suspendre ladite tringle, de manière que, quoiqu'inclinée en avant, elle fasse néanmoins un angle droit avec la direction du frein circulaire. Par la même raison, on la peut mettre très-près du galet, et le collier qui la termine peut servir en même temps de point d'attache à la corde ou courroie régulatrice. L'autre extrémité de l'axe est soutenue par un palier fixe, adapté au brancard du wagon ou tender. Le galet, quand il en est besoin, frotte contre la roue droite, et l'axe en tournant enroule sur lui-même, sur la partie qui est directement dans le plan de rotation du levier de la bascule, une chaîne en corde double (comme on voit à la première addition pour les diligences) qui va se rattacher à l'extrémité du levier et le met en mouvement ; le levier a en géneral une longueur égale à la distance de l'axe de la bascule à l'axe à galet ou frein circulaire ; dans les chemins de fer, le diamètre du galet peut être porté jusqu'à 50 centimètres (18 pouces). On peut employer des galets en bois non frettés, si l'on craint que ceux en fer ne produisent des facettes par leur frottement sur la roue du wagon ; ils doivent être légèrement coniques pour porter uniformément sur la roue ; il n'en est pas du galet comme des sabots, sa pression sur la roue d'un seul côté ne doit pas donner de craintes pour le parallélisme des essieux.

» Le galet est approché de la roue par une tringle régulatrice, comme on a vu à la première addition pour les diligences, et s'en éloigne de même par son propre poids ; cette tringle régulatrice, dont la manivelle est sur la partie supérieure du wagon ou tender, à la portée du conducteur, se mettra de préférence à l'arrière du wagon pour appeler l'axe à galet sur la roue de derrière, et si quelque raison obligeait de la mettre en avant, on placerait une poulie de renvoi à l'arrière du wagon, afin d'obtenir le même effet. Elle traverse le wagon ou tender verticalement, et va tourillonner sur un palier placé sous ce wagon, et la corde ou courroie régulatrice, qui vient s'enrouler sur sa partie inférieure, va se rattacher à l'extrémité inférieure ou au collier de la tringle de serrage et de suspension, et opère ainsi le serrage du galet contre la roue, et par suite de sa rotation, l'élévation du levier et le serrage des sabots : telle est la manière de se servir du frein mécanique ou axe à galet pour l'enrayage des wagons ou tenders, manière plus simple que pour les diligences, à cause de la construction des wagons, qui est beaucoup plus favorable. Il est nécessaire, cependant, que la matière employée à opérer le serrage du galet contre la roue (corde ou courroie) soit très-élastique, afin d'éviter les secousses et contre-coups. Une chaîne ou une tringle ne conviendraient qu'autant qu'on les ferait agir sur un ressort.

» Dans le cas où l'on voudrait avoir moins de vitesse, au lieu de faire frotter le galet sur la roue du wagon, qui a environ 1 mètre (3 pieds) de diamètre, on peut le faire frotter sur une autre roue, que nous appellerons roue centrale, portant 20 à 30 centimètres (8 à 11 pouces) de diamètre, adaptée à l'essieu en un point quelconque, mais toujours plus près de la roue droite; dans ce cas, le galet que l'on met de préférence en fer, doit être cylindrique. La tringle de serrage et de suspension se rapproche dans la même proportion que le galet; du côté gauche, elle se rapproche également de l'essieu, ainsi que le palier du bout opposé, dont la distance à l'essieu de derrière doit être égale à la somme des rayons du galet et de la roue centrale, afin que l'axe à galet soit toujours dans une position parallèle à celle des essieux lorsque le galet porte contre la roue centrale, et dans ce cas il est à peu près au même niveau; le levier doit être plus long que dans la disposition précédente, afin que son extrémité vienne correspondre au point d'attache sur l'axe de la corde ou chaîne.

» La grande promptitude et la facilité de ce système donnent la possibilité de faire enrayer plusieurs wagons par un seul conducteur, au moins deux, celui qu'il monte, et celui qui le précède immédiatement; il suffit, pour cela, d'adapter, au lieu de la manivelle (ou immédiatement au-dessous, si on veut la conserver), à la tringle régulatrice du wagon qui précède, une poulie à gorge, de 30 à 40 centimètres (11 à 15 pouces) de diamètre, sur laquelle s'enroule une corde terminée par une chaîne qui vient s'attacher à un crochet sous la main du conducteur. Quand il s'agit d'enrayer, d'une main, le conducteur tourne la manivelle du wagon qu'il monte, et de l'autre, tire la chaîne de celui qui le précède, et, après lui avoir donné le degré de tension convenable, passe une maille de cette chaîne dans une cheville de fer qu'il a sous la main pour la fixer; quand il veut désenrayer, d'une main il laisse se détourner la manivelle, et de l'autre lâche la chaîne, et la corde qui en fait le prolongement s'enroule d'elle-même sur la poulie; car le poids de l'axe à galet tend à l'éloigner de son point de contact, et en même temps il tire la corde régulatrice qui fait tourner la tringle et la poulie qui lui est adhérente, et enroule ainsi corde et chaîne de transmission du conducteur. Pour donner encore plus de facilité à ce dernier, on peut mettre en avant la tringle régulatrice du wagon qu'il monte, en la faisant agir sur l'axe par une poulie de renvoi placée à l'arrière du wagon, et, au contraire, placer la tringle régulatrice du wagon précédent tout à fait à l'arrière, en sorte que le conducteur l'ait presque sous la main. On peut aussi, au lieu de poulie, mettre un levier assez long pour que son extrémité s'approche du conducteur, et dans ce cas, l'extrémité inférieure de la tringle régulatrice a également un petit bras de levier de 5 ou 6 centimètres (22 à 27 lignes) de long, auquel vient s'attacher la corde régulatrice, de sorte que l'axe peut être suffisamment rapproché de son point de contact en un quart de cercle décrit par le levier; la tringle régulatrice, dans ce cas, est plus forte; on peut lui donner 3 centimètres (1 pouce) de diamètre. »

Enfin, par certificat d'addition, daté du 17 décembre 1845, M. Travenet propose ce que voici :

« Emploi de la chaîne de Galle de préférence aux autres

chaînes et aux cordes, courroies ou sangles, et perfectionnements relatifs à cet emploi :

» 1° La chaîne de Galle est d'un emploi plus avantageux et offre plus de solidité que les cordes, sangles ou courroies, et s'enroule beaucoup plus régulièrement sur l'axe que toute autre chaîne ; elle entre dans une mortaise longitudinale pratiquée à l'axe, après avoir été préalablement régularisée à la lime sur son épaisseur, elle y est retenue par une goupille ou rivet ; la même chose a lieu pour la tringle régulatrice. Pour réunir la chaîne de Galle à une tringle, tige ou ferrure quelconque, on pratique dans ces derrières des cannelures en forme de têtes de mailles, dans lesquelles entrent les dernières mailles de la chaîne ; on peut appeler ces ferrures, ferrures crénelées.

» 2° Quand la chaîne doit faire plusieurs tours sur l'axe, comme dans les diligences, ou, en certains cas, sur la tringle régulatrice, il faut un peu changer sa confection, mettre à chaque série de mailles, une maille de plus d'un côté et une de moins de l'autre ; cela fait dévier un peu la chaîne de la ligne droite et facilite singulièrement son enroulement sur l'axe ; on la met plus solide pour compenser la force que cette légère déviation lui fait perdre.

» 3° Outre la chaîne qui fait agir les leviers, on peut mettre une seconde chaîne qui sera de sûreté ou de retenue. Elle se place dans une mortaise pratiquée à l'axe tout près du collier de serrage ou collier régulateur ; elle a environ 20 centimètres (7 pouces 5 lignes) de longueur, et s'adapte à une ferrure crénelée, soudée à une tringle dont l'autre extrémité va s'attacher à une traverse de la partie d'avant du wagon. Cette chaîne présente plusieurs avantages importants :

» 1° En cas de rupture de la chaîne de serrage, elle empêche la rotation accélérée et importante du frein circulaire, et de plus tend à l'éloigner de son point de contact.

» 2° Elle avertit le conducteur, quand il est temps de régler les patins, car sa longueur étant telle qu'elle ne peut faire sur l'axe qu'environ 7 à 8 dixièmes de tour, tant que les patins serrent un demi-tour de l'axe, son effet ne se fait pas sentir; mais si, par négligence, on laissait prendre aux patins un jeu tel qu'il fallût 7 ou 8 dixièmes de tour pour les serrer, alors la chaîne de sûreté se trouvant tendue appelle l'axe en arrière dans le sens directement opposé à celui du conducteur, qui, trouvant plus de résistance qu'à l'ordinaire, s'aperçoit que les patins ont trop de jeu et qu'il faut les régler. Par ce moyen, on évitera des secousses et peut-être la rupture de la chaîne, qui pourrait arriver par la trop grande accélération de mouvement que produirait le galet.

» 3° La chaîne de sûreté n'est cependant pas d'un emploi indispensable, mais c'est une précaution à prendre pour assurer le jeu régulier et la conservation du mécanisme.

» 4° Si l'on emploie un galet d'un grand diamètre et que trois ou quatre dixièmes de tour de l'axe suffisent pour opérer un enrayage complet, on peut remplacer la chaîne de sûreté par une came, qui, traversant l'axe renforcé en cet endroit, vient buter contre un obstacle aussitôt que l'axe fait 5 dixièmes de tour dans un sens ou dans l'autre et s'oppose à une rotation plus prolongée; l'arrêt de la came doit être situé entre l'axe et la roue du wagon où le galet a son point de contact, afin de tendre à éloigner le frein circulaire lorsqu'il a fait un demi-tour et fait toucher la came.

» On peut encore mettre la came dans la même mortaise que la chaîne de serrage en saillie de cinq centimètres (22 lignes) du côté opposé; de quelque côté que l'axe tourne, la came vient s'arrêter sur la chaîne après un demi-tour, et, bien que sa pression fasse encore serrer les patins, elle fait éprouver au conducteur une très-grande résistance et l'avertit qu'il est temps de régler les patins; la came, ainsi disposée, plus simple que la chaîne de sûreté, la remplace avec avantage hors le cas où la chaîne de serrage viendrait à se rompre.

» J'emploie des tringles pour la transmission de mouvement de la tringle régulatrice pour éviter l'emploi des ressorts dans cette transmission.

» On a vu, dans l'addition précédente, que la force de la tringle régulatrice était transmise au frein circulaire par des courroies ou autres substances élastiques, ou qu'on peut faire usage de ressorts ; mais l'élasticité de la main du conducteur, celle de la tringle régulatrice qui, sous son effort, fait un léger arc de torsion, celle de toutes les pièces, l'allongement des tringles de transmission, suffisent pour adoucir les secousses qui sont, en outre, amorties par l'effet des ressorts du wagon; en conséquence, il faut conclure que l'emploi de ces tringles est plus avantageux que celui de tout autre moyen pour la solidité avec ou sans l'emploi des ressorts, en conservant, bien entendu, la petite longueur de chaîne de Galle qui s'enroule sur l'extrémité de la tringle régulatrice.

» Le système de leviers le plus favorable à l'emploi de l'axe à galet, et que l'inventeur a choisi pour la première application de son mécanisme, est le système connu sous le nom de frein à balance ; au lieu d'un seul levier on en emploie deux qui agissent chacun sur les sabots ou patins de leur roue respective; l'extrémité de ces leviers, terminée par une chape, va se relier par une tige de fer à un fléau de balance d'environ 20 centim. (8 pouces) de longueur à mi-distance des deux roues, et au milieu duquel s'adapte la chape qui fait le prolongement de la chaîne de Galle, au-dessous de la poulie centrale de renvoi placée directement au-dessus dudit fléau de balance, qui sert à rendre égal le tirage de chacun des deux leviers. Du reste, quel que soit le système sur lequel on fasse agir le frein circulaire, on peut toujours transmettre le tirage de la chaîne de Galle sur l'extrémité des leviers, quelles que soient leur distance et leur position, par des renvois convenablement disposés.

» Nous avons, dans la précédente addition, représenté la

tringle régulatrice à un bout ou l'autre du wagon; mais c'est au milieu qu'elle se trouve le plus ordinairement; elle descend verticalement par le même trou où descendait la tringle qui fait le prolongement de la vis de rappel; elle dépasse de 2 ou 3 centimètres (9 ou 14 lignes) la traverse centrale du wagon, et elle est traversée, comme nous avons dit plus haut, par la chaîne de Galle qui doit s'enrouler dessus. Dans cette position, la tringle régulatrice agit sur l'axe par l'intermédiaire d'un levier de renvoi placé à l'arrière du wagon (comme, à proprement parler, les wagons n'ont ni avant ni arrière, nous avertissons que nous appellerons arrière du wagon la partie correspondant aux roues sur l'axe desquelles le galet a son point de contact, et avant la partie opposée), et au petit bras duquel s'adapte une tringle qui vient s'attacher au collier de serrage ou collier régulateur de l'axe à galet.

» 2o La manivelle de la tringle régulatrice est à deux branches, afin que l'on puisse saisir celle qui se trouvera le plus à portée de la main.

» 3o Quand cela se peut, il est préférable de mettre la tringle régulatrice du côté du galet, c'est-à-dire du côté opposé aux leviers des sabots, afin de ménager une place plus commode pour la poulie centrale de renvoi de la chaîne de Galle.

» Le renvoi de mouvement de la tringle régulatrice, qui est ordinairement un simple levier droit ou à peu près, doit avoir le bras qui correspond à la tringle régulatrice (le bras de la puissance) trois ou qutre fois plus long que celui qui correspond au collier de l'axe (le bras de la résistance). On obtient par là deux avantages importants : le premier, c'est de quadrupler la force de l'homme, et le second, plus grand encore, de le faire agir avec quatre fois plus de lenteur et par suite, de serrer le frein progressivement et sans secousse.

» Dans le frein à balance et plusieurs autres freins em-

ployés sur les chemins de fer, les sabots frottent continuellement tant soit peu sur les roues, parce que leur équilibre ne pouvant être parfait, l'un prend plus de jeu que l'autre, ou parce que le même s'éloigne du haut et frotte du bas, ce qui a le triple inconvénient de les user inutilement, de consommer de la vapeur en pure perte et de fatiguer les hommes qui poussent les wagons quand on les change de voie. Pour éviter cet inconvénient, il faut se servir de ressorts et de vis de pression, disposés comme il suit :

» On place aux deux bouts du wagon, sur le brancard le plus voisin des sabots, une vis de pression dont l'écrou est rivé sur une traverse de fer qui se visse sous le brancard et la barre de bois voisine; le bout de levier s'appuie sur la ferrure du patin extérieur et ne lui permet pas de prendre plus d'un centimètre (5 lignes) de jeu entre lui et la roue, quels que soient les ballottements et la poussée du patin intérieur (nous désignons par patins intérieurs ceux du centre, et patins extérieurs, ceux des bouts). On peut encore obtenir le même effet par un cliquet placé au milieu de la ferrure du patin; le bec de ce cliquet porte sur une crémaillère dentelée comme une scie; le cliquet avance sur la crémaillère à mesure que le patin s'use, et ne laisse rouler le patin que d'une quantité égale à la profondeur des dents de la crémaillère, soit 6 ou 8 millimètres (2 ou 3 lignes). Comme il y a correspondance par les tringles du levier entre les deux patins, il s'ensuit que, le patin extérieur ne pouvant reculer, le patin intérieur ne peut avancer et toucher la roue inopportunément; mais cela ne l'empêche pas de s'incliner en arrière et d'appuyer l'angle inférieur contre la roue : nous allons voir disparaître cet inconvénient par l'effet des ressorts.

» On place un ressort ou lame d'acier entre la ferrure du sabot intérieur et le bois, dans une rainure pratiquée à cette intention dans la ferrure sur laquelle il est rivé ou vissé; ce ressort s'élève au-dessus du bois d'environ 60 centimètres

(22 pouces), et son extrémité supérieure est munie d'une petite chaîne qui sert à tendre plus ou moins le ressort, en attachant telle ou telle maille dans un crochet placé, à cet effet, sous le fond du wagon, à peu près au-dessous de l'essieu; une tension de 1 ou 2 kilogrammes suffit pour équilibrer le sabot. »

Voici encore quelques perfectionnements divers et détails de construction applicables à la même invention.

» 1° Nous avons vu, dans la description qui précède, que la tringle de suspension se plaçait tout près du galet, mais à l'intérieur, et que c'était à son collier que s'attachait la tringle de transmission de la tringle régulatrice; mais comme la forme du wagon se prête à une autre disposition, il est préférable de faire soutenir l'axe à galet, à son extrémité en dehors du galet, par la tringle de suspension qui vient ainsi faire charnière sous le brancard du wagon, et le collier régulateur qui sert à appeler le galet contre son point de contact n'en reste pas moins dans la position voulue; il est adapté à charnière, de manière à ne pas contrarier la direction de la tringle lors de l'éloignement du galet de son point de contact.

» 2° Il ne faut jamais laisser prendre trop de jeu par suite de l'usure des patins, afin que, dès le premier demi-tour du galet, les leviers fassent serrer les sabots : de cette manière, on évite la trop grande accélération du mouvement du galet qui finirait par prendre la vitesse de la roue du wagon, et, faisant volant, produirait un choc au moment où il serait subitement arrêté par le serrage des patins. Pour les mêmes motifs, il est bon, tout en donnant au galet la solidité convenable, d'y employer le moins de matière possible; car le choc produit par un arrêt subit est égal à la masse multipliée par le carré de la vitesse; 3 centimètres (13 lignes) d'épaisseur à la couronne de fer ou de fonte, sur une largeur de 4 centimètres (18 lignes), suffisent, en y comprenant le cercle de fer de rechange dont il est muni.

» 3° Il est bon aussi de faire porter le galet un peu plus du côté du bord extérieur de la roue qui, portant rarement sur les rails, s'use, par cette raison, moins promptement que le reste de la roue.

» 4° Il arrive quelquefois que les roues de derrière du wagon, ayant de plus que les autres la pression du galet, cessent de tourner alors que les autres roulent encore ; on peut éviter ce léger inconvénient en mettant le fléau de balance des leviers à bras inégaux, de manière que le plus court, qui produit par conséquent le tirage le plus énergique, agisse sur le levier qui fait serrer les roues de devant (celles qui ne reçoivent pas le contact du galet) : de cette manière, on compensera l'effet produit en plus sur les autres par le galet; un sixième de différence dans la longueur des bras du fléau suffit.

» 5° Il faut donner à la tringle de suspension une longueur telle que l'axe du frein circulaire ne soit que de 5 ou 6 centimètres (22 ou 27 lignes) plus haut que les essieux, afin que les oscillations produites par les ressorts se fassent dans une verticale à peu près tangente à la circonférence de la roue où le galet a son point de contact.

» Nous avons décrit plus haut divers moyens donnés au conducteur pour faire agir plusieurs freins circulaires et d'enrayer ainsi plusieurs wagons ; nous allons indiquer une autre méthode, préférable surtout par sa simplicité et son économie ; elle consiste à faire enrayer plusieurs wagons au moyen d'un seul frein circulaire ou axe à galet. Il ne s'agit, pour cela, que de transmettre la force de l'axe à galet au wagon qui la précède immédiatement ou tout autre, et, comme tous les wagons sont liés ensemble par une chaîne à vis de rappel qui ne leur permet pas le moindre jeu, rien n'est plus facile que cette transmission, et voici comment on l'obtient : la ferrure crénelée qui termine la chaîne de Galle de l'axe est en forme de chape, dans laquelle roule une poulie sur laquelle s'appuie une longueur de chaîne de Galle, dont l'un des bouts (le bout inférieur) passe sur la poulie centrale de renvoi (celle qui est directement au-dessus de l'extrémité des leviers), et va s'attacher au fléau de balance du premier wagon, et l'autre bout (ou bout supérieur) s'appuie également sur la poulie centrale de renvoi, d'où il se dirige à peu près horizontalement, et s'attache à une tringle qui file le long du brancard du wagon, passe au-dessus de la roue de devant, va rejoindre la tringle semblable au deuxième wagon, passe encore au-dessus de la roue de derrière de celui-ci, toujours le long du brancard, à une distance d'environ 10 centimètres (4 pouces) correspondant au milieu de la roue, et parvenue au milieu de la longueur du wagon, se termine par un bout de chaîne de Galle qui, passant sur la poulie centrale de renvoi du deuxième wagon, va s'attacher au fléau de la balance et fait jouer les leviers: La tringle est soutenue en plusieurs endroits, dans ce parcours, par de petites poulies ou rouleaux, surtout au-dessus des roues, et peut, dans ces endroits, être remplacée par une certaine longueur de chaîne, ainsi que partout où elle a besoin de plier. Cette tringle n'est pas d'une seule pièce pour les deux wagons, il y en a deux qui se réunissent entre les deux wagons au moyen d'une bride que l'on peut mettre et ôter avec facilité quand on ne veut faire agir l'enrayage que sur le premier wagon, alors on sépare les deux tringles, dont chacune est retenue à son wagon respectif par un piton, et la chaîne supérieure étant retenue à l'extrémité de sa tringle par ce piton, la chaîne de l'axe ne peut plus agir que sur la chaîne inférieure, et n'enraye ainsi que le premier wagon.

» On a soin de régler convenablement la longueur de la tringle de communication; mais lors même que par l'inégalité de l'usure des sabots la longueur de la tringle ne serait plus bien réglée, le tirage serait toujours égal, car la poulie moufle qui est au bout de la chaîne de Galle de l'axe, fournissant naturellement de la chaîne à la partie la plus tendue, régulariserait l'effort. Si les roues du second wagon s'enrayent plus difficilement que celles du premier (qui porte le frein circulaire), on y remédie par le moyen des leviers des sabots que l'on rend plus puissants, non en augmentant leur longueur, mais en raccourcissant le petit bras du levier de deux ou trois dixièmes de sa longueur primitive, suivant le besoin.»

CHAPITRE XV.

DES VOITURES CONFECTIONNÉES.

Des différentes formes de voitures bourgeoises. — Coupé sur ressorts à pincettes. — Voitures à six roues articulées. — Tender à approvisionnement. — Ornements et garniture des voitures.

Des différentes formes de voitures bourgeoises.

Les détails multipliés contenus dans les chapitres précédents ne nous laissent à traiter que quelques particularités caractéristiques concernant les différentes espèces de voitures; les voitures en usage maintenant sont très-nombreuses, et pour éviter tout embarras à cet égard, je vais en donner la nomenclature et en faire connaître sommairement la forme au moyen de figures.

1° Tilbury monté sur ressorts à châssis avec ceinture à panneaux, et surmonté d'une galerie en fer. (Voyez *Pl.* 7, *fig.* 1).

2° Le même tilbury, vu avec une capotte en place de galerie. (Voyez *Pl.* 7, *fig.* 2).

3° Tilbury de chasse avec grands coffres à chiens. (Voyez *Pl.* 7, *fig.* 3).

4° Cabriolet à six ressorts, dont deux sous le train. (Voyez *Pl.* 7, *fig.* 11).

5° Chariot Bret, vu de profil et vu de derrière. (Voyez *Pl.* 7, *fig.* 6 et 6 bis).

6° Américaine, vue de profil et vue avec le passage des roues de devant. (Voyez *Pl.* 7, *fig.* 10).

7° Américaine Vourst, vue avec capotte rabattue. (Voyez *Pl.* 7, *fig.* 8).

8° Cabriolet à quatre roues, avec quatre places intérieures et siège de cocher extérieur. (Voyez *Pl.* 7, *fig.* 13).

9° Petite berline avec nouveaux ressorts. (Voyez *Pl.* 7, *fig.* 9).

10° Coupé-chaise avec plan de terre de l'avant-train, et chiffres explicatifs pour la méthode de tracer le passage des roues. (Voyez *Pl.* 7, *fig.* 5).

11° Vue du même coupé-chaise avec lettres pour l'explication de la nomenclature des différentes pièces de bois qui composent le bâtis de la caisse, et la nomenclature des diverses pièces de ferrure qui composent l'avant-train. (Voyez *Pl.* 7, *fig.* 5 bis).

On consultera, pour les renseignements, le chapitre de la construction des voitures.

12° Coupé de voyage avec les malles et les accessoires de voyage, tout posé en place. (Voyez *Pl.* 7, *fig.* 7).

13° Cabriolet-calèche. (Voyez *Pl.* 7, *fig.* 12).

14° Calèche à double suspension et flèche à col de cygne (*Pl* 7, *fig.* 4). Voir, pour les renseignements, le chapitre de la construction des voitures et le chapitre de la suspension.

15° Omnibus à pavillon (*Pl.* 7, *fig.* 14) circulaire à seize places; il existe dans l'intérieur de la caisse cinq stalles sur chaque parclose à partir du devant de la caisse; les cinq rampes qui séparent la caisse sont placées à 46 centimètres (du milieu au milieu) les unes des autres, et elles sont recouvertes d'accotoirs en bois d'accajou ayant chacun 25 millimètres (11 lignes) de largeur dans le bas et 20 millimètres (9 lignes) dans le haut. La hauteur des banquettes prise du fond de la cave à ras le dessus de parclose, est de 30 centimètres (11 pouces), sans y comprendre l'épaisseur du coussin; la distance pour le passage entre les deux parcloses, prise du devant du bourrelet, est de 65 centimètres (2 pieds) d'un bout à l'autre; la profondeur de chaque parclose est 36 centimètres (13 pouces), et les bourrelets qui se prolongent d'un bout à l'autre des banquettes sont en bois d'acajou, de 7 centimètres (2 pouces 7 lignes) de largeur.

De chaque côté du pavillon est posée, à la naissance du cintre, une tringle qui sert de main courante, en se prolongeant d'un bout à l'autre.

Il existe en tout quatre fausses jalousies ou panneaux, placés aux extrémités de la caisse, et de la hauteur des rais.

La largeur du siége du cocher en dehors des bois, est de 55 centimètres (19 pouces), et la coquille a la même largeur.

Les essieux sont à patentes avec des boîtes en fonte ; la grosseur des fusées est de 56 millim. (2 pouces) de diamètre à ras la rondelle, et la longueur de la fusée est de 23 centimètres (8 pouces).

Tous les ressorts, tant ceux de devant que ceux de derrière, sont à huit feuilles ; la sellette est entaillée pour recevoir les bois des ressorts qui forment la partie de devant.

La plaque de sellette se prolonge jusque sur les ressorts et porte les patins dans lesquels passent les tiges des brides des ressorts.

Le poids total de la voiture varie entre 1,000 à 1,025 kil.

16° Coupé suspendu sur ressorts à pincettes et monté sur quatre roues, inventé par M. Fusz, mécanicien. Nous en donnons plus loin la description d'après le rapport fait à la Société d'encouragement.

17° Omnibus à dix-huit fauteuils tournés vers les chevaux (*Pl.* 7, *fig.* 15), à six roues et à trains articulés, dont le compte-rendu des séances de l'Académie des sciences; séance du lundi 26 mars 1838, que nous reproduisons ci-dessous, a fait connaître les avantages.

18° Tender ou wagon portant l'approvisionnement, par M. Charles Dietz, avec mécanisme pour lier les deux trains d'une voiture ensemble (*Pl.* 13, *fig.* 10, 11), dont nous donnons la description dans le texte explicatif ci-contre.

Rapport fait à la Société d'encouragement, par M. Vauvilliers, au nom du Comité des Arts mécaniques, sur la voiture suspendue sur ressorts et à quatre roues, inventée et exécutée par M. Fusz, mécanicien, rue Laborde, 29.

M. Fusz a construit plusieurs voitures à quatre roues, suspendues sur ressorts de son invention, dits à *double pincette*, et qui sont destinées à être traînées par un cheval et à servir principalement de voiture de place ou de luxe.

Ces voitures sont disposées de manière à ce que la charge soit reportée presque entièrement sur le train de derrière. L'avant-train est donc à peu près exempt de fatigue, et le tirage est plus facile. Les chances de verse sont beaucoup diminuées. Le poids total de la voiture vide est de 370 kilog., tandis que les voitures actuelles, destinées au même usage, pèsent 550 kilog.

Avec la charge ordinaire, les voitures de M. Fusz ne pèseront donc pas plus, pour ainsi dire, que les voitures actuelles à vide; les portières s'ouvrent obliquement entre les deux trains, et comme la banquette se trouve presque à la hauteur de l'essieu de derrière, le plancher de la caisse est beaucoup plus bas, et l'on y monte sans marche-pied.

La voiture de M. Fusz, dont le galbe est assez gracieux, présente des avantages qui ne sont pas à dédaigner, et une utile application de ses ressorts, que la Société a précédemment jugés favorablement, et pour lesquels M. Fusz a trouvé des moyens faciles et économiques de réunion, pour remplacer les menottes, jusqu'ici employées.

Nous proposons de demander à M. Fusz un dessin de sa voiture et de le faire publier dans le Bulletin, avec le présent rapport.

Description de la nouvelle voiture de M. Fusz, à quatre roues et à un cheval.

La figure 1, *Pl.* 13, est une élévation de cette voiture, vue de côté; elle peut recevoir trois personnes, et a seulement 2 mètres de hauteur à vide.

Fig. 1 bis et 1 ter, ressorts de cette voiture, dits à *double pincette*, vus en plan et de profil.

A, caisse de la voiture; B, portière s'ouvrant obliquement sur la roue de derrière pour former garde-crotte; la largeur de la voiture sur le devant, entre les deux portières, est de 40 centimètres; C, poignée qui se trouve à portée du conducteur, sans qu'il ait besoin de quitter son siège; D, vasistas de la caisse; E, vasistas de la portière; F, tambour pour garantir des coups de timon et pour servir de magasin; G, siège du conducteur; H, coffre placé sous le siège; I, ressort de derrière, de 72 centimètres de long sur 22 centimètres d'ouverture; J, ressort de devant, de 70 centimètres de long sur 19 centimètres d'ouverture.

Rapport fait à l'Académie des sciences dans la séance du 26 mars 1838, sur les voitures à six roues à trains articulés, par une commission composée de MM. de Prony, Arago, Poncelet et Coriolis, rapporteur.

« L'Académie nous a chargés, MM. de Prony, Arago, Poncelet et moi, de lui faire un rapport sur un système de voitures présenté à son examen.

» Ces voitures sont destinées à être mises en mouvement principalement sur les routes ordinaires, soit par des chevaux, soit par un remorqueur à vapeur. Elles ont six roues et par conséquent trois essieux.

» Elles ont avec ce mécanisme cet avantage, qu'étant bien

combinées elles remplissent, avec une exactitude suffisante, les conditions du problème dans l'étendue des mouvements dont on a besoin.

» Nous avons vu en effet marcher trois voitures très-longues, traînées par deux chevaux; les neuf roues de chaque côté passent sur la même trace, à quelques centimètres près; de sorte qu'il n'y a pas de difficulté à tourner très-court sans crainte d'accrocher aucun obstacle.

» Examinons quels avantages a ce système : On peut dire qu'il devient indispensable quand on veut adapter six roues à une même caisse. Sans ce mécanisme, il se produirait un tel glissement transversal du train de derrière en tournant, que la marche serait entravée, et qu'en outre les bandes des roues seraient promptement usées. A l'aide de son emploi, les roues à trois trains peuvent alors tourner, même avec plus de précision que celles qui n'ont que deux trains. Il y a en effet plus d'obstacle au glissement latéral, et le cercle décrit se conserve mieux. Cet avantage d'assez peu d'importance pour une seule voiture, en prend beaucoup plus quand on veut en conduire plusieurs à l'aide d'un même moteur sur les routes ordinaires. Mais, indépendamment de cette facilité à tourner avec précision, nous pensons que l'emploi des six roues mérite l'attention des constructeurs sous d'autres points de vue. Il donne plus de stabilité aux caisses longues, il affaiblit les secousses et diminue les chances de renversement par la rupture d'une roue ou même d'un essieu.

» Dans ces voitures, les roues nous paraissent d'un diamètre un peu petit; mais il ne semble pas impossible de les augmenter pour les porter aux dimensions ordinaires, dès-lors, on pourrait dire que si ce système des six roues ne diminue pas le tirage, au moins ne l'augmente-t-il pas, puisque d'après les expériences les plus concluantes, le travail que demande chaque roue de la part du moteur est, à diamètre égal, en raison de sa pression sur le sol.

« La théorie apercevant donc ici des avantages notables en compensation de quelques inconvénients, on doit encourager les constructeurs à poursuivre cette voie de recherche. Ce serait sans doute un grand service à rendre à l'industrie que de construire des diligences plus douces et moins susceptibles de verser, et de pouvoir, à l'occasion, faire tirer deux voitures par les mêmes chevaux sans qu'il y eût de difficultés à tourner.

» En définitive, vos commissaires vous proposent de déclarer que les tentatives de l'inventeur pour l'établissement et l'emploi des voitures à six roues sont dirigées dans une bonne voie; qu'il y a lieu de lui savoir gré des heureux essais qu'il a faits, et de l'encourager à les poursuivre. »

Tender ou wagon pour l'approvisionnement.

On trouve dans le Bulletin de la Société d'encouragement la description du tender ou wagon d'approvisionnement pour les locomotives, inventé par M. Charles Dietz, et dont nous allons donner la description. Ce tender est représenté en élévation (*fig.* 10, *Pl.* 13) et en plan (*fig.* 11).

A, réservoir d'eau en tôle, au milieu duquel est ménagé un espace libre pour recevoir le coke.

B B, châssis en bois maintenu sous la plate-forme de la voiture par les chevilles ouvrières D D.

C C, deux chaînes dont les extrémités sont attachées aux secteurs C' C'. Ces chaînes sont croisées de manière à lier ensemble les deux trains; par cette disposition, lorsque le train de devant tourne à droite, celui de derrière tourne à gauche, et réciproquement.

E E, ressorts fixés aux châssis et aux essieux; l'arrière-train est semblable à l'avant-train.

F, double tirant en fer articulé avec l'essieu près des roues I. Cette pièce est terminée par la douille H et une double charnière pour lier le tender au remorqueur.

K, tirant de la même construction que ceux de devant, pour lier les voitures de suite au tender. Ces voitures, destinées à recevoir des voyageurs ou des marchaudises, sont également à articulation ; elles sont à quatre, six ou huit roues, suivant le fardeau qu'elles doivent supporter. Si c'est une voiture à quatre roues, les deux du milieu ne sont pas articulées ; l'articulation des roues de devant et de derrière est pareille à celle *fig.* 13. Si c'est une voiture à huit roues, elles sont articulées toutes les huit ; dans ce cas, les deux roues de devant et les deux roues de derrière convergent plus que les quatre roues intermédiaires. Le mécanisme employé pour opérer ce mouvement est le même que le précédent ; seulement, il y a une différence de longueur des secteurs auxquels sont fixées les chaînes. Dans une voiture à huit roues, les quatre de devant tournent à droite, tandis que les quatre de derrière tournent à gauche, et réciproquement.

Ornements et garnitures des voitures.

Lorsqu'une caisse de voiture a été terminée par le carrossier, il est d'usage de la couvrir aussitôt d'un cuir de vache convenablement préparé, après néanmoins avoir garni de pâte ou de blanc de plomb toutes les cavités, afin d'empêcher tout boursoufflement du cuir. On a même introduit, dans ces derniers temps, un grand perfectionnement qui consiste à couvrir la partie supérieure des voitures avec un cuir d'une seule pièce, afin d'empêcher autant que possible l'humidité de pénétrer, ce qui arrive souvent quand la couverture est formée de plusieurs pièces unies ensemble par des clous.

Les panneaux de la voiture sont peints avec trois ou quatre couches de couleur à l'huile, ensuite, à diverses reprises, avec une composition de blanc de plomb, de rouge brun, de térébenthine et de vernis. Quand cet enduit est sec, on le polit avec la pierre ponce et de l'eau. On applique ensuite la couleur que l'on a choisie, en multipliant les couches autant que l'exige la solidité, et l'on vernit deux fois. On peint ensuite les armoiries si la voiture doit en porter, et l'on finit en appliquant plusieurs couches de vernis.

CHAPITRE XVI.

INVENTIONS DIVERSES RELATIVES A LA CONSTRUCTION DES VOITURES.

Essieux tournants d'Akerman. — Essieux mouvants. — Essieux anglais. — Roues à voussoirs. — Moyeux en fonte. — Essieux tournants. — Essieu Beunet. — Boîtes à Essieu en cuir. — Boîtes de roues de Leclerc. — Roues économiques. — Rondelles à galet. — Moyen d'empêcher la chute des voitures. — Boîtes à rouleaux anti-frottants. — Brouettes. — Brouette Goulet.

Nouveaux essieux tournants, applicables aux voitures à quatre roues, par M. Akerman, de Londres.

La plupart des voitures de luxe à quatre roues, construites en Angleterre, sont munies d'une *flèche* destinée à réunir le train de derrière au train de devant; cette pièce, qui est nécessaire pour la solidité de la voiture, empêche que les roues de devant passent dessous, ce qui est très-incommode lorsqu'on veut tourner dans un petit espace ou dans une rue étroite. En France, on a trouvé remède à cet inconvénient en fixant au prolongement de la flèche, deux fortes branches de fer cintrées, nommées cols de cygne, qui permettent que les petites roues passent dessous; mais ce moyen, outre qu'il rend la voiture plus lourde, et par conséquent le tirage plus difficile, exige que la caisse soit très-élevée, d'où résulte le danger de verser au moindre obstacle qu'on rencontre: il oblige aussi d'allonger le train et de réduire les dimensions des petites roues, tandis qu'il est reconnu que plus celles-ci sont hautes et sont plus rapprochées des roues de derrière, plus la voiture est roulante.

Pour remplir les conditions qu'exige une bonne voiture, savoir : la simplicité, la solidité, la légèreté, l'élégance et la possibilité de pouvoir tourner sur elle-même dans le moindre espace, un mécanicien de Munich, nommé Laukens-Perger, a imaginé un système d'essieux tournants, pour lesquels M. Akerman a obtenu un brevet d'importation le 27 janvier 1818.

Ces essieux forgés d'un seul morceau de fer sont courbés en équerre, et ont toute la solidité désirable; la branche verticale K (*fig.* 79, *Pl.* 2), mobile dans une boîte ou douille pratiquée dans l'épaisseur de la sellette D, est retenue par un écrou *a* qui lui sert en même temps de chapeau; la *fusée* I tournée avec soin reçoit la roue F comme à l'ordinaire. Les essieux de ce genre, plus légers que les essieux fixes qui règnent sous toute la largeur de la voiture, dispensent de l'emploi du lisoir et du *rond* d'avant-train, puisqu'ils forment à chaque extrémité de la sellette deux centres de mouvement séparés, autour desquels la fusée tourne horizontalement, afin de placer les roues de devant dans une position oblique par rapport à celles de derrière, au moment où l'on fait faire à la voiture une conversion entière. Mais ce mouvement devant être simultané pour les deux roues, l'auteur a imaginé un mécanisme très-simple, qui remplit cette condition de la manière la plus satisfaisante.

A chacun des coudes formés par les essieux tournants sont forgés solidement deux tirants de fer M M dont les extrémités cintrées sont réunies par un *ascensoir* ou barre directrice N, que fait mouvoir de droite à gauche, et de gauche à droite, l'armon G, lequel, pour cet effet, est prolongé en arrière et attaché au milieu de la barre directrice. Les différentes positions que prend ce mécanisme déterminent le degré d'obliquité des roues F F par rapport au plan de la voiture. On conçoit que si les tirants M M étaient droits, le mouvement du mécanisme serait absolument semblable à celui d'un pantographe ou d'une règle parallèle, ce qui n'offrirait aucun avantage sur la construction ordinaire, puisque les roues se trouveraient alors dans la position qu'elles affectent quand l'essieu est fixe : mais ici la distance entre les essieux mobiles K K étant de quelques pouces plus grande que l'intervalle qui sépare les extrémités *c c* des tirants cintrés M M, ainsi qu'on le voit *fig.* 82, il en résulte que le mécanisme forme un trapèze dont l'inclinaison fait obliquer la roue F du côté où tourne la voiture, plus fortement que la roue opposée, position qui permet de tourner dans un espace très-limité, parce que le centre de rotation se trouve alors sur un seul point E au bout de l'essieu de derrière, comme l'indiquent les lignes ponctuées (*fig.* 79). Nous donnerons plus bas l'explication du principe mathématique de ce mouvement.

L'armon tourne sur la cheville ouvrière O, comme sur un pivot, tandis que la sellette sur laquelle la flèche A est solidement fixée au moyen des arcs-boutants B B reste immobile. Le contraire a lieu dans les voitures ordinaires où la sellette tourne avec le rond d'avant-train. La partie postérieure de l'armon attachée au milieu de l'ascensoir, fait sur cette pièce l'effet d'un levier ; celle-ci transmet son mouvement aux tirants cintrés M M, et par suite aux essieux K K, lesquels, en tournant dans leurs boîtes, placent les roues F F dans la position oblique nécessaire pour que la voiture décrive une conversion entière ; on conçoit que cet effet ne pourrait se produire si les points d'attache *b b* et *d* n'étaient pas mobiles, et si l'on n'avait pas pratiqué dans le bout de l'armon une entaille longitudinale *c* qui reçoit le boulon *d*.

La sellette D est garnie, en dessus et en dessous, d'une ferrure P (*fig.* 83) réunie par des boulons passant à travers l'épaisseur du bois et serrés par des écrous : cette ferrure forme sous la sellette un œil traversé par la cheville ouvrière, et dans lequel s'engage l'armon, qui se trouve ainsi avoir l'espace nécessaire pour jouer librement à droite et à gauche. Les tirants cintrés M M sont forgés de la même pièce avec les essieux, ou fixés à leurs coudes par des écrous. La volée H portant les palonniers, est montée sur l'armon à la manière ordinaire, et consolidée par des tirants de fer ; mais il faut qu'elle soit placée à une distance telle de la cheville ouvrière, qu'elle permette le jeu des roues de devant, quelle que soit leur obliquité. Au lieu de former l'ascensoir d'une barre droite, on pourrait le cintrer, ce qui obligerait à allonger la partie postérieure de l'armon, mais offrirait le moyen d'obtenir une plus grande obliquité des roues et de rapprocher la volée de la sellette ; ce perfectionnement ne paraît cependant pas très-important.

L'auteur a imaginé un autre genre d'essieu mobile à charnière, représenté *fig.* 85, et qui dispense de l'emploi des boîtes dans lesquelles tourne la partie K des essieux précédents. En effet, cette disposition paraît plus simple et plus solide ; le frottement doit être moindre et la construction plus facile. Les joints *f f f* de l'essieu s'engagent dans les entailles correspondantes *g g* de l'armature de la sellette ; le tout est lié par une seule et même broche verticale *h*, qui traverse tous les joints et se trouve retenue par des écrous. Les essieux se gouvernent par le mécanisme ci-dessus décrit.

Parmi les avantages que l'inventeur fait valoir en faveur de son nouveau système d'essieux, nous citerons les suivants : 1° ces essieux, susceptibles d'être adaptés à peu de frais aux voitures construites d'après l'ancien principe, ne sont pas sujets à se rompre ; 2° ils permettent à la voiture de tourner dans un très-petit espace ; 3° le train pourra être raccourci de 40 à 45 centimètres (15 à 18 pouces) ; 4° il y aura moins de danger à verser ; 5° les roues de devant pouvant être plus élevées, le tirage sera facilité ; 6° la cheville ouvrière ne peut s'échapper ; 7° il y a une diminution notable des pièces de charronnage, des ferrures, boulons, écrous, etc., ce qui, en rendant la voiture plus légère, plus simple, plus élégante, fera cesser ce bruit désagréable de ferraille qui accompagne toujours nos voitures roulant sur le pavé. Ainsi, cette invention présente à la fois sûreté, simplicité et commodité.

Il résulte de plusieurs certificats délivrés à l'auteur, que des voitures de voyage, munies de nouveaux essieux, ont parcouru de grandes distances sans se déranger et sans avoir besoin d'aucune réparation.

Explication des figures.

Fig. 79. Plan du charronnage d'une voiture à quatre roues, munie de nouveaux essieux. Le train de devant est dans la position convenable pour opérer la conversion entière du véhicule sur lui-même : les lignes ponctuées indiquent la situation qu'il prend lorsqu'il est redressé et que les chevaux tirent droit devant eux.

Fig. 80. Elévation de la voiture montée de sa caisse et de son siége.

Fig. 81. Vue de face du train de devant.

Fig. 82. Plan de la sellette, de l'armon, et du nouveau mécanisme dont l'ascensoir est détaché.

Fig. 83. Ferrure de la sellette et élévation des essieux.

Fig. 84. L'ascensoir vu en plan et en élévation.

A, la flèche qui réunit les deux trains, garnie de sa ferrure ; B B, arcs-boutants en fer servant à consolider le charronnage ; ils sont solidement attachés d'un bout à la sellette et de l'autre à la flèche ; C, train de derrière ; D, sellette d'avant-train ; E E, grandes roues ; F F, petites roues ; G, l'armon ; H, volée d'avant-train ; I I, essieux des roues de devant courbés en équerre ; K K, partie verticale et tournante des essieux ; L L, fusée sur laquelle se montent les roues ; M M, tirants ou leviers cintrés faisant corps avec les essieux ; N, ascensoir ou barre directrice qui réunit les tirants ; O, cheville ouvrière ; P, armature de la sellette, serrée par des boulons à écrou ; Q, centre de rotation de la voiture, à l'extrémité de l'essieu de derrière ; R, caisse de la voiture, montée sur les ressorts S S, lesquels sont fixés sur des forts patins en bois adaptés sur la sellette et sur le train de derrière ; le bout inférieur de ces ressorts est boulonné sur les arcs-boutants B B ; T, extrémité postérieure du timon *a a*, chapeaux à écrou qui retiennent l'essieu vertical dans sa boîte ; *b b*, boulons traversant les extrémités de la barre directrice et les trous *c c* des tirants cintrés M M, auxquels ils servent de pivots ; *d*, autre boulon fixé au milieu de l'ascensoir et passant à travers une fente longitudinale *e* pratiquée à l'extrémité de l'armon.

Fig. 85. Vue de face d'un autre système d'essieux à charnière.

V, sellette d'avant-train; X, ferrure de la même; Y, essieux à charnière dont les joints *f f f* s'engagent dans les entailles correspondantes *g g g* de la ferrure de la sellette; Z, fusée de l'essieu; *h h*, broches de fer traversant les joints brisés, et servant de pivot aux essieux, elles sont serrées par des écrous.

Fig. 86. Démonstration du principe mathématique d'après lequel est construit le mécanisme qui fait tourner les essieux.

Supposons que les points *e e d c f* soient des pivots, et que le point *b* ne puissent se mouvoir que suivant la ligne *a b*.

Si les côtés *a d*, *b e*, ou *c a*, *f e*, étaient égaux, les lignes *a b*, *c f*, *d c*, *f e*, *c d*, conserveraient leur parallélisme dans toutes leurs positions; mais si les côtés *b e f b* sont plus petits que *ad*, *ac*, et que la figure soit mue par le mouvement de la ligne *a b* autour du centre *a*, le point *b* ne peut rester fixe, et doit changer de position, suivant la ligne *a b*. Cela étant ainsi, prenons une position *d e'* de la ligne *d e*. Si nous traçons le point *c* comme centre, et du rayon *c f*, un arc de cercle *f f'* et que du point *e'* avec le rayon *e f* nous décrivions un arc *n o*, nous rencontrerons le premier au point *f'* et la ligne *f' c* sera la position de *e f* correspondante à celle *d e' d e d c*. Quant à la situation de la ligne *a b*, on la trouvera en faisant passer une ligne droite par les points *e' f*, et prenant le milieu de la distance *e' f'* : ce point *b'* joint au point *a* donnera la direction de *a b*. Si l'on décrit du point *a* comme centre et du rayon *a b* un arc, on trouvera que le point *b'* ne répond pas à la position que devrait avoir le point *b*, et que ce point a parcouru, suivant la ligne *a b*, un espace *b b'*. En faisant varier les différences entre les côtés *b e* et *a d*, ou *f b* et *a c*, on trouvera facilement une disposition qui mette les lignes *c h* et *d g* dans le cas de concourir à un point déterminé *i* pour la position la plus reculée des lignes *d e* et *c f*.

Essieux mouvants.

En novembre 1818, le sieur Arnold-Haucisz, maître sellier-carrossier, a obtenu un brevet d'importation de cinq ans pour des essieux mouvants dans un plan horizontal et à deux fusées.

On voit (*fig.* 87, *Pl.* 2) l'élévation latérale d'une voiture formant calèche, dont la caisse est montée sur un train à essieux mouvants. Fig. 88, plan du train vu au moment où il est tourné court ; l'arc de cercle ponctué *a* indique la position dans le cas des voitures ordinaires, qui, comme on le voit, sont obligées d'être de 48 centimètres (18 pouces) plus longues. Les figures 89 et 90 contiennent les détails de l'avant-train. La boîte de l'essieu a deux platines en fer, dessus et dessous, beaucoup plus fortes aux extrémités qu'ailleurs. Elle est consolidée par six forts boulons. L'essieu est reçu verticalement dans deux trous ronds, comme on le voit *fig.* 89 et 90. La figure 90 est la même que la figure 89, avec cette différence que, pour montrer plus clairement sa construction, on l'a dégagé de son bois et des roues.

Essieux anglais.

En 1815, M. Knakfuss prit un brevet d'importation et de perfectionnement pour des essieux de voitures de construction anglaise. Les mêmes lettres représentent les mêmes objets dans les trois figures qui montrent ces essieux.

Fig. 91, *Pl.* 2. *a*, coupe de la boîte carrée qui se fixe dans la roue à l'aide d'un écrou *b*; *g*, réservoir d'huile placé au gros bout de la boîte, fermé par un boulon *h*.

Fig. 92, *c*, fusée de l'essieu, qui ne traverse pas la roue, mais qui est tenu par un noyau *d* (*fig.* 91 *bis*), et arrêté par un boulon *e* dans lequel s'enclave le pommeau *f* du bout de la fusée de l'essieu.

Fig. 93. Moyeu en deux parties embrassant le pommeau; il est solide et porte un pas de vis qui le retient sans le secours du boulon. *j*, pas de vis tenant au noyau. *k*, écrou au moyen duquel on donne à volonté du jeu à la roue. *l*, chapeau de l'écrou; *m*, boulon tenant au chapeau. (Ces deux dernières sont les figures 92 *bis* et 92 *ter*.) Mais cet appareil n'est pas solide et est très-coûteux, c'est ce qui fait que l'on ne s'en sert plus guère.

Dans ces essieux, le principe d'action est le contraire de celui des essieux ordinaires: la roue n'est pas fixée avec un écrou; elle est retenue, à l'aide d'un noyau, à l'extrémité de l'essieu. La boîte de la roue est carrée dans le moyeu et retenue par un écrou, au petit bout. Au gros bout, est le réservoir d'huile *g*, fermé hermétiquement. Grâce à cette construction, la roue n'est pas sujette à s'échapper, comme il arrive très-souvent avec les écrous et les clavettes des essieux ordinaires.

La plus grande fatigue de l'essieu et de la roue est, en général, occasionée par le grand vide que produit le frottement dans les boîtes en métal, tandis que le nouvel essieu peut rouler plusieurs années sans qu'on s'aperçoive du moindre jeu dans sa boîte.

L'opération fréquente du graissage est remplacée par le soin très-facile de verser de l'huile dans le réservoir, sans ôter la roue. Un enfant peut ainsi graisser en une minute les quatre roues d'une voiture de voyage. On peut parcourir plus de mille lieues sans renouveler cette opération, qui présente en outre l'avantage d'une bien plus grande propreté, puisque jamais il ne se trouve de cambouis autour des roues.

Roues à voussoirs, *de* M. Cuming.

On lit dans tome XIV de la Société d'encouragement 1815, la description suivante des *roues à voussoirs*, ou à moyeux métalliques.

« Ces roues, qui sont connues et employées depuis longtemps, offrent plus de solidité que les roues ordinaires, mais elles exigent beaucoup de soin dans leur construction, et sont d'une réparation difficile, lorsqu'un des rais vient à manquer. Celles que nous allons décrire paraissent réunir tous les avantages désirables, sans avoir ces inconvénients ; elles conviennent particulièrement aux voitures de luxe, dont elles facilitent le roulage. Leur invention est due à MM. *Barclay* et *Cuming*, qui ont obtenu pour cet objet une patente, en 1814 ; les détails en sont consignés dans le n° 155, *Repertory of arts*, avril 1815. »

La fig. 96, *Pl.* 2, représente un moyeu en fonte, en cuivre ou tout autre métal, dont les mortaises vont en augmentant de largeur vers le centre, de manière à permettre que l'extrémité des rais puisse en occuper tout l'espace lorsqu'ils y sont fixés. Pour cet effet on y fait une entaille comme on le voit en *a*, *fig.* 97, dans laquelle on introduit le sommet d'un petit coin en fer *b* ; on fait entrer le rais ainsi disposé dans la mortaise du moyeu ; le coin en fer, en s'appuyant au fond de cette mortaise, écarte l'extrémité du rais, qui se trouve ainsi solidement fixé à queue d'aronde, *fig.* 106 *a*. Les rais sont évidés sur toute leur largeur pour leur donner plus de légèreté, sans nuire cependant à la solidité requise.

La figure 99 représente la vue de face du moyeu ; *c*, *c*, *fig.* 100, sont deux clavettes qu'on introduit dans les trous *e, e, fig.* 96, sur le devant du moyeu, et dont les extrémités entrent dans la gorge *f, fig.* 101 et 106 de l'essieu. Afin d'empêcher qu'elles ne s'échappent, une petite plaque courbe de métal *d, fig.* 100, vient s'appuyer sur leurs têtes; de cette manière la roue est constamment maintenue sur l'essieu, et comme il est nécessaire qu'elle tourne toujours avec le moindre frottement possible, l'auteur a imaginé de la noyer dans de l'huile au lieu de la graisser, ainsi qu'on le fait ordinairement.

Pour cet effet, on visse d'abord sur l'essieu, en *a, fig.* 101, une boîte *fig.* 102, indiquée par les lettres *l, l,* dans la coupe *fig.* 106; sur cette boîte est monté un collet, *fig.* 103, entre lequel et la partie postérieure du moyeu, est placée une rondelle de cuir *c, fig.* 106, pour empêcher que l'huile ne s'échappe. Ensuite on visse sur le bord taraudé du moyeu *h*, *fig.* 96 et 106, une seconde boîte en forme de chapeau représentée *fig.* 104 et *i, k, fig.* 96, et on place entre cette boîte et le moyeu une seconde rondelle de cuir.

La figure 105 représente le moyeu monté sur l'essieu; on y introduit l'huile en ôtant la vis *n, fig.* 96 et 106, qu'on replace ensuite lorsqu'on y a versé la quantité nécessaire. Les boîtes et collets de recouvrement sont faits en cuivre; on peut cependant les supprimer, mais dans ce cas, on se prive de l'avantage d'employer de l'huile pour adoucir les frottements, ce qui est d'une grande importance pour la facilité du roulage.

Moyeux en fonte de fer, par M. d'Oyeu.

Ces moyeux ont pour but de perfectionner les roues à voussoirs, inventées par feu M. le comte d'Aboville; ce général d'artillerie en faisait beaucoup de cas, et en a démontré les avantages, mais l'exécution de ces roues est difficile; en 1817, il n'y avait à Paris, que M. Michalon, carrossier, rue de l'Université, qui sût bien les établir, encore coûtent-elles le double des roues ordinaires.

M. d'Oyeu qui, à cette époque, a présenté à la société d'encouragement des moyeux de son invention, assure que, grâce à elle, les roues ne seront guère plus dispendieuses que celles à moyeux de bois, parce qu'elles seront infiniment plus solides. M. d'Oyeu (le baron d') a fait, dit-il, 5,000 lieues de chemin en deux ans avec les mêmes roues et la même voiture. Dans le cours de ses voyages, il a seulement renouvelé les jantes de ses roues, les essieux, les moyeux et les rais sont restés les mêmes ; d'après cela, il est venu de Luxembourg (où sont établies ses forges) à Paris, prendre un brevet d'invention.

Les boîtes en cuivre dont ses moyeux sont garnis intérieurement ont une grande adhérence avec le fer, et les rais emmanchés dans les mortaises métalliques s'y maintiennent sans ballottage et avec beaucoup de force. En effet, pour fixer les rais dans les essieux de M. d'Oyeu, on les fait chauffer à la flamme d'un feu clair ; alors le bois un peu desséché a moins de volume, et il est enfoncé de suite à grands coups de masse; l'humidité de l'atmosphère fait bientôt gonfler les tenons qui se compriment dans leurs mortaises, et donnent à cet assemblage un degré de solidité que l'art ne pourrait produire dans des moyeux de bois.

Indépendamment de cet avantage, M. d'Oyeu a ménagé dans l'intérieur de ses moyeux un petit espace destiné à recevoir de l'huile qui graisse la fusée de l'essieu ; l'orifice de cette cavité, par laquelle on introduit l'huile, est fermé par un bouchon à vis, de manière que le graissage se renouvelle sans retirer la roue de l'essieu. Ainsi les fusées d'essieux en fer tourné et poli, toujours environnées d'un corps gras, opposeront moins de résistance aux frottements, et par conséquent faciliteront la marche de la voiture.

En conséquence, le comité des arts mécaniques pense que

les roues de M. d'Oyeu méritent l'approbation de la société, et qu'il est nécessaire de les faire connaître, par le bulletin, aux messageries, aux maisons de roulage, et aux charrons.

Essieux tournants, construits sur les principes d'Arthur, par M. le comte d'Aboville.

D'après différentes épreuves qui eurent lieu successivement dans l'an 9 et en 1814, ces essieux présentèrent beaucoup d'avantages sur les essieux ordinaires, relativement à la durée et à la solidité. M. Michalon, maître charron de l'artillerie, fournit au comité des arts mécaniques, des dessins exacts, et la description des essieux tournants fut insérée avec éloge dans le bulletin de la *Société d'Encouragement.*

Fig. 107, *Pl.* 2. A, vue de face de l'essieu, tournant dans une boîte de cuivre, solidement fixée par des brides de fer contre le train de la voiture; sur cet essieu est montée une roue ordinaire. B, coupe des mêmes parties, montrant l'essieu à découvert.

Fig. 108, l'essieu vu isolément. Fig. 109, les écrous et l'embase, vus de face et séparément. Fig. 110 C, vue en dessus de la roue et de l'essieu. D, le même, vu en dessous, fig. 112.

a, la roue garnie de ses frettes et de ses bandes. *b*, moyeu. *c*, boîte en cuivre. *d*, renflement logé dans une mortaise du train de la voiture et qui empêche le ballottement de la boîte. *e*, train de derrière portant la boîte et l'essieu. *f*, *f*, *f*, brides de fer serrées par des boulons à écrous et servant à maintenir la boîte contre le train. *g*, *g*, trous carrés pour recevoir l'extrémité des deux bras de la flèche ou des cols de cygne. *h*, essieu tournant, en fer corroyé et tordu, parce que le fer dont les fibres ont reçu un certain degré de tors, est extrêmement solide. *i*, écrou fixé à l'extrémité intérieure de l'essieu. *k*, embase à six pans, encastrée dans le moyeu de la roue, pour qu'elle tourne avec l'essieu. *l*, écrou extérieur pour empêcher que la roue ne quitte l'essieu. Ces trois dernières parties sont vues de face et séparément dans la figure 109. *m*, petit tube en fer, servant à l'introduction de l'huile dans la boîte de cuivre, pour faciliter les mouvements de l'essieu. Les mêmes lettres indiquent les mêmes objets dans les diverses figures.

Si on compare les essieux tournants aux essieux ordinaires, on remarquera que la réaction du terrain contre le poids de la voiture qui, dans les cahots, agit si violemment, s'exerce dans les essieux tournants, constamment très-près du point sur lequel pèse la charge, conséquemment à l'extrémité d'un levier très-court; tandis que dans les essieux ordinaires, cette puissance agit le plus souvent sous le petit bout de fusée, c'est-à-dire à l'extrémité d'un levier trois ou quatre fois plus long que celui qu'a cette même puissance dans les essieux tournants. Ajoutez à cela que la vitesse dont cette force se compose est d'un cinquième ou d'un sixième plus grande dans l'essieu ordinaire que dans l'autre; d'où il résulte que la force qui tend à rompre l'essieu, considérée relativement à l'ancien et au tournant, se trouve à peu-près dans le rapport de 18 à 5.

Essieu de M. Beunet.

Cet essieu tournant, exécuté en Angleterre, ne diffère du précédent que par sa forme. Il tourne dans une boîte de cuivre sur des coussinets de semblable métal, dont l'un est placé en avant et l'autre en arrière. Pour diminuer ses frottements, son extrémité intérieure taillée en pointe en forme de pivot, s'appuie contre une rondelle d'acier fondu, maintenue par une vis. Le moyeu de la roue est en fonte, un boulon le traverse ainsi que l'extrémité de l'essieu, pour qu'il tourne avec ce dernier, et ne puisse s'échapper; un autre boulon implanté dans la boîte de cuivre, remplie d'huile comme à l'ordinaire, sert à retenir l'essieu.

Boîtes à essieu en cuir.

Au lieu de boîtes métalliques, M. Wysiekierski, dans le grand duché de Clèves, emploie un cuir de semelle roulé d'après la grosseur de l'essieu, et cousu à la manière ordinaire. Ces boîtes sont plus longues que le moyeu ; la roue étant mise sur l'essieu avec sa boîte, on replie ses extrémités sur le moyeu, et on les y assujettit au moyen de disques en fer. Pour graisser les boîtes, on se sert d'un savon métallique composé de quatre parties d'axonge et d'une partie de litharge. Il est rarement nécessaire de renouveler le graissage, et l'expérience a démontré que ces boîtes duraient extrêmement longtemps. (*Bulletin des sciences technologiques.*)

Boîtes de roues perfectionnées par M. Leclercq, *carrossier à Paris.*

Ainsi que nous l'avons démontré en traitant des boîtes de moyeux, le frottement de l'essieu sur la surface intérieure de la boîte, l'use, et ne manque point de lui laisser trop de jeu. Pour parer au bruit et à la destruction qui en résultent, l'habile fabricant a imaginé le moyen suivant :

Après avoir fixé à l'ordinaire la boîte de cuivre au centre de la roue, en ayant soin que cette boîte soit un peu plus courte que le moyeu, on le laisse déborder d'environ 27 millimètres (1 pouce) à chaque bout ; l'inventeur place en ces deux extrémités une forte rondelle de cuivre coupée en forme de polygone à six pans, et maintenue dans une position verticale par le bois du moyeu qui la reçoit dans une entaille de forme semblable ; ces deux rondelles sont percées au centre pour donner passage à la fusée de l'essieu. L'une s'appuie contre le chapeau qui garnit l'écrou, et l'autre contre l'épaulement de l'essieu ; et même sa surface est travaillée en creux de même diamètre, pour recevoir cet épaulement et glisser sur lui pendant le mouvement de rotation. On doit se figurer ces deux rondelles comme entraînées par la rotation de la roue, quoique indépendantes d'elle et de l'essieu.

Dans le petit espace laissé vide entre la boîte et chacune des rondelles, espace qui forme une petite chambre d'environ 27 millimètres (1 pouce) de profondeur, sont logées plusieurs plaques de carton superposées et percées par la fusée de l'essieu ; elles remplissent très-complètement les deux chambres qui sont entre la boîte et les rondelles de cuivre, puis elles sont fortement serrées les unes sur les autres par la pression de l'écrou. Ces plaques de carton ont pour objet de former une sorte de coussin demi-élastique qui presse continuellement les rondelles contre leurs embases ; savoir, l'épaulement d'une part, et le chapeau de l'autre.

Par cette pression perpétuelle, il n'existe aucun jeu entre les pièces ; la trépidation et le bruit n'ont plus lieu, ou du moins quand on remarque qu'ils se produisent, on ajoute une ou deux plaques de carton. Ces plaques s'abreuvent de graisse, et conservent un frottement doux entre les pièces qui se touchent; elles s'usent peu et sont très-faciles à remplacer, lorsque cela est devenu nécessaire. On emploie le carton dans les presses d'imprimerie pour obtenir un semblable effet, et M. Leclercq a imité avec adresse un procédé très-avantageux. Au surplus, il est vraisemblable qu'on pourrait remplacer dans les roues ces plaques de carton par des ressorts d'acier logés entre les rondelles et la boîte.

Roues économiques de M. Dupuis.

M. Dupuis, charron parisien, a présenté en 1807, à la *Société d'Encouragement*, des roues économiques à larges jantes.

Ces roues diffèrent des roues ordinaires, en ce qu'elles sont composées chacune : 1° de vingt-quatre rais emboîtés sur deux rangs, afin de conserver au moyeu autant de solidité que si la roue contenait seulement douze rais sur un seul rang, comme il est d'usage ordinaire ; 2° de douze jantes *jumelles*, assemblées de manière qu'avec des jantes de 13 centimètres (4 pouces 9 lignes), le charron peut construire des roues de 25 centimètres (9 pouces 3 lignes) de largeur de bande, comme l'exige la loi. Cette économie est telle, selon l'inventeur, qu'une paire de roues à larges jantes, qui, construites d'après les procédés ordinaires, coûtent 450 francs, non compris la ferrure, ne revient qu'à 190 francs, fabriquées suivant la méthode de M. Dupuis. L'inventeur n'a pas jugé à propos de faire connaître davantage son procédé, mais le charron intelligent, à l'aide de ses travaux journaliers et du peu de notions que nous avons pu recueillir à cet égard, parviendra vraisemblablement à la découverte de ce secret, et sera en état d'apprécier s'il offre réellement tous les avantages que lui attribue son auteur.

Rondelles à galet, de M. CHARBONNEAUX.

Dans le Bulletin de la Société d'encouragement, M. Francœur a fait un rapport très-favorable sur cette nouvelle invention.

On a cherché de tout temps, dit-il, à diminuer le frottement que les roues de voiture exercent dans le moyeu qui tourne sur leur axe, mais on ne s'est pas encore occupé avec succès du frottement latéral. Cependant, on doit comprendre que le moyeu, en s'appuyant continuellement à ses deux extrémités sur ses arrêts, doit éprouver une forte résistance en frottant, d'une part, sur l'écrou ou la clavette qui le retient sur l'arbre, et de l'autre sur l'épaulement qui termine la partie cylindrique de l'essieu appelée *rondelle*. Ce frottement est très-considérable, surtout en ayant égard aux inégalités des pavés et des blocages, qui déversent la roue en sens opposé. M. Charbonneaux, libraire à Versailles, a inventé un appareil très-simple, qui a pour but de diminuer ce frottement latéral.

L'instrument consiste en un anneau du calibre de l'essieu, qu'on y enfile avant d'entrer la roue, et qui y reste mobile circulairement, mais non pas latéralement; il est contenu par une fretté de recouvrement, entre deux plaques en fer uni qui débordent l'essieu tout autour; l'une tient au train de la voiture, l'autre au moyeu de la roue, et c'est entre ces deux plates-formes que tourne l'anneau, par le mouvement de rotation imprimé à la voiture. On peut mettre un semblable appareil à l'autre bout de l'essieu, entre la clavette, ou l'écrou, et le moyeu.

Dans le plan de l'anneau et sur le prolongement de trois de ses rayons, qui en partagent le contour en parties égales, sont des goujons de fer, servant d'axes de rotation. Chacun a un galet, lequel est retenu sur son axe par une rivure. Ces trois galets peuvent tourner librement et portent entre les deux plates-formes en fer uni dont il a été parlé. Ces galets sont des espèces de cylindres courts et un peu renflés au milieu.

Lorsque tourne la roue, le frottement latéral qu'elle exerce sur son axe, est détruit par la rotation de ces galets, et même par celui de la rondelle, qui peut librement tourner sur l'arbre; ou pour parler plus exactement, ce frottement est considéralement diminué, parce qu'il est transformé de première en seconde espèce.

Il a été remarqué que les galets n'ont pas la forme qui convient pour remplir complètement leurs fonctions. Il faudrait qu'ils fussent coniques, et non pas en cylindres renflés: car le galet, ne frottant que par un point de sa surface, doit user circulairement les plates-formes, et absorber une portion de la force; tandis qu'en les faisant coniques, ils porteraient sur une ligne appelée *génératrice*, distribuerait la pression sur une plus grande surface. Du reste, l'auteur a soumis son instrument à de nombreuses épreuves qui toutes lui ont été favorables.

Il est vrai, ajoute M. Francœur, que votre comité n'a pu répéter ces expériences, parce que l'auteur ne demeure pas à Paris, et qu'il faudrait faire construire et charger exprès des voitures, pour mesurer la différence des effets avec ou sans rondelle; mais le principe de la construction de la rondelle à galets est si bien conforme aux règles de l'art, qu'il n'est pas permis d'élever de doute sur la diminution de frottement dont parle l'auteur dans sa lettre à la société. Il dit que trois hommes qui ne pouvaient mouvoir une charrette qu'avec peine, ont été remplacés par un seul lorsqu'on a employé sa rondelle. Ce fait n'a rien qui doive surprendre. L'appareil présenté à la société a déjà fait 1,400 lieues, et n'en a éprouvé aucun signe de destruction.

Les rondelles à galets peuvent aussi être employées dans toutes les machines de rotation; les charrois et principalement ceux qui se font à l'armée seront facilités par cet emploi. En conséquence, la société approuve l'invention de M. Charbonneaux, et donnera connaissance de cet instrument très-simple et peu coûteux, afin qu'il puisse être employé dans les charrois militaires.

Explication des figures 113, 114, 115, 116, 117, *Pl.* 2, *représentant les rondelles à galets de M. Charbonneaux.*

Fig. 113. Elévation d'un avant-train de voiture dont le cercle supérieur est enlevé. La rondelle à galets est posée sur le cercle inférieur.

Fig. 114. Plan du même avant-train et de la rondelle. On munit les deux cercles de plates-bandes en fer, sur lesquelles roulent les galets de la rondelle.

Fig. 115. Coupe longitunale d'un fort moyeu, indiquant l'emplacement des rondelles à galets à chacune de ses extrémités. L'essieu est supposé enlevé, mais l'écrou est conservé.

Fig. 116. La rondelle à galets, vue séparément et en dessus.

Fig. 117. Plan de l'une des plaques antérieures du moyeu.

Les mêmes lettres indiquent les mêmes objets dans toutes les figures.

a a, avant-train de voiture; *b*, timon; *c*, cheville ouvrière; *d*, rondelle; *e e*, galets au nombre de trois, tournant librement sur des axes horizontaux qui font corps avec la rondelle; *f*, cercle inférieur de l'avant-train qui reçoit la rondelle; *g*, plate-bande sur laquelle roulent les galets; *h*, moyeu; *i*, boîte du moyeu; *k*, plaque fixée à la partie postérieure; *o*, autre plaque, fixée au brancard, c'est entre ces plaques que roule la rondelle enfilée sur l'essieu; *l*, plaque de la partie antérieure du moyeu retenu par quatre vis noyées dans son épaisseur; *m*, autre plaque faisant corps avec le chapeau du moyeu, la rondelle antérieure roule entre ces deux plaques; *n*, écrou du chapeau.

Moyen d'empêcher la chute d'une voiture, quand l'essieu vient à se rompre.

M. Amavet de Paris propose le moyen suivant pour prévenir la chute d'une voiture dont l'essieu est subitement rompu.

Pour retenir, dit-il, une roue dans sa position naturelle et empêcher le versement d'une voiture, dans le cas de rupture de l'essieu, on pratiquera, sur le gros bouge du moyeu des roues, une rainure *a*, proportionnée à la force de la voiture (Voyez *fig.* 118 et 119, *Pl.* 1). La frette en fer *b*, qui cercle le moyeu auprès des rais, sera disposée en biseau, de telle sorte que le côté le plus épais serve de bord à la rainure et en augmente d'autant plus la profondeur. Une autre frette *c* sera fixée de la même manière, et fera le même effet sur l'autre bord de la rainure.

C'est dans cette gorge que devront entrer sans pression, comme deux mâchoires d'étau, deux demi-cercles *d*, en fer, *fig.* 120 : chaque demi-cercle est armé de cinq branches *e*, recourbées en S ou de toute autre façon, et dont les extrémités se réuniront en un seul tenon pour être fortement fixées avec vis et écrous, soit sur le brancard, soit sur l'encastrement, l'un dessus, l'autre dessous. Cette disposition est telle, qu'en lâchant les écrous, ces deux coquilles s'ouvrent assez pour livrer passage au moyeu, quand il s'agit de graisser la voiture, et que lorsqu'elles sont refermées, elles puissent retenir la roue dans sa position naturelle, en cas de rupture de l'essieu, ou bien si l'écrou de l'essieu ou de l'S venait à se perdre.

Comme le demi-cercle supérieur s'appuie sur le moyeu, il supporte la charge de la voiture, tandis que l'inférieur sert à maintenir la roue dans son aplomb, et prévient ainsi la chute de la voiture.

La forme des coquilles varie suivant l'espèce de voiture, et de manière à pouvoir être fixées aisément et solidement sur les brancards, ou les encastrures des essieux, ou même sur l'un et l'autre. C'est au charron à trouver, pour chaque cas particulier, la forme la plus convenable. La figure 121 montre la projection horizontale de l'une des coquilles.

Boîtes à rouleaux anti-frottants.

En 1825, MM. de la Garde, Messence et Pauter, à Londres, prirent en France un brevet d'importation de dix ans, pour un nouveau moyen de fabriquer des roues de voitures avec des boîtes à rouleaux nommés *anti-frottants*, ayant la propriété de rendre les voitures plus roulantes et de réduire le nombre dans l'emploi des chevaux. Ce boîtes, disent les deux brevetés, préviennent la friction dans les roues des voitures, des moulins et des cabestans, ainsi que dans les machines de toute espèce, roulent à froid sans l'emploi des matières grasses, et offrent l'économie d'un cheval sur quatre. Ils ajoutent que ce nouveau mode d'économie dans le transport, applicable aux plus lourdes voitures comme aux plus légères, sera d'une utilité démontrée dans le système d'artillerie et des charrois militaires, lorsqu'on se trouvera dans l'obligation d'abandonner les pièces. Dans ce cas, il suffira d'enlever le mécanisme des boîtes pour rendre inutiles les affûts.

Ainsi que nous l'avons déclaré dans notre préface, nous ne prétendons pas nous rendre responsable de l'excellence de tous les procédés, objets des brevets d'invention. En les reproduisant d'après leurs auteurs, nous ne nous unissons qu'en apparence aux louanges sans restriction qu'ils leur donnent. Pour le prouver, nous dirons qu'une note sur le titre des rouleaux anti-frottants, fait remarquer qu'il y a environ trente ans, on proposa en France, pour l'usage de l'artillerie, des moyens à peu près semblables, qui n'eurent aucun succès. Cependant, nous transcrivons la description de ces rouleaux, pour aider à l'instruction du lecteur, et pour le mettre à même d'examiner, de corriger ce qu'il peut y avoir de défectueux dans cette invention qui annonce d'ailleurs beaucoup de zèle et de savoir.

« Les boîtes à rouleaux *anti-frottants*, pour lesquelles des patentes ont été prises en Angleterre, préviennent le frottement dans les roues des voitures, ainsi que dans toute autre machine ayant un mouvement de rotation ; leur succès est constaté dans ce pays par plusieurs années d'épreuves; elles ont l'avantage de rendre dans les machines le mouvement plus uniforme. »

Le frottement n'existant plus, le graissage des axes et goujons des roues devient inutile, parce qu'elles roulent parfaitement à froid, sans aucune application de matières grasses. Cette destruction de frottement se fait sans l'emploi d'aucun combustible, mais il est cependant bon d'essuyer les rouleaux et l'axe avec du drap graissé, pour éviter la rouille.

L'économie produite sur les routes par cette nouvelle manière de disposer les roues des voitures, a été estimée, en Angleterre, à un schelling ou un franc vingt-cinq centimes de France, par jour, et pour chaque voiture à quatre roues.

Pendant cinq années consécutives que ces boîtes sont en usage en Angleterre, il est prouvé que les roues auxquelles on les a adaptées, n'ont été ni réparées ni endommagées.

Les boîtes à *rouleaux anti-frottants* ont encore l'avantage de préserver les roues, principalement dans les mauvais chemins où leur effet élastique les fait céder aux cahots. Ainsi, sur les routes de France, qui sont toutes pavées, la proportion de la durée des roues pourra se calculer, en bénéfice, dans la proportion d'un à trois.

Il pourra être utile d'avoir, dans chaque voiture, quelques rouleaux et vis de rechange pour chaque essieu. Ces rouleaux seront construits de manière à pouvoir se remplacer l'un par l'autre.

Description de ces boîtes.

Ces boîtes se composent de plusieurs rouleaux de forme cylindrique ou autre, d'un même diamètre et disposés autour de la circonférence des axes cylindriques, dont ils deviennent les supports. Ces rouleaux sont contenus dans le cylindre enfoncé que forme la caisse; soubassement ou saillie, dans lequel est reçu et soutenu l'axe de la roue. Les rouleaux étant d'un diamètre assez grand pour toucher la surface extérieure de l'axe, ainsi que la surface intérieure de la caisse, ou saillie, il en résulte que l'axe se trouve supporté et soutenu dans la caisse cylindrique par quatre, six, huit ou un plus grand nombre de rouleaux; de manière que, soutenus solidement et concentriquement dans la caisse qui roule à l'entour de l'axe, les rouleaux, en se mouvant sur leur propre axe et les points de leur surface formant un contact avec l'axe de la roue, accompagnent cet axe dans son mouvement. La surface des rouleaux étant aussi en contact avec les surfaces intérieures de la caisse, ils roulent sur ces surfaces sans frottement réciproque. Les rouleaux, en tournant sur leur propre axe, rouleront aussi dans l'intérieur de la caisse dans la même direction, mais avec moins de vitesse.

L'effet produit par les rouleaux est moins égal quand la caisse tourne à l'entour de l'axe fixe, que quand c'est l'axe qui se meut dans la caisse qui est fixe. L'axe fixe s'emploie pour les roues de voitures, et l'axe tournant est destiné aux machines.

Il est nécessaire que les rouleaux soient disposés à des distances égales à l'entour de l'axe, de façon à produire des saillies pareilles : il faut également que ces rouleaux soient retenus dans une position exactement parallèle à l'axe, et qu'ils soient parfaitement libres de rouler à l'entour de l'axe, et dans l'intérieur de la caisse, avec le double mouvement ci-dessus décrit, en même temps qu'ils sont retenus sûrement à des distances égales à l'entour de l'axe, et qu'ils sont dans les positions voulues, et en proportion de la longueur de cet axe.

Les rouleaux qui sont en fer, et que l'on voit représentés par la lettre *a* dans les différentes figures de la série, depuis la figure 122, *Pl.* 1, jusqu'à la figure 129, qui représentent les boîtes à rouleaux anti-frottants, dans leur ensemble et dans leurs détails, sont terminés, à chaque extrémité, par une pointe conique située dans la ligne de l'axe de ces rouleaux.

La figure 122 présente une cage contenant plusieurs rouleaux ; cette cage est formée de deux cercles ou rondelles en fonte *b*, réunis par quatre traverses *c* : l'un des cercles *b* se voit séparément à plat, et intérieurement (*fig.* 123). Les figures 124, 128 et 129, montrent également à plat un des cercles *b*, garni de huit rouleaux, ou bien une coupe pratiquée sur la ligne ponctuée A B de la figure 122. Des cavités ayant la forme de cône creux, un peu plus obtus que les pointes des rouleaux *a*, sont pratiquées intérieurement dans l'épaisseur des cercles *b*, pour recevoir ces pointes; la figure 125 montre cette disposition. Ces cavités coniques ont pour objet de maintenir les rouleaux dans leurs positions respectives, sans les gêner d'aucune façon.

Afin de faciliter le placement des rouleaux dans leur cage, et pour les y retenir, un cercle de cuivre représenté de profil par la lettre *d*, à gauche de la figure 122, se place à l'intérieur du cercle *b*; mais une fois que la cage et les rouleaux sont dans leur boîte, ils se maintiennent en position entre la boîte et l'axe. L'objet de la cage est uniquement de retenir les rouleaux à des distances égales et parallèles relativement à l'axe.

La figure 126 montre en coupe la partie d'un essieu de voiture, à laquelle est appliquée une boîte munie de ses rouleaux, disposés dans leur cage. *e*, partie cylindrique de l'essieu ou axe des *boîtes à rouleaux anti-frottants*, sur lequel est pratiqué un épaulement *f*. *g*, collet pouvant avoir toute autre forme. *h*, moyeu en bois; garni d'une boîte à deux assortiments de rouleaux *i*, *k*, qui se trouve fixée au centre du moyeu : chaque assortiment de rouleaux est disposé comme celui de la figure 122.

Pour produire le frottement entre le bout de la boîte et l'extérieur des cercles de la cage, un cercle *l*, que l'on voit en coupe et de profil, à droite de la figure 122, est placé à chaque bout des cages, entre les cercles *m n* et ceux de la cage. Au lieu des cercles en métal, on peut employer à chaque extrémité de la caisse, des rondelles de cuir, qui ne font pas de bruit en roulant.

Pour prévenir le frottement de l'axe en longueur, on peut intercaler un semblable cercle, que l'on placera sur l'S que l'on voit en *o* (*fig.* 126), entre le bout extérieur *n* de la boîte et le collet *g*, qui se trouve fixé au bout de l'axe par l'essieu.

Le bout de l'axe *e* peut être terminé par une pointe conique, et recouvert par une enveloppe *p*, fixée par des vis *q*, au bout du moyeu : le fond de cette enveloppe appuie contre la pointe conique de l'axe *e*, et prévient tout frottement, par la raison que l'épaulement *f* de l'axe ne peut frotter contre la boîte *m*. Le bout de l'axe *e* pourrait être plat, alors la pointe conique serait pratiquée dans le fond de l'enveloppe *p* pour presser contre cet axe. L'enveloppe *p* renferme aussi le chaton et l'S, ce qui préserve ce dernier d'être déplacé par un accident et donne une plus grande sûreté à la roue.

r, cercle épais en fer environnant l'épaule *t*; il est combiné de manière à empêcher la boue ou la poussière de pénétrer dans la boîte. Si, malgré cette précaution, il arrivait qu'une pierre pénétrât dans la boîte, elle n'arrêterait pas le mouvement de la roue, car elle serait à l'instant réduite en poudre.

Les parties *i k* qui renferment les cages à rouleaux, sont réunies par un bout de tuyau *s*, qui est fixé solidement dans le centre du moyeu. Les extrémités *m* de la boîte sont ajustées dans des rainures circulaires, qui sont fixées par de petites vis, qui peuvent être promptement déplacées, pour permettre d'ôter, par chaque bout, les cages et leurs rouleaux.

La figure 125 représente une lanterne qui contient deux assortiments de rouleaux, disposés de manière à être placés dans les intervalles opposés : par ce moyen, un plus grand nombre de points de saillies se trouve obtenu entre la circonférence de l'axe et celle de la boîte. La cage pourrait aussi être construite pour recevoir trois assortiments de rouleaux. Cette disposition de cage à rouleaux s'applique principalement aux machines de grande pesanteur.

Il importe que le diamètre des cercles de la cage soit, dans tous les cas, moindre que l'intérieur des collets de la boîte, et le diamètre de l'intérieur du cercle plus grand que celui de l'axe, c'est ce que la figure 125 indique : il en résulte que la cage ne pourra pas toucher ou être obstruée dans son mouvement de rotation avec les rouleaux, mais qu'elle sera soutenue et mise en mouvement seulement par les pointes coniques de ces rouleaux, et qu'elle sera réglée debout par le cercle *e*.

Les cages *b*, *c* peuvent être fondues en fer ou autre métal, soit d'un seul jet, soit par pièces détachées. Lorsqu'il ne s'agit pas d'une grande force, les cercles *b* peuvent être disposés comme l'indique la figure 128, pour plus de légèreté. Les rouleaux peuvent avoir les diverses formes que l'on voit en *a t u v*, *x*, à gauche de la figure 123. Les différentes parties de cet appareil peuvent être en toute espèce de métal, mais l'acier dur doit avoir la préférence, surtout pour la confection des rouleaux.

Tuteur de limonier. — Encliquetage pour voiture. — Cale à fléau.

M. Mignard fils, ingénieur mécanicien à Belleville, avait présenté à l'exposition deux appareils intéressants pour l'agriculture.

L'un de ces appareils est destiné à protéger les chevaux de limon dans leur chute. M. Mignard lui a donné le nom de *tuteur du limonier*. C'est un arc-boutant articulant sur l'essieu et tombant à 12 centimètres (4 pouces 6 lignes) environ du sol, près du cheval. Si le cheval fait une chute, l'arc-boutant pose à terre et empêche les brancards de s'abattre. Les brancards maintiennent à leur tour le limonier, qui n'a plus la charge à dos, peut se relever sans effort et se trouver ainsi préservé de tout accident. Cet arc-boutant peut être haussé ou baissé à volonté et n'est d'aucun embarras. Quant aux services qu'il peut rendre, il n'y a qu'à se rappeler les nombreux accidents que les malheureux chevaux de limon éprouvent tous les jours.

Le second appareil de M. Mignard est un encliquetage propre à faciliter la marche des chevaux sur les rampes inclinées, sans le secours d'aucune cale à la main. Cet encliquetage est fixé sur chacune des deux roues. Un valet agit sur chaque encliquetage. Trois crochets sont placés sous le brancard. En engageant le valet dans l'un des crochets, la voiture peut reculer, mais elle ne saurait avancer; le charretier peut perdre de vue ses chevaux sans craindre qu'ils remettent la voiture en marche. En engageant le valet dans l'autre crochet, la voiture peut avancer, mais elle ne peut plus reculer. L'encliquetage devient alors d'un grand secours dans les montées, soit pour arrêter la voiture sur une pente rapide, soit pour s'opposer au recul pendant la marche. Enfin, en engageant le valet dans le troisième crochet, la voiture est libre soit d'avancer, soit de reculer.

Le prix du tuteur peut varier, suivant sa force, de 65 à 100 francs, et celui de l'encliquetage de 100 à 150 francs.

M. Bouhon, de Paris, l'ingénieux inventeur des burettes inversables, a imaginé et exposé aussi une cale à laquelle il a donné le nom de *cale à fléau*, qui est très-digne d'être connue.

Cet inventeur, frappé des graves inconvénients que présentent les manœuvres ordinaires des rouliers qui conduisent des charrettes lourdement chargées, sur des chemins en plaine mal entretenus, et même sur de bonnes routes en pays de montagnes, soit pour vaincre les obstacles que les mauvais chemins opposent à leur parcours, soit pour soulager les chevaux de trait gravissant des rampes rapides, est parvenu, après plusieurs tentatives, à imaginer un appareil fort simple, solide, facile à manœuvrer, d'un prix modéré et dont l'utilité est incontestable.

Que fait le roulier pour retirer d'une ornière la roue de sa voiture qui s'y est engagée? Si l'ornière est trop profonde, il établit en avant de cette roue, avec des pierres de grosseur progressive, un plan incliné destiné à racheter cette profondeur ; dans tous les cas, il cale solidement, en arrière, l'autre roue, et il tire de côté le cheval par la bride, de manière à le faire appuyer en travers contre le brancard. Celui-ci remplit alors, avec l'essieu auquel il est lié, le rôle de levier coudé pour forcer la charrette à pivoter autour de la cale, et comme la voie ou intervalle des roues est généralement moindre que la moitié de la distance existant entre l'essieu des roues et le point du brancard contre lequel l'épaule du cheval agit, il en résulte que l'effort de ce cheval est toujours assez puissant pour obliger la roue libre à rouler sur le plan incliné pour sortir de l'ornière, et à se placer sur le bon terrain.

Pour arrêter le cheval sur les montées et le laisser reposer à l'aise, le roulier doit préalablement caler les roues de sa charrette, autrement le cheval serait obligé de résister constamment à l'effort du recul naturel de la charge et du véhicule.

Lorsque les montées sont raides et que le roulier veut les franchir sans renfort, il louvoie d'un bord à l'autre de la route, afin de la parcourir en suivant des rampes plus douces disposées en zigzag. Pour passer d'une direction à l'autre, il cale l'arrière de la roue d'amont, à chaque détour que la voiture doit faire, afin de ne pas perdre de terrain, ce qui arriverait si la cale n'existait pas, parce que, en poussant de côté le brancard pour passer à la direction suivante, la charrette pivoterait autour du point d'appui de la roue d'aval, en aval de laquelle la roue d'amont viendrait se placer.

On voit ainsi que les manœuvres des rouliers reposent sur l'emploi judicieux des cales ; aussi, comme toutes les localités n'offrent pas des matériaux nécessaires à leur réalisation, ils sont dans l'usage de s'approvisionner de quelques rondins de bois de forme convenable, dont ils se servent pour caler les roues au besoin.

L'invention de M. Bouhon a pour objet de mettre à la disposition des rouliers un système de cales qu'ils peuvent faire agir à volonté et presque instantanément sur les deux roues, sans abandonner les brides du cheval.

Ce système de cales, que l'inventeur nomme *cale à fléau*, ne s'adapte pas comme une cale ordinaire, entre la jante de la roue et le sol. Cet appareil consiste en une pièce de bois que l'on boulonne en travers et sous la charrette, dans une position telle que deux forts mentonnets mobiles, espèces de gros cliquets dont ses extrémités sont armées par bout, s'engagent entre les rais, sur le derrière des roues et dans le voisinage de l'intérieur de la jante. Lorsque la charrette est mise en mouvement, les rais qui se trouvent immédiatement au-dessous des mentonnets les relèvent, parce qu'ils sont mobiles autour d'une charnière dont l'axe horizontal est dirigé dans le sens de la longueur de la charrette. Les roues continuant à tourner, les rais abandonnent les mentonnets que leur propre poids fait retomber pour reprendre leur position naturelle horizontale; les rais suivants les relèvent à leur tour pour les laisser retomber encore, et ainsi de suite, tant que le roulier les laisse engagés dans les roues; car, au moyen d'un levier coudé manœuvré à l'aide d'une tringle longeant le côté du brancard contre lequel il doit se tenir, le roulier peut instantanément rabattre ou relever, c'est-à-dire engager ou dégager ces mentonnets, selon que les manœuvres exigent le secours des cales ou permettent de s'en passer.

Il est évident, en effet, que lorsque les mentonnets sont engagés dans les roues, le cheval ne peut reculer, soit en plaine, soit en gravissant une rampe, que jusqu'au moment où les rais des roues, se trouvant placés au-dessus des mentonnets, viennent buter contre en rétrogradant. Ce recul a pour maximum la portion du développement de la jante des roues comprise entre deux rais consécutifs. Le recul du cheval est bientôt rendu impossible, et la charrette maintenue au repos statique sans l'action d'un agent extérieur : il en est de même d'une charrette abandonnée à elle-même sur une montée rapide.

C'est sans doute là un utile service que rend la cale à fléau de M. Bouhon; mais il n'est pas le plus grand, comme on va le voir. Tout le monde sait que lorsqu'on pousse en travers le brancard d'une voiture placée sur un terrain de niveau, ce véhicule tend à se mouvoir autour de la verticale passant par le milieu de son essieu; de sorte que la roue du côté d'où vient l'effort tourne quand la voiture avance, tandis que l'autre roue tourne dans le sens opposé : d'où il résulte que si les mentonnets de la cale à fléau sont engagés pendant cette manœuvre, la première roue n'en continue pas moins de tourner, tandis que la dernière roue est bientôt arrêtée dans son mouvement de rotation rétrograde, et la voiture est forcée à pivoter sur le point de contact de cette roue avec le sol, précisément comme si elle était calée à l'ordinaire, par un corps placé entre le sol et l'extérieur de sa jante.

Cet exposé suffit pour faire apprécier l'efficacité de la cale à fléau pour dégager une roue de charrette de l'ornière où elle a été engagée, pour effectuer, sans perte de terrain et de temps, les détours ou crochets des zigzags à suivre pour franchir sans cheval de renfort les côtes plus ou moins rapides, et pour prévenir les dangers qui résultent trop souvent de la rupture des traits des attelages de plusieurs chevaux en pays de montagnes.

APPENDICE

AU

MANUEL DU CHARRON.

Dans la rédaction de notre Manuel, nous nous sommes surtout attaché à ne décrire et à n'offrir, comme exemples, que les meilleurs procédés et les inventions les plus utiles, mais nous aurions pu grossir infiniment nos volumes si nous avions voulu y introduire tous les prétendus perfectionnements qui ont été proposés dans l'art du charron et du carrossier, depuis la dernière édition de ce manuel, inventions qu'on trouve décrites dans divers recueils scientifiques et industriels, dont quelques-unes ont été essayées sans succès et beaucoup abandonnées successivement; nous préférons, pour compléter notre œuvre, donner ici la description avec figures de quelques outils et machines-outils nouveaux qui se rattachent à l'art que nous décrivons et seront d'une utilité plus réelle pour le fabricant. Nous extrayons ces renseignements du *Technologiste* (1), journal consacré aux arts industriels, qui compte aujourd'hui douze années d'existence, et qui en-

(1) Le *Technologiste*, ou *Archives des Progrès de l'Industrie française et étrangère*, publié par une société de savants et de praticiens, sous la direction de M. Malepeyre. Ouvrage utile aux manufacturiers, aux fabricants, aux chefs d'ateliers, aux ingénieurs, aux mécaniciens, aux artistes, etc., etc., et à toutes les personnes qui s'occupent d'arts industriels. Prix : 18 fr. par an pour Paris, et 21 fr. pour la province. Chez Roret, rue Hautefeuille, 12,

registre avec un soin particulier toutes les découvertes de quelque importance, qui éclosent dans le monde industriel. Nous donnons ces descriptions en toute confiance, parce que le recueil dont elles sont tirées mérite, par sa bonne direction et les lumières de ses collaborateurs, d'être mieux connu des fabricants, qui y trouveront à chaque instant des articles excellents dont ils pourront faire leur profit.

Nous y ajouterons aussi quelques inventions toutes récentes, relatives à la carrosserie, dont quelques-unes paraissent fort ingénieuses, mais sur le mérite desquelles l'expérience n'a pas encore prononcé.

Classification générale des fers laminés des forges de France.

Les maîtres de forges françaises se sont occupés, en 1850, de la classification des produits de leur industrie, et voici le tableau qu'ils ont adopté en assemblée générale:

1re classe.

Carrés, de 18 à 61 millimètres.
Ronds, de 21 à 68.
Plats, de 40 à 115 sur 9 et plus.
Dito, de 27 à 38 sur 11 et plus.

2e classe.

Carrés, de 12 à 17 millimètres.
Gros carrés, de 62 à 81.
Ronds, de 14 à 20.
Gros ronds, de 69 à 81.
Plats, de 40 à 115 sur 6 à 8 et plus.
Méplats, de 20 à 38 sur 8 et plus.
Gros plats, de 120 à 162 sur 12 à 40.

3e classe.

Carrés, de 9 à 11 millimètres.
Gros carrés, de 82 à 93.
Ronds, de 9 à 13.
Gros ronds, de 82 à 95.
Bandelettes, de 20 à 36 sur 4 1/2 et plus.
Aplatis, de 40 à 115 sur 4 1/2 et plus.
Plats, de 120 à 162 sur 7 à 11.
Plate-bande demi-ronde, de 27 sur 7 et plus.

4e classe.

Carrés, de 6 à 8 millimètres.
Gros carrés, de 96 à 108.
Rond, de 6 à 8.
Gros ronds, de 96 à 108.
Bandelettes, de 14 à 18 sur 4 1/2 et plus.
Aplatis, de 18 à 108 sur 3 1/2 et plus.
Plate-bande demi-ronde, de 16 à 25 sur 7 et plus.

Nota. — Tout fer de longueur fixe subira une augmentation de 1 franc.

Tout fer de moins de 9 millimètres d'épaisseur et de plus de 6 mètres de longueur, non spaté, sera payé une classe en plus.

Fers de fonderie, à classer suivant l'usage.

Ronds de tréfilerie de 5 à 6 millimètres, une demi-classe au-dessus de la quatrième.

Hors classe, avec la différence au moins d'une classe : vitrages, cornières, fers en T et en double T, demi-feuillards et feuillards, ronds au-dessous de 5 millimètres, ronds et carrés au-dessus de 108 millimètres.

Différence de prix par classe, 2 francs.

Clé à rochet pour les vis, les boulons et les écrous.

La clé à rochet sert à percer des trous dans certaines pièces ou en certains points des machines où il est impossible, par suite des obstacles qu'apportent les parties environnantes, de tourner une manivelle, un vilebrequin, etc. On éprouve souvent aussi les mêmes obstacles quand il s'agit de faire tourner dans un sens ou dans un autre, des vis un peu longues ou des boulons, et il est très-incommode, fort long, et désastreux pour la tête de ces vis ou de ces boulons, d'être obligé, à maintes reprises successives, de se reprendre, c'est-à-dire, d'ouvrir et de rebouter la clé. C'est un inconvénient qui se présente en particulier dans les locomotives où les vis et les écrous se trouvant insérés dans des espaces étroits et très-circonscrits ont besoin fréquemment, tantôt d'être resserrés, tantôt d'être desserrés ou enlevés, ce qui n'est possible avec les clés à vis ordinaire qu'en donnant à celles-ci une courbure et des formes particulières, ou au moyen d'un assortiment de clés de formes variées.

Dans ce cas et dans ceux semblables, on a adopté avec avantage, dans les ateliers du chemin de fer de Bade à Heidelberg et pour toutes les locomotives qui en sortent, la clé à rochet dont il est question ici. Dans cette clé, l'ouverture ou œil, dans lequel on introduisait et assujettissait le foret, est percé au plus grand diamètre des têtes de vis ou de boulons, ou des corps d'écrous qu'on ait à visser ou à dévisser; et, pour les têtes moindres ou les corps plus petits, tant à quatre qu'à six pans, on a divers carrés ou hexagones à collet et de rechange, qu'on introduit, suivant le besoin, dans cet œil.

La figure 1, *Pl.* 8, représente en élévation, vue de face, cette clé à rochet.

La figure 2 est une autre élévation, mais vue de côté.

La figure 3 présente deux vues, l'une de face, l'autre de côté, d'une pièce ou anneau à collet de rechange pour les petites vis à tête à quatre pans et qui s'insère dans l'œil *a*.

Ainsi qu'il est facile de le concevoir à l'inspection de la figure, la petite roue à rochet *b*, pour plus de simplicité et sans inconvénient pour le service, n'est pas, dans cette clé, placée entre les branches du levier *c*, mais insérée au moyen d'une douille qu'elle porte sur une de ses faces dans un trou rond percé à l'extrémité de ce levier, où on l'assujettit en rivant sur la portion de cette douille qui dépasse une virole qui y entre à frottement juste. Le cliquet *e* fonctionne sur un clou, comme centre, fixé sur le plat du levier au-dessus de la roue, et il en est de même du ressort de pression *f* qui sert à le maintenir en place et qu'une vis assujettit sur le côté de ce levier.

L'application de cet outil est facile à comprendre. Pour en faire usage, on commence par insérer dans l'œil de la roue à rochet, le carré ou l'hexagone de rechange dont on a besoin pour embrasser exactement la tête de la vis ou du boulon, ou le corps de l'écrou, puis on applique la clé sur ces pièces, et on fait basculer le levier de droite à gauche, et on le ramène de gauche à droite. Dans le premier de ces mouvements, la roue à rochet, poussée par l'encliquetage, tourne dans le même sens, en entraînant la vis, tandis que dans le second, la roue reste immobile, et le cliquet seul descend de plusieurs dents, pour la pousser d'autant lors du mouvement alternatif suivant.

Nous ferons remarquer toutefois ici qu'il y a dans cet outil un petit inconvénient que voici : c'est que si par le mouvement que nous venons de décrire on visse les boulons ou les écrous, il faut, pour les dévisser, retourner l'appareil sens dessus dessous, ce qui, quand les têtes de vis ou de boulons ne sont pas élevées, peut obliger à entrer profondément l'outil, et par conséquent produire d'abord un frottement inutile sur la roue et ensuite contribuer à sa détérioration, ainsi qu'à celle de son encliquetage; enfin, quand les vis sont très-rapprochées les unes des autres, ou les boulons très près de pièces immobiles, et en saillie, il est à craindre que la roue à rochet, qui augmente notablement le diamètre de la tête de la clé, ne puisse y être insérée, ou qu'on n'altère la forme de ses dents.

Clé allemande pour tourner les boulons, les vis et les écrous.

Cette clé qui est de l'invention de M. Schlarbaum, de Munich, et a fait récemment l'objet d'une patente en Angleterre, sous le nom de M. J. Fenn, fabricant d'instruments à Londres, est déjà connue en France dans plusieurs ateliers. En voici la description:

La figure 4, *Pl.* 8, est une vue en élévation sur le plat de cette clé.

La figure 5, une élévation sur champ.

La figure 6, une section suivant la ligne *a*, *b* de la figure 5.

A, A est la mâchoire fixe qui ne forme qu'une seule pièce avec le manche B; C, C la mâchoire mobile dont la queue glisse à l'intérieur de ce manche B; D, une tige à vis qui entre et fonctionne dans une partie taraudée à l'intérieur de la queue de la mâchoire mobile C; E, un écrou vissé sur l'extrémité du manche et qui maintient la tige à vis D dans une position fixe, tout en lui permettant de tourner, au moyen du collet F ou de l'écrou G, ce dernier étant fixé sur la tige à vis par une goupille H; I, petite vis pour s'opposer à ce que la mâchoire mobile puisse sortir de celle fixe, et dont le trou sert à fournir l'huile nécessaire à la vis à l'intérieur du manche.

On ajuste la clé en tournant l'écrou G, au lieu de tourner le manche lui-même, et la vis, étant entièrement cachée, est moins exposée à recevoir des avaries ou à s'encrasser.

Dans un article inséré dans le *Polytechniches Journal* de MM. Dingler, vol. CXI, p. 265, on trouve sur cette clé les détails suivants :

Dans la clé de Schlarbaum, on a deux masses homogènes de fer, dont l'une C forme la pièce mobile en partie intérieure de l'outil, tandis que celle A, B constitue la mâchoire fixe et le manche à l'extérieur. La mâchoire mobile est carrée à la partie supérieure et arrondie à celle inférieure, formes qui s'ajustent toutes deux avec précision dans l'intérieur de la pièce B, qui est travaillée avec soin pour cet objet. La queue arrondie par le bas de la mâchoire C est creuse et taraudée à l'intérieur pour recevoir une tige à vis D, qui s'y meut par le moyen d'une embase F d'un écrou à six pans G, vissé sur le manche, et d'un chapeau à vis E. Ce chapeau est solidement vissé à l'extrémité de B. Or, en tournant l'écrou G, ce qui s'opère facilement avec les doigts, ou au besoin par un moyen plus puissant, on tourne la tige de la vis D sur son axe, et on fait glisser la mâchoire C en avant ou en arrière, suivant le besoin.

Les principaux avantages de cette clé peuvent se résumer en peu de mots :

1° Le manche auquel s'applique la force forme une masse homogène avec les mâchoires, sans qu'il ait de jeu entre ces pièces.

2° La marche de la mâchoire mobile est la même dans tous les points de ses excursions, et toujours également ferme et assurée, parce que la queue arrondie de cette mâchoire monte et descend dans un cylindre creux, qui constitue le manche de l'instrument. Qu'on ouvre ou ferme la clé tant sur champ que sur plat, qu'on la serre avec force dans l'une ou l'autre de ces positions, sa marche est toujours sûre et régulière dans le cylindre, et la pièce qu'on saisira n'aura jamais à en souffrir.

3° La tige filetée est à l'intérieur de la clé, et par conséquent complètement à l'abri des chocs et des encrassements; elle est garantie contre tout effort qui tendrait à la fausser, et se meut franchement et sûrement.

4° La partie mobile C est d'une seule pièce en fer, de manière que la plus parfaite stabilité des mâchoires se trouve ainsi garantie.

5° Enfin, la forme arrondie et élégante des mâchoires de cette clé met à l'abri des erreurs des ouvriers ignorants ou paresseux qui, parfois, sont tentés de se servir de la clé anglaise comme d'un marteau.

La vis I sert de buttoir et avertit l'ouvrier lorsqu'il sent qu'elle touche, que la vis D commence à sortir de son écrou; si on l'enlève, on peut retirer la partie mobile C de l'intérieur de la partie fixe A B.

Nouvelle clé à écrous, par M. Ashforth et compagnie.

A (*fig*. 7, *Pl.* 8) est le corps de cette clé; B, le manche; C, la mâchoire fixe d'une seule pièce avec le corps et le manche; D, la mâchoire mobile qui porte sur le dos une retraite pour recevoir un cliquet E en forme de levier coudé ou d'équerre. Un des bras de ce cliquet s'insère dans les dents d'une crémaillère taillée sur la face supérieure du corps, et il est retenu fermement dans cette position par un ressort disposé derrière le cliquet et dans la retraite ménagée sur la mâchoire mobile.

Au moyen de cette disposition, on peut faire marcher la mâchoire mobile en avant ou l'éloigner de la mâchoire fixe pour pouvoir saisir l'objet qu'on veut tourner; le cliquet, en tombant dans l'une des dents de la crémaillère, s'oppose avec force à ce que cette mâchoire cède sous la pression. Quand on veut faire lâcher prise à la clé, on appuie le doigt sur l'autre bras du levier coudé que forme le cliquet, le ressort cède, le cliquet bascule et se dégage de la crémaillère. F est un petit buttoir qui s'oppose à ce que la mâchoire mobile puisse être poussée au-delà du corps.

Cette clé, ainsi qu'il est facile de le concevoir, peut fonctionner avec une grande célérité, et il est bien certain qu'on a bien plus promptement ajusté la mâchoire mobile en pressant sur le levier coudé, et la faisant marcher en avant ou en arrière, que lorsqu'il faut faire avancer cette pièce en tournant une vis ou une virolle; mais d'un autre côté, nous ne pensons pas qu'elle remplisse aussi complètement ses fonctions que les clés à vis des modèles les plus en usage. On sait en effet qu'il est un grand nombre de cas où les boulons et les écrous, surtout lorsqu'ils ont été attaqués par la rouille, sont tellement adhérents, qu'il faut les pincer avec une force très-considérable si on ne veut pas qu'ils échappent à la clé, ou lorsqu'ils sont d'un petit diamètre pour que celle-ci n'arrondisse pas leurs angles et ne tourne sans les desserrer; or, il est évident qu'une clé, dont la mâchoire mobile ne marche que par ressauts ou d'une dent de crémaillère à l'autre et en la poussant à la main, ne peut pas produire ce pincement énergique et précis, nécessaire pour tourner les boulons et les écrous qui ont un serrage considérable, sans les détériorer et les perdre. Enfin, il est à craindre, sous l'effet d'un grand effort, que les dents de la crémaillère ne viennent à céder, ou plutôt la petite goupille du cliquet qui, en définitive, porte toute la pression de serrage de la clé et en partie de celle qui provient de l'effort qu'on exerce pour tourner l'écrou ou le boulon. Cette clé ne paraît donc devoir être de quelque utilité par la rapidité avec laquelle elle fonctionne, que dans les ateliers d'ajustage où, pendant qu'on assemble et ajuste les pièces, on n'est pas dans l'usage de serrer les boulons, les vis et les écrous jusqu'au refus, et où d'ailleurs ces pièces, enduites d'huile, cèdent facilement et sous un faible effort. Dans cette circonstance, elle paraît devoir rendre des services; mais son emploi ne sera jamais aussi général que celui des clés ordinaires qui ne présentent pas les mêmes défauts.

Mèche à percer les métaux, par M. Fr. Wohnlich.

Cette nouvelle mèche à percer les métaux, inventée en Allemagne, a été représentée de face dans la figure 1, *Pl.* 9, de côté dans figure 2, et en coupe dans la figure 3, suivant A, B de la figure 4.

a, *b*, *c*, *d* indiquent le tranchant ou partie coupante. Le corps de la mèche est forgé rond et massif, puis tourné très-exactement, après quoi il est délardé des deux côtés en le limant, suivant deux circonférences dont les convexités sont en sens opposé ; enfin, le bout ou pivot est formé sur le plat d'une meule ordinaire.

Les trous qu'on perce avec cette mèche sont d'une propreté extrême et comme polis. Elle remplace les mèches à pivot ou à téton et les forets, de façon qu'on n'a besoin que d'une seule espèce d'outil à percer. De plus, cette mèche, quand elle est émoussée, peut être affûtée en la passant simplement sur la meule, tandis, par exemple, que dans les mèches à pivot, lorsque celui-ci vient à se rompre, il faut remettre l'outil à la forge et lui faire à la lime un nouveau pivot.

Clé à mâchoire mobile.

Cette clé, qui est d'invention anglaise, a été représentée en élévation de face dans la figure 5, *Pl.* 9, en élévation de côté dans la figure 6. La figure 7 est sa mâchoire vue séparément.

a est le corps de la clé ; *b*, le manche; *c*, la mâchoire mobile sur le talon de laquelle on a taillé une crémaillère *d*. Cette crémaillère peut glisser à mouvement doux dans une rainure et un trou carré qui traversent le corps de la clé.

Une vis sans fin *e*, tournant sur un boulon *f*, engrène dans les dents de la crémaillère *d* et la fait marcher à droite ou à gauche, suivant le sens où on tourne la vis qu'on fait mouvoir avec les doigts et qui est à cet effet cannelée sur la surface convexe de ses filets.

Afin que la mâchoire mobile *c* ne sorte pas de la rainure, on insère une petite goupille *g* qui pénètre transversalement dans le corps et dans cette mâchoire, et permet à celle-ci de faire de chaque côté des excursions bornées dans leur étendue par une mortaise découpée dans le pied de cette mâchoire.

Cet outil, comme on le voit, a moins de puissance et moins d'étendue que la clé anglaise ordinaire, mais il peut trouver des applications utiles dans les constructions où l'on n'a généralement à tourner que des écrous ou des boulons qui ne sont pas très-serrés et dont le diamètre varie peu. Le pincement est ici moins ferme, et la mâchoire mobile doit tendre à se gauchir ou à se rompre au talon. Il en sera de même lorsque la clé tombera sur cette mâchoire mobile; enfin, il faut bien faire attention que toute la force de résistance de cet outil repose sur celle qu'opposent deux dents consécutives de la crémaillère, ou sur celle des trois filets de la vis qui la fait marcher, et qui ne permet certainement pas de l'employer à des travaux qui exigent de grands efforts.

Nous ferons aussi remarquer qu'il est indispensable pour la solidité et la régularité, que les dents de la crémaillère aient une taille hélicoïde : sans cela, elles ne porteraient que par des arêtes sur le plat des filets de la vis sans fin.

Cette clé a aussi le désavantage que sa course est plus limitée que celle de la clé anglaise, et que, sous ce rapport, elle est moins universelle.

La clé anglaise peut saisir aussi bien les écrous en avant que de côté, tandis que la clé actuelle ne peut les tourner que de cette dernière manière.

Enfin, la clé en question présente une masse moindre,

mais sa construction n'est peut-être pas moins dispendieuse que celle de la clé anglaise de divers modèles.

Alésoir et expansion, par M. STIVEN.

La figure 8, *Pl.* 8, est une vue de face de cet alésoir où l'on a enlevé la plaque de recouvrement des couteaux.

La figure 9 est une vue en élévation dans laquelle la plaque de recouvrement est à sa place.

a est le corps de l'alésoir, percé dans toute sa longueur pour recevoir une barre ou clé *b*, qui est en forme de coin à une de ses extrémités *c*, afin de pouvoir pousser en avant les deux couteaux *d*, *d* dans la direction indiquée par les flèches. Ces couteaux sont en losange et s'ajustent dans des fenêtres correspondantes de même forme, destinées à les recevoir et taillées dans le corps, de façon que l'action du coin, inséré entre eux, devient bien plus facile et moins sujette à l'usure, que si le mouvement d'expansion de ces couteaux s'opérait à angle droit avec l'axe du corps. Ces couteaux sont maintenus en place à l'aide d'une plaque *e* fixée sur le corps par trois vis, de manière à donner lieu à un frottement suffisant pour empêcher qu'ils ne s'échappent de côté. Pour pousser en avant la clé *b* dans l'acte de l'expansion, on se sert d'une tête filetée *f* qui est reçue dans une partie taraudée de la tige; de cette manière, le montage de l'outil sur le tour ne présente aucun obstacle à l'ajustement de la clé dans la tige de l'alésoir. Ce montage peut s'opérer à l'aide d'un carré, d'une boîte ou par des vis, à la manière ordinaire.

Cric à vis perfectionné, par M. TH. DUNN.

Le cric à vis, ou *screw jack* des Anglais, tout en présentant d'assez grands avantages sous le rapport de la puissance, et tel qu'il se présente ordinairement avec ses détails d'une disposition fort simple, n'est malheureusement pas une machine d'un maniement facile dans neuf cas sur dix où on aurait besoin de l'appliquer. Un de ses principaux usages consiste, comme on sait, à soulever et replacer les locomotives et les voitures sur la voie ferrée après qu'elles en sont sorties, et c'est surtout dans ce cas qu'on appréciera tout le mérite des perfectionnements importants qui sont dus à M. Dunn, auquel on est déjà redevable de bon nombre de choses utiles dans la pratique actuelle des chemins de fer.

La première des deux dispositions que nous avons fait représenter, est une modification simplifiée du jack à faire passer les voitures d'une voie sur l'autre, ou à les placer sur la voie.

La figure 8, *Pl.* 9, est une vue en élévation de l'appareil complet disposé pour faire traverser, comme on dit, une voiture de chemin de fer ou tout autre fardeau d'un poids considérable, auquel il s'agit de donner un mouvement latéral d'une grande étendue.

La figure 9 est une autre vue en élévation du même appareil, mais en angle droit avec la première.

Le jack lui-même est construit comme à l'ordinaire, et la modification a uniquement rapport à sa base ou support de son corps. Cette portion est fondue de manière à former une plaque rectangulaire A pourvue de deux essieux portant quatre galets B, B. Quand ils sont en action, ces galets reposent sur une planche C inclinée vers la ligne des rails sur lesquels on veut faire passer la voiture, en plaçant une cale ou bloc D sous l'extrémité du côté de cette voiture. Ainsi disposée, et dès que cette voiture ne porte plus sur le terrain par l'action du cric qui l'a soulevée, la gravité tend nécessairement à faire descendre la masse et le cric, avec sa charge qui roule sur le plan incliné au moyen des galets B B jusqu'à ce que les roues de la voiture touchent le terrain dans une nouvelle position. La même opération se répète en soulevant de nouveau la voiture sur l'extrémité relevée de la planche, jusqu'à ce qu'on ait franchi tout l'espace transversal nécessaire, et que la voiture arrive sur la ligne de rails sur laquelle elle doit être définitivement hissée. En enlevant le jack de ses roues B, B, on peut s'en servir au même usage qu'un cric ordinaire.

Pour lever des machines locomotives et des voitures sur des terrassements ou des pentes où l'on a besoin de porter à une hauteur considérable, M. Dunn se sert de ce qu'il appelle un screw-jack télescopique, c'est-à-dire dont les parties rentrent l'une dans l'autre, comme les tubes d'un télescope. La figure 10 est une vue en élévation de cette machine avec les vis à moitié relevées.

La figure 11 en est le plan.

La figure 12 une autre vue avec les vis rentrées, et l'application d'une roue pour les transports.

Le corps ou pied conique A du jack est moulé avec une forte plaque circulaire, pour lui donner une base solide; la vis creuse inférieure B fonctionne dans une portion taraudée dans la partie supérieure du pied et porte une tête hexagone pour pouvoir la tourner. L'intérieur de la tête de cette vis forme écrou pour la vis supérieure pleine C qui peut y fonctionner. La vis inférieure B est à simple filet dont le pas est de 0,26, et celle supérieure C à double filet avec pas de $0^{m},39$ de hauteur. Dans les figures, les filets de ces deux vis sont représentés comme courant de droite à gauche, mais leur pas, ainsi que le sens de leur direction, peut varier pour les adapter à l'objet particulier auquel on se propose d'appliquer l'appareil.

Si le fardeau qu'on veut soulever est comparativement léger, on peut faire tourner simultanément les deux vis B et C, de manière à obtenir une plus grande vitesse d'élévation, qui à chaque tour est égale à la somme de la hauteur du pas de chaque filet, ou dans le cas actuel, à $0^{m},65$. Mais quand le jack est chargé d'un fardeau plus pesant, la force ne doit plus être appliquée qu'à l'une des vis à la fois, de manière à donner une élévation de $0^m,26$ ou $0^m,39$ à chaque révolution. Enfin pour les fardeaux les plus pesants, les deux vis doivent être tournées simultanément en directions contraires avec la même vitesse, au moyen de quoi le degré de l'élévation n'est plus que la différence de la hauteur de pas des vis, ou dans le cas actuel de $0^m,13$ pour un tour de chacune d'elles.

Il est évident que ce système de vis double présente beaucoup de facilité pour faire varier l'action du jack, car les vitesses relatives de ces deux vis peuvent être ajustées de manière à donner la faculté de lever des fardeaux à une hauteur qui varie depuis une fraction de millimètre jusqu'à $0,^m39$ par révolution, et, par conséquent, si le jack est suffisamment robuste, à n'en avoir besoin que d'un seul pour soulever une immense variété de fardeaux.

L'inventeur a ajouté une disposition ingénieuse pour faciliter le transport, objet important lorsqu'il s'agit d'une masse aussi considérable de métal. Lorsque le jack doit être transporté, il prend la disposition de la figure 12, dans laquelle les deux vis sont rentrées pour le rendre plus compact. En même temps, on insère sur la partie supérieure du corps A une roue D de même diamètre que l'embase circulaire, et on la maintient en place par une cheville à vis E qu'on insère sur une portion tournée servant de moyeu, et qui pénètre dans un trou F percé dans celle-ci. Ainsi, quand les vis sont rentrées de toute leur étendue, ce jack est renversé sur le côté, et après y avoir adapté la roue, on peut aisément le faire rouler au lieu de sa destination, de façon que le jack du plus grand poids devient ainsi très-facile à transporter.

Ces nouveaux crics ont été introduits en France par MM. Varral, Middleton, Ewell et Buddicom et Ce, ateliers de réparations de Sotteville-lès-Rouen.

Cric hydrostatique, par M. Simmons.

Ce cric, construit dans les ateliers de MM. Thornton et fils de Birmingham, a été représenté dans la figure 13, *Pl.* 9, au douzième de sa grandeur naturelle.

A est la bâche ou réservoir à eau qui constitue la base de l'appareil. Sur cette bâche est implanté le corps ou cylindre B dans lequel se meut le piston plein C ; D est le petit corps de pompe, E le piston, F le parallélogramme pour faire mouvoir sa tige verticalement, G un bras sur lequel on introduit un levier de 1 mètre environ de longueur pour agir avec plus de force ; H est une vis filetée conique ou mieux un bouchon à vis qui sert à fermer le tube de communication entre le grand corps B et la bâche A. Enfin I, une soupape à air.

Avant de mettre le cric en action, il faut fermer le bouchon à vis H et ouvrir la soupape I, et si l'on veut faire descendre le fardeau qu'on a élevé, on doit ouvrir le bouchon H. Si l'on ne fait pas travailler l'appareil, on ferme la soupape I. Lorsque le piston C monte avec trop de lenteur, il faut, après l'avoir abaissé, ouvrir I et y verser de nouvelle eau.

Avec ce cric, il est facile à un seul homme de lever un fardeau de 15 à 20 tonnes. Le piston peut du reste, aussitôt que le bouchon H est ouvert, être abaissé et ramené à sa position par un ouvrier.

Machine à donner la courbure aux lames ou bandages en acier et en fer pour ressorts de locomotives, de voitures et d'autres usages, par M. T.-B. Turton.

La figure 10, pl. 8, représente en élévation, vue de côté, la machine à courber les feuilles ou bandages en acier ou en fer, au moyen de trois cylindres disposés verticalement.

La figure 11 est une élévation, vue par devant, de cette même machine, mais où on a enlevé l'arbre moteur, afin qu'on aperçoive plus distinctement les pièces placées derrière lui.

La figure 12, autre élévation prise partie en coupe.

La figure 13, plan de l'appareil.

La machine représentée dans les figures ci-dessus est mue par la vapeur ou tout autre agent mécanique ; elle est destinée à remplacer en grande partie le travail manuel employé aujourd'hui pour courber ou ajuster les ressorts de voitures.

a, *a* est l'arbre moteur sur lequel sont calés la poulie fixe *b* et le pignon d'angle *c*; *d* est une poulie folle, et *e* une troisième poulie établie sur le manchon du pignon d'angle *f*. La poulie *e* et le pignon *f* sont toutes deux libres sur l'arbre *a*; les dents des pignons *c* et *f* engrènent dans la roue d'angle *g*, ainsi qu'on le voit dans la figure 3, et comme cette roue *g* est calée sur le même arbre *h* que le cylindre-moteur *i*, il est évident que ce cylindre devra tourner dans l'une ou dans l'autre direction, suivant que la courroie de transmission embrassera la poulie fixe *b* ou la poulie *e*.

k est un banc épais en fonte soutenu par un bâtis en bois sur lequel sont établis les appuis, coussinets et crapaudine de l'arbre moteur *a* et de l'arbre vertical *h*, ainsi qu'on le voit dans les dessins. *l* est un cylindre ayant à peu près le même diamètre que le cylindre-moteur *i*, et c'est entre ces deux cylindres que la lame de ressort *m* est comprimée lors de son passage ; le cylindre *l* est calé sur un bout d'arbre *n* qui fonctionne dans des coussinets portés par un levier à fourchette *o* dont le centre de rotation est un arc en fer fixé dans le banc *k*.

Sur l'arbre *n* est également établi un pignon droit *p*, commandé par le pignon *q*, fixé sur l'arbre vertical *h*. Ces pignons ne sont employés que pour courber de fortes lames, attendu que lorsqu'il s'agit de lames minces ou étroites, le frottement occasioné par le poids *r* suffit pour faire tourner le cylindre *l*. Lorsque les pignons ne doivent pas engrener l'un dans l'autre, celui *q* est abaissé sur l'arbre *h*, ainsi qu'on l'a indiqué au pointillé dans la figure 12. Les ailes de ces pignons doivent être un peu plus longues que d'habitude, afin qu'on puisse les rapprocher ou les éloigner l'un de l'autre, suivant l'épaisseur de la laine ou du bandage qu'on veut faire passer entre les cylindres.

Le cylindre *l* est pressé contre la plaque *m* au moyen d'un poids *r* qui glisse le long du bras horizontal du levier coudé *s*, de manière à faire varier la pression, le bras vertical de ce levier se trouvant en contact avec l'extrémité du levier *o*, ainsi qu'on le voit dans les figures 10 et 13.

Au moyen de cette disposition, on voit que le cylindre *l* peut céder dans le cas où l'on introduit entre les cylindres *i* et *l* une lame plus épaisse, et qu'aussitôt que la lame *m* a quitté ces cylindres, le poids *r*, qui s'était en partie relevé lorsque cette lame avait été engagée entre eux, retombe jusqu'à ce qu'il porte sur l'appui ou T en 4, la hauteur de cet appui pouvant être ajustée avec la plus rigoureuse exactitude, afin de l'adapter à l'épaisseur des lames. au moyen d'une mortaise pratiquée dans sa partie inférieure, et de trous de boulons percés dans le montant *k* fixé sur une plaque en fonte, comme on le voit dans les figures 10 et 12.

La courbure nécessaire est donnée à la lame ou au bandage qu'on travaille, à l'aide d'un petit cylindre *t* qui roule sur un axe maintenu en haut par une potence *u*, et en bas par un levier *v*. La potence et le levier sont tous deux établis sur un arbre vertical *w*, qui fonctionne dans un canon fixé par des boulons sur le banc *k*. Le long bras du levier *v* est terminé en fourchette et porte un écrou *x*, pourvu de tourillons qui roulent dans les bras de cette fourchette. Cet écrou *x* est inséré sur une vis *y*, et en tournant la manivelle du petit volant *z*, on modifie la position du cylindre *t* pour l'adapter à la courbure de la lame ou bandage sur laquelle on opère. Il est évident qu'en faisant varier la position du cylindre *t*, on fait changer la courbure des lames, de façon que quand plusieurs d'entre elles sont placées les unes sur les autres, elles s'adaptent exactement pour former un ressort complet.

Les retraites ménagées dans les cylindres *i* et *t* ont pour objet de loger les tenons qu'on pratique généralement à la surface des lames, mais la position de ces retraites doit varier suivant la largeur de la lame ; car comme le tenon est toujours placé sur la ligne médiane du ressort, il est évident que la hauteur de la retraite, à partir du banc *k*, doit correspondre à la largeur de la lame sur laquelle on opère.

Quand on courbe ainsi des ressorts, on trouve généralement qu'il est avantageux de les faire passer deux fois entre les cylindres dans la direction indiquée par la flèche dans la figure 4. Mais si on courbe une lame ayant un œil à chacune de ses extrémités, il est essentiel que la direction suivant laquelle les cylindres tournent, soit renversée, et pour cela il faut, lorsque la lame a presque traversé les cylindres suivant une direction, que ceux-ci reçoivent un mouvement de révolution dans un sens contraire en rejetant la courroie motrice de la poulie fixe *b*, sur laquelle elle fonctionne habituellement, sur la poulie *c*.

La vis *y* roule dans des appuis 1, 1, fixés sur le banc *k*, et la roue à rochet 2 est calée sur la tige de cette vis. Le cliquet 3 tombe dans les dents de cette roue à rochet et maintient le cylindre *t* dans la position où il a été placé.

Au moyen de la machine qui vient d'être décrite, on peut courber les lames à faire les ressorts ou autres pièces exigeant une certaine courbure, avec plus d'exactitude et d'économie de temps qu'on n'y est parvenu jusqu'à présent par les procédés manuels ; les pièces ainsi fabriquées sont en outre de meilleure qualité, attendu que les procédés de courbure par pression uniforme sont moins nuisibles à l'acier que ceux qui consistent à le frapper au marteau, ainsi qu'on est dans l'habitude de le faire généralement.

Je décrirai encore ici une autre machine qui a la même destination.

La figure 14 est une élévation vue par devant de cette machine.

La figure 15, une section transversale.

La figure 16, un plan partie en coupe.

Dans cette machine, l'opération pour courber et donner le profil aux lames s'exécute à l'aide de blocs ou d'étampes de forme convenable, dont l'inférieure *a,a* reste fixe lorsque la machine fonctionne, tandis que celle supérieure *b* est soulevée pour pouvoir enlever la lame qui a été courbée, et en substituer une autre qui ne l'est pas encore. Cette dernière étampe est attachée à une plaque *c*, laquelle porte sur le dos une tige de guide *d;* près de l'extrémité de cette tige *d* est un galet *e*, sur lequel agit l'excentrique *h*, lorsque cette étampe doit être descendue sur la lame ou le bandage pour lui imprimer la courbure convenable. Cet excentrique *h* est calé sur l'axe *i*, et est pourvu d'une coulisse en forme de segment de cercle dans laquelle joue un boulon *m* qui passe à travers les bras en fourchette du guide *d*. Enfin, à l'axe *i* est également fixé un long levier *k* qui sert à manœuvrer la machine.

Lorsque l'ouvrier relève ce levier, la matrice supérieure est également soulevée par le boulon *m*, qui joue dans la coulisse de l'excentrique; et lorsque la lame déjà courbée a été enlevée et qu'une autre y a été substituée entre les matrices, l'ouvrier, en abattant le levier *k*, fait porter l'excentrique *h* sur le galet *e*, et abaisse ainsi la matrice supérieure de manière à donner la courbure convenable à la lame.

Si on juge plus convenable de faire fonctionner la machine par le moyen de la vapeur ou autre agent mécanique, on substitue au levier *k* et aux pièces qui en dépendent une roue *q*, indiquée au pointillé *fig*. 14, et qui est calée sur l'axe *i*. Cette roue est commandée par un pignon *n* fixé sur le même arbre qu'un couple de poulies fixe et folle *o*; quant à l'excentrique *h*, il est remplacé par une manivelle à laquelle est attachée l'extrémité supérieure d'une bielle *p*, dont le bout inférieur est articulé avec la tige de guide *d*.

Il est évident qu'en changeant les matrices *a* et *b* on peut donner une courbure variable aux lames ou aux bandages. Il est bon d'ailleurs de faire remarquer que la matrice *a* est pourvue de cavités pour loger les tenons des lames, comme on le voit dans la figure 15.

La construction du bâtis pour porter et guider les différentes parties de cette machine est facile à comprendre à l'inspection des figures, et par conséquent il est superflu d'entrer dans des détails à ce sujet.

Machine à tailler les faces ou pans des écrous, *par* MM. Sharp *frères et Comp.*

On trouve dans le *Technologiste*, première année, page 25, et représenté *pl.* 1re, *fig.* 1 à 7, une machine à tailler les pans des écrous, dont on doit l'invention à M. Haley, mécanicien à Manchester; dans cette machine, d'ailleurs bien conçue, on ne taille qu'un seul écrou à six ou à un plus grand nombre de pans à la fois; mais l'on a introduit depuis peu, dans les ateliers de MM. Sharp frères et Comp., une machine construite d'après des principes peu différents de ceux de la précédente, et qui peut tailler deux écrous à la fois, en n'exigeant pour sa surveillance et son alimentation, de même que celle de M. Haley, que le travail d'un ouvrier ou même d'un enfant.

La machine de MM. Sharp frères et Comp. a été représentée dans les figures 17 à 21, pl. 8.

Fig. 17. Elévation de la machine, vue sur l'un des côtés qui est en tout semblable à l'autre.

Fig. 18, vue en élévation et de face de la machine.

Fig. 19, plan de la machine.

Fig. 20, section horizontale au-dessus des roues T,T' de la figure 18.

Deux flasques A,A' constituent le bâtis principal de la machine; ces deux flasques sont assemblées entre elles par les deux châssis B,B', un de chaque côté, et de la manière qui a été indiquée par la figure 20. C'est-à-dire que ces châssis sont à retour d'équerre et que les flasques sont boulonnées dessus. Les ouvertures ou fenêtres que présentent ces châssis ou parois antérieure et postérieure sont fermées par des portes qui complètent ainsi le bâtis et constituent une armoire où l'ouvrier qui gouverne la machine peut serrer ses pièces et ses outils.

Dans la partie la plus élevée des flasques A,A' sont établis trois coussinets, munis comme à l'ordinaire de garnitures en laiton et de chapeaux boulonnés.

Dans chacun des couples de ces coussinets tournent trois arbres désignés par les lettres C,D,E. Le premier de ceux-ci est un arbre moteur, c'est-à-dire, est destiné à mettre toute la machine en action. Il porte un tambour conique des vitesses variables, ou plutôt on a calé dessus un tambour formé d'un assemblage de trois poulies à diamètre décroissant. De plus, on y a fixé un pignon qui commande la grande roue dentée, calée sur le second arbre marqué D.

C'est aux deux extrémités de cet arbre D, prolongées au-delà des flasques du bâtis, que sont assujettis les deux outils ou fraises en acier qui sont destinés à tailler les pans des écrous et qu'on y a fixés au moyen d'un écrou et d'une clavette à la manière ordinaire.

La portion moyenne des flasques A,A' est rabotée, et sur elle peuvent glisser et prendre diverses positions sur la hauteur les coulisseaux F,F', hauteur qu'on peut ajuster à volonté au moyen des vis G,G' et des roues à main H,H'. Sur la partie supérieure de chacun de ces coulisseaux se meuvent horizontalement, tant en avant qu'en arrière, les chariots K et K' dont la face supérieure porte deux poupées servant de point d'appui à l'arbre à vis sur lequel on visse l'écrou qu'il s'agit de tailler. Ces poupées sont percées d'un trou conique, et l'arbre y est introduit et rodé avec soin, et enfin retenu par un écrou pour qu'il ne bouge pas dans le sens de son axe.

Sur l'un des bouts de cet arbre est calée une petite roue qu'on peut faire tourner à la main et qui porte une coulisse circulaire; cette coulisse sert à fixer le limbe gradué, qui est libre sur cet arbre, dans telle position qu'on désire. Ce limbe gradué est en conséquence pourvu sur sa circonférence d'une série d'entailles dans lesquelles entre et pénètre l'extrémité recourbée en crochet d'un levier à poids.

Les choses étant ainsi disposées, lorsqu'on veut tailler un écrou, on le visse sur le nez de l'arbre, puis, au moyen de la vis G, qu'on tourne avec la roue H, on fait monter le coulisseau F, et par suite le chariot K, à la position exigée par la hauteur ou épaisseur de l'écrou ; on amène celui-ci sur l'outil, puis on fait fonctionner la machine qui taille une des faces ou pans de cet écrou.

Au moyen d'un pignon calé aussi sur l'arbre D et d'une seconde grande roue dentée, montée sur le troisième arbre E, on met ce dernier en mouvement, et en même temps, par l'entremise d'un engrenage conique, les arbres verticaux L et L¹. Ces derniers, en tournant et avec le secours des pignons M et M¹, mettent en action les longs pignons verticaux N et N¹; et ceux-ci, par le moyen d'un second système de roues coniques S,S¹ et T.T¹, tournent les vis conductrices que portent les chariots K et K¹, et par conséquent font avancer ceux-ci.

Aussitôt que l'outil est arrivé à l'extrémité de l'écrou qu'il s'agissait de tailler, les pièces d'encliquetage P,P¹ du chariot font basculer les leviers Q et Q¹, de façon que le coussinet mobile sur une articulation R,R¹ des longs pignons N et N¹ s'éloigne et que les roues coniques S,S¹ et T,T¹ cessent d'être en prise, ce qui arrête le mouvement du chariot K et le laisse immobile; en cet état l'ouvrier tourne à la main, au moyen des manivelles V ou V', la vis du chariot K,K' en sens contraire pour le ramener, fait tourner l'arbre sur le nez du tour de soixante ou d'un plus ou moins grand nombre de degrés, suivant celui des pans qu'on veut donner à l'écrou, en se servant pour cela du limbe gradué que porte la roue à main, arrête l'écrou dans cette nouvelle position, puis enfin fait agir l'outil pour tailler cette seconde face.

Bien entendu que cette machine pourrait servir aussi à tailler des têtes de boulons et plusieurs autres pièces prismatiques et polygonales de petites dimensions.

Trusquin à tracer les mortaises, par M. W. Marples.

Le trusquin qui sert à tracer des lignes parallèles à une surface donnée est un instrument tellement répandu dans une infinité de professions, qu'il est inutile de rappeler ici sa construction, que tout le monde connaît. Mais le trusquin ordinaire des menuisiers ne trace qu'une seule ligne à la fois, et quand on veut, par exemple, marquer, je suppose, une mortaise ou quelque chose d'analogue, il faut donner deux coups de trusquin, ce qui est plus long et parfois moins exact et moins précis que le tracé par le moyen du nouvel instrument que je propose et dont on trouvera de nombreuses applications dans les arts.

Fig. 21, pl. 8. Elévation du nouveau trusquin vu du côté des traçoirs.

Fig 22. Plan de ce même outil.

Fig. 23. Section verticale et par le milieu des traçoirs.

A conducteur ou guide. B tige partie en bois, partie en métal. La portion en bois C, qui est creuse, est destinée à recevoir deux vis D et E, dont l'une agit sur le conducteur ou guide A de manière à pouvoir le faire avancer ou reculer sur la tige B et régler ainsi la distance à laquelle on doit tracer la mortaise à partir du bord ou plat de la pièce de bois. L'autre vis E a pour objet de faire marcher le coulisseau F et d'ajuster la pointe ou traçoir mobile *b* à la distance du traçoir fixe *a*, suivant les dimensions ou la largeur qu'on veut donner à la mortaise

Les têtes des vis D et F sont noyées dans les deux bouts de la tige, de manière qu'on ne peut faire marcher celles-ci qu'avec un tourne-vis, ce qui donne à ce trusquin la faculté précieuse de ne pouvoir se déranger par accident après qu'il a été ajusté convenablement.

Description d'une machine à raboter des pièces métalliques de petite dimension, planes ou circulaires, par M. Decoster, constructeur.

Parmi les machines-outils employées dans nos grands ateliers de construction, il n'en est pas qui rendent plus de services que la machine à raboter. Opérant avec une précision qu'on obtient difficilement du travail manuel, elle remplace avantageusement la lime, ce qui permet de dresser des pièces qui autrefois étaient brutes de forge ou de fonte.

La machine dont nous allons donner la description est destinée, non-seulement à raboter les métaux, mais aussi à creuser des rainures dans certaines pièces de petites dimensions. Etablie avec le soin et la perfection qui distinguent généralement les machines sorties des ateliers de M. Decoster, elle fait l'ouvrage de vingt ouvriers, avec une régularité remarquable et sans avoir besoin de fréquentes réparations : elle n'opère que sur des pièces de 20 centimètres de longueur et peut fonctionner à l'aide d'un moteur quelconque.

Cette machine, construite d'après un système entièrement nouveau, porte deux burins, l'un pour raboter des pièces cylindriques, et l'autre des surfaces planes.

La figure 24, *Pl.* 8, est une élévation vue par devant de la machine.

La figure 25, une élévation latérale.

La figure 26, une section verticale et transversale.

La figure 27, une section verticale et longitudinale.

A, A, bâtis formé de deux flasques en fonte, garnies de nervures et réunies par des entretoises B; leurs plans sont situés dans une position inclinée, afin d'obtenir plus d'assise. La cage C de l'appareil se boulonne sur ces flasques. D, console faisant corps avec la cage. E, arbre moteur engagé dans une douille F, venue de fonte avec la console. Cet arbre porte, à l'un de ses bouts, les poulies motrices G et le volant H. Sur l'autre bout, qui est élargi, est monté un excentrique I portant un galet *a*, qui s'engage dans une pièce carrée attachée au chariot K du porte-outil J. A chaque révolution de cet excentrique, le chariot est entraîné et prend un mouvement horizontal de va-et-vient; ce chariot glisse, par des rainures *b* creusées sur sa face, sur des boulons; sa course est guidée par des anneaux ovales *c*. L est un excentrique monté sur l'arbre E, et qui donne le mouvement à un tirant *d*, lié avec des leviers dont on parlera plus bas.

M est l'arbre du mandrin sur lequel se placent les objets à contour circulaire ou prismatique qu'on veut raboter. Le porte-burin J n'ayant dans la machine qu'un seul mouvement de translation ou de va-et-vient, les objets qui doivent y être rabotés ont nécessairement besoin d'avoir une marche telle qu'ils puissent, à des intervalles réglés, présenter une nouvelle face à l'action de l'outil, ce qui ne peut avoir lieu qu'autant que le mandrin aura un mouvement de rotation sur son axe. A cet effet, l'arbre M est enfilé sur une douille en fonte N, terminée par deux rondelles coniques *e*, *e* qui pénètrent dans l'ouverture de la pièce que l'on suppose être ici une espèce de manchon O; puis, au moyen de plusieurs rondelles et de l'écrou, que l'on peut serrer plus ou moins, on donne à la pièce toute la stabilité désirable. Vers l'autre extrémité de la douille est ajustée une roue P à dents hélicoïles qui engrène dans une vis sans fin; l'axe de cette vi porte en dehors du bâtis une roue à rochet g dont les dent carrées sont poussées par un petit cliquet h, fixé à un levie pendant i; ce levier est lié par son bouton j avec une barr plate k, dont une partie est taillée en crémaillère, et qui es articulée avec un autre levier pendant l; sur ce levier es ajusté un cliquet m (*fig.* 26) qui fait marcher le rochet n.

L'axe du rochet n porte un petit levier o, dont le bouto s'engage dans les dents d'une crémaillère formant le prolon gement du tirant d, attaché à l'excentrique L.

Ainsi, lorsque la machine fonctionne, elle fait marcher à la fois les deux burins Q, Q', le premier pour raboter de surfaces cylindriques, l'autre des pièces à surfaces planes, fi xées sur le plateau R, en même temps elle fait avancer l plateau dans le sens latéral et tourne l'axe du mandrin pa l'intermédiaire de la roue dentée P.

Mais lorsque les deux burins doivent travailler des surface planes, on enlève le mandrin et l'arbre qui le traverse, pou se servir à leur place du plateau rectangulaire S. A cet effet on désembraye le cliquet h de la roue g, et on réunit le cli quet p avec la barre à crémaillère k. Ce cliquet est attach au levier pendant qu'il fait osciller en même temps qu'i pousse chaque fois d'une dent le rochet p, dont l'axe est for mé par une longue vis de rappel s (*fig.* 25), qui traverse un écrou rapporté sur la face intérieure du plateau vertical S La vis de rappel prenant un mouvement de rotation très-lent fait marcher l'écrou transversalement, et avec lui le plateau S et la pièce qu'il porte.

T, T' sont deux vis verticales munies de petits volants à manivelles U, qu'on manœuvre à la main pour faire monter le plateau et donner du fer à l'outil, à mesure que les co peaux sont enlevés.

V, V' sont deux autres vis verticales au moyen desquelles on fait appuyer les burins sur les pièces à travailler.

Sur les ressorts des voitures et des wagons de chemins de fer, par M. J.-W. Adams.

Première partie.

L'objet de ce mémoire est de discuter et d'analyser les diverses formes et les différents modèles de ressorts actuellement en usage pour les voitures et les wagons de chemins de fer, de signaler, du moins, autant que l'étude et l'expérience ont pu me l'apprendre, leurs avantages et leurs défauts, et d'indiquer des perfectionnements dans leurs détails propres à conduire à des effets meilleurs et à des économies dans leur emploi et dans leur fabrication.

Les ressorts de tampons et de suspension sont appliqués aux voitures et aux wagons, pour absorber et neutraliser autant que possible la force vive due aux chocs auxquels ces véhicules sont exposés dans un travail ordinaire. Un ressort parfait de suspension ou de tampon serait celui qui absorberait la force entière et toute la chute due au choc sans apporter de perturbation dans l'inertie du véhicule. Relativement au ressort de suspension, c'est celui actuel des voitures de première classe qui approche le plus de la perfection, parce que la différence du poids total et sans charge y est moindre que dans tout autre véhicule.

Pour le moment, il n'existe pas, du moins à ma connaissance, de règle ou de formule à l'aide desquelles les ingénieurs ou les constructeurs puissent déterminer la véritable forme, le poids ou la qualité des matériaux qu'il convient d'employer pour munir de ressorts efficaces un véhicule de chemin de fer, et, par conséquent, le trafic en marchandises, matériaux et combustibles, qui a lieu actuellement en Angleterre, à raison, terme moyen, de 35 à 40 quintaux (*avoir du poids*) (1,777 à 2,030 kilog.) par ressort, s'exécute sur des ressorts dont le poids varie de 16 à 50 kilog. chacun.

Le premier point qu'il s'agissait d'examiner dans tous les cas, consistait à établir la différence entre de bons et mauvais matériaux, et dans ce but, je me suis appliqué à faire ressortir les qualités relatives des ressorts fabriqués avec des aciers obtenus avec du fer de Suède et avec du fer anglais. A cet effet, je me suis procuré des aciers ordinaires pour ressorts chez les différents fabricants, les uns provenant de fers de Suède et les autres de fers anglais. Ces barres qui avaient toutes 0m,0762 millimètres de largeur et 0m,00793 d'épaisseur, ont toutes été coupées de même longueur, puis marquées, et j'en ai fait fabriquer des ressorts qu'on a trempés à la manière ordinaire. Dans chacun de ces ressorts consistant en une simple lame, on a percé un œil à chaque bout, de manière à ce qu'il y eût une distance de 0m,4572 mill. entre le centre des deux yeux. Ces ressorts ont alors été mis en expérience en présence de M. W. P. Marchall, au moyen d'une pression appliquée au centre de chacun d'eux, le ressort étant soutenu par une cheville passée par l'œil à chacun des deux bouts et implantée sur un rouleau, de manière à permettre à ces extrémités de se rapprocher librement l'une de l'autre lorsque le ressort était déprimé. Voici quels ont été les résultats de ces expériences :

NUMÉROS des différentes lames.	CHARGES sur les ressorts.	FLÈCHE de flexion.	FLEXION permanente.
	Aciers de fers anglais.		
	kil.	mèt.	
1	761,70	0,0254	nulle.
			mèt.
	1015.60	»	0,0127
	1269,50	rupture.	»
2	761,70	0,0286	nulle.
	1015,60	0,0571	0,0254
	1269,50	rupture.	»
3	761,70	0,0380	0,0127
	1015,60	0,0952	0,0635
	1269,50	flexion permanente considérable.	»
4	761,70	0,0319	0,0063
	1015,60	0,0635	0,0412
	1269,70	flexion permanente considérable.	»
	Aciers de fers de Suède.		
	kil.	mèt.	
5	761,70	0,0349	0,0095
	1015,60	0,0888	0,0635
	1269,50	flexion permanente considérable.	»
6	761,70	0,0698	0,0286
	1015,60	rupture.	»
7	761,70	0,0603	0,0349
	1015,60	0,1143	0,0857
	1269,50	flexion permanente considérable.	»
8	761.70	0,0603	0,0254
	1015,60	0,1397	0,1079
	1269,50	flexion permanente considérable.	»
9	761,70	0,0508	0,0190
	1015,60	0,0952	0 0635
	1269.50	rupture.	»
10	761,70	0,8952	0,0508
	1015,60	rupture	»

Il paraîtrait donc, d'après les expériences précédentes, que l'élasticité, la force portante et la résistance de l'acier anglais sont fort supérieures à celles des aciers fabriqués avec les fers de Suède.

Le ressort en feuilles, forme la plus ordinaire pour les ressorts des véhicules de chemin de fer, consiste, comme on sait, en un certain nombre de lames superposées qu'on échelonne en les réduisant successivement de longueur.

Le principe qui sert à régler la dimension d'épaisseur ou mieux à étager le ressort, a pour but d'obtenir le même degré de résistance ou de flexion de la part de chacune des molécules dont se compose la matière du ressort. Si quelques parties de ce ressort sont moins fléchies que d'autres, on pourrait réduire la masse de la matière dans ces parties sans diminuer la force de suspension du ressort.

Un ressort à lames peut présenter une décroissance dans son aire de section, soit sur sa largeur, soit sur son épaisseur. Mais si les épaisseurs sont partout les mêmes, et que toutes les lames aient même longueur, alors chacune d'elles doit décroître uniformément sur sa largeur ou ses dimensions superficielles, de façon que chaque demi-lame soit un triangle. Dans la pratique, les lames des ressorts de cette nature sont disposées parallèlement les unes aux autres, tant dans leurs dimensions superficielles que sur leur épaisseur, parce que cette forme paraît être la plus économique. Quant à la décroissance dans la section, on l'obtient, ainsi qu'on l'a dit précédemment, au moyen des longueurs différentes qu'on donne à ces lames.

Si un ressort ne consistait qu'en une seule lame rectangulaire, mais diminuant successivement en épaisseur, le ressort dans une section verticale devrait présenter la forme d'une parabole, attendu que la force y serait proportionnelle au carré de l'épaisseur. On a représenté cette forme dans la figure 15, *Pl.* 9, par les parties A, A,

La figure 14 représente la moitié d'un ressort ordinaire de suspension pour wagon. La figure 15 est le même ressort comprimé et aplati, mais en supposant que les lames ne glissent pas les unes sur les autres.

Si le ressort consistait en un grand nombre de lames minces parallèles, la forme correcte serait une diminution uniforme dans l'épaisseur à partir du centre jusque vers les extrémités, ainsi qu'on le voit dans les parties marquées B, B de la figure 15, parce que la force de chacune des parties du ressort dépendrait du nombre des lames en ce point. Dans la pratique, la forme la plus correcte du ressort est celle qui est intermédiaire entre la forme triangulaire et celle parabolique, mais plus voisine de celle triangulaire, attendu que l'épaisseur des lames n'est que dans un faible rapport avec la longueur moyenne de celles-ci.

Le ressort représenté dans la figure 14 a 1 mètre de longueur et 762 millimètres de largeur; son épaisseur est de 122 millimètres au centre, et il consiste en quinze lames de chacune $0^m,00793$ d'épaisseur, excepté les lames extérieures qui ont $0^m,00951$ d'après la pratique ordinaire, parce que ces lames ne sont pas soutenues des deux côtés par d'autres lames.

Si ce ressort consistait en une lame unique de la même force totale, elle n'aurait que 317 millim. d'épaisseur au centre et aurait la forme parabolique A, A de la figure 15; mais comme il consiste en un certain nombre de lames, le profil ne coïncide pas rigoureusement avec cette courbe.

La ligne droite B, B (*fig.* 15), en dehors de la courbe, donne une décroissance uniforme depuis le centre du ressort jusqu'à l'extrémité de la seconde lame, en laissant à la lame supérieure toute son épaisseur à l'extrémité. Cette ligne B, B paraît convenablement adaptée au profil pratique du ressort, attendu que la déviation de la forme correcte et rigoureuse y est très-faible et n'occasionne qu'une légère diminution dans la force au quart D de la longueur, ce qui est désirable dans la pratique, parce que le centre C est ordinairement affaibli par un trou de boulon ou de rivet de 0m,0095, qui réduit la résistance en ce point d'un huitième.

La ligne B, B est transportée de la figure 15 au ressort courbe de la figure 14 en divisant la longueur de la lame supérieure en seize parties égales par les lignes numérotées de 1 à 16, qu'on a tracées verticalement dans la figure 15, et qui rayonnent vers le centre de la courbure qu'affecte le ressort dans la figure 14. Ces lignes étant faites d'égale longueur dans les deux cas, donnent la ligne courbe B, B de la figure 14. L'extrémité de la lame supérieure est prolongée et repliée en E, pour donner de l'assiette au ressort.

J'ai, dans la pratique, tracé et établi tous les ressorts dont j'ai eu besoin, en menant par les points extrêmes C et E un arc de cercle de même rayon que la lame supérieure de ressort. La ligne obtenue par cette méthode démontre d'une manière toute particulière combien la pratique s'est approchée de la théorie par ce moyen simple, la différence la plus considérable n'étant seulement que de 0m,00317.

La ligne H, H s'obtient par le moyen qu'on vient de décrire, excepté que le ressort ne diminue pas d'épaisseur au centre, la décroissance ne commençant qu'à 0m,0508 de ce centre, c'est-à-dire qu'en H. C'est la forme généralement adoptée, mais qui est évidemment incorrecte, attendu que le centre se trouve ainsi proportionnellement plus faible que le reste du ressort et qu'il est affaibli en outre par le boulon qui passe par son centre.

La forme correcte et rigoureuse de ressort serait celle où le centre du ressort serait en H et où les lames ne seraient pas assemblées par un boulon ou un rivet, mais par un lien très-étroit. Dans la pratique, le ressort est coupé ou rogné en H pour s'adapter sur la boîte d'essieu et porter sur elle, et par conséquent toute la masse d'acier de H en C se trouve entièrement sacrifiée.

Dans deux lames d'acier de même longueur et de même largeur, mais d'épaisseur différente, l'étendue de la flexion causée par les mêmes poids est proportionnelle au cube de l'épaisseur, quoique la charge de rupture soit proportionnelle au carré de cette épaisseur; par conséquent, si on faisait un ressort avec des lames d'une épaisseur double de celle d'un autre ressort, le premier n'exigerait qu'un huitième seulement du nombre des feuilles, c'est-à-dire un huitième du poids de la matière pour porter une charge sous un même degré de flexion; mais, dans ce cas, l'étendue du déplacement des molécules de l'acier dans les feuilles épaisses serait double de celle dans les feuilles minces, et dans l'application pratique des feuilles épaisses aux ressorts, il est nécessaire de renfermer la flexion dans les limites assignées plus haut, parce qu'une flexion qui serait double produirait la rupture ou entraînerait les molécules au-delà de leur limite d'élasticité, en supposant que dans les lames minces ces molécules soient soumises à cet égard à des efforts ou des tensions modérées.

Le ressort de suspension de wagon, ordinairement en usage sur les chemins de fer anglais de Midland, London et North-Western, et autres chemins, a été représenté dans la figure 14. Il a $0^m,99056$ de longueur, $0^m,1651$ de sinus-verse ou flèche de courbure, $0^m,1222$ d'épaisseur et $0^m,0762$ de largeur; il consiste en 15 feuilles, dont 2 ont $0^m,00952$, et les autres $0^m,00793$ d'épaisseur; le poids moyen de ces ressorts est d'environ $42^{kil},166$.

Ce ressort est employé pour porter des charges qui ne dépassent pas 6 tonnes sur les quatre ressorts, indépendamment du poids du corps du wagon. Ce corps de wagon pèse brut 2 tonnes, ce qui fait une charge de 8 tonnes environ ou 2 tonnes par ressort.

D'après des expériences entreprises à cet effet, ce ressort présente sous différentes charges les flexions suivantes :

1 tonne.	2 tonnes.	3 tonnes.
0m,0222	0m,05079	0,0825

et devient plat ou horizontal sans se rendre ou se rompre. Il est bon de noter ici qu'en soumettant primitivement ce ressort à plat à des épreuves, il s'était rendu et avait pris une flexion permanente d'environ 0m,00951, mais que, soumis à l'état courbe à la même épreuve, il ne se rend plus d'une manière permanente, propriété qu'il possède en commun avec les autres matériaux. Ce ressort porterait aisément une charge de 3 tonnes pendant qu'il fonctionne, parce que les chocs reçus sur les rails n'augmenteraient probablement pas dans aucun cas la flexion de 0m,0127, par conséquent la charge de 2 tonnes est portée par un ressort beaucoup trop rigide au détriment de la voie du wagon, et enfin les frais d'établissement sont beaucoup plus considérables qu'il ne devraient l'être. On a adopté jadis divers moyens pour diminuer le frottement aux extrémités des ressorts, en employant des rouleaux, mais ces moyens sont aujourd'hui abandonnés, et la quantité de ce frottement qui a lieu ne paraît pas dans la pratique exercer un effet bien préjudiciable. Les extrémités des lames des ressorts de ce genre étaient autrefois chanfrenées ou diminuées d'épaisseur, mais actuellement le mode ordinaire consiste à former la décroissance sur la largeur en coupant les lames aux extrémités sous une forme triangulaire. Ce mode paraît présenter plus de certitude dans ses effets, un coup-d'œil plus propre et une fabrication plus économique. Ce coupage est ordinairement exécuté à la cisaille ou entre des étampes dans une machine à découper; les rognures sont jetées au creuset pour faire de l'acier fondu.

La figure 16 représente le *ressort de suspension de wagon* qu'on appelle *prop* et qui est très-employé sur la branche nord des London and North-Western, South-Staffordshire, Caledonian et autres railways anglais, ressort auquel on peut appliquer l'expression d'économique.

Ce ressort a 0m,7366 de longueur, 0m,1016 de largeur et 0m,0508 d'épaisseur, avec flèche de courbure de 0m,1016. Il consiste en 4 feuilles épaisses de 0m,0127, et son poids est d'environ 18kil.,136. Des expériences directes ont fourni les flexions suivantes :

1 tonne.	2 tonnes	3 tonnes.
0m,00952	0m,0190	0m,0286

La cause de l'immense force portante de ce ressort a été expliquée précédemment dans les observations sur les feuilles épaisses et sur celles minces.

J'ai déjà essayé de faire comprendre que le ressort ordinaire (*fig.* 14) était trop rigide : quelles doivent donc être alors l'usure des rails, celle des bandages des roues, les vibrations éprouvées par les essieux, la détérioration générale du wagon et les avaries éprouvées par la charge occasionées par ler essort rigide de la figure 16? Comparé avec celui de la figure 14, ce ressort présente moins de soulagement dans le rapport de 6 à 16, et s'éloigne par conséquent le plus de l'objet qu'on se propose d'atteindre.

Le *ressort de suspension de wagon*, employé très-communément sur le Midland, Great-Western et autres railways irlandais, ainsi que sur le London et North-Western, est le ressort ordinaire de la figure 14, mais avec menottes recourbées aux extrémités, accrochées sur des crosses.

Les avantages de cette forme sont : le jeu considérable que peut prendre le ressort, la célérité avec laquelle il s'adapte aux inégalités de la route par suite de la flexion des menottes terminales, occasionée par celle du ressort et l'allongement consécutif entre les centres de celles-là, de plus un frottement aux extrémites qui est presque nul.

Ses désavantages sont :

1° D'exiger pour porter une charge ou un poids donné, une plus grande quantité de matière que celle requise, à cause de cette circonstance qu'une grande portion de l'espace entre la plaque de châssis et la boîte à essieu étant occupée par les crosses et les menottes, le rayon de la courbure du ressort se trouve beaucoup réduit et qu'il faut par conséquent un ressort plus épais ;

2° Que la tension sur les plaques de châssis du wagon tendant à relever le châssis du wagon, c'est l'action contraire du ressort ordinaire ;

3° Qu'en conséquence de l'étendue que parcourt la flexion de ce ressort, des variations dans la charge font varier considérablement la hauteur des tampons au-dessus des rails.

Le *ressort de suspension pour voiture*, généralement employé aujourd'hui, est représenté dans la figure 17. Il a été introduit par M. Wharton sur le London et le North-Western railway, comme le résultat de longues expériences pratiques et de perfectionnements auxquels la théorie ne serait probablement jamais arrivée. Ce ressort a 1^{m},600 de largeur, 0^{m},0762 de largeur, 0^{m},0714 d'épaisseur et consiste en 9 feuilles de 0^{m},00793 d'épaisseur ; les extrémités des plaques sont ce qu'on appelle en termes techniques en fer de lance allongé.

Cette figure 17 représente le ressort en charge, et la cambrure particulière avant de fixer se donne en courbant complètement les feuilles au centre au lieu de les cambrer dans toute la longueur comme dans les autres ressorts. Quand on fixe ce ressort, la tige de tension est ajustée entre les crosses avec menottes de compensation. La tige de tension a 0^{m},0761 sur 0^{m},0095 avec renflement aux extrémités de 0^{m},0158. Le ressort est alors comprimé entre la boîte d'essieu et cette tige.

L'action du ressort et de la tige est celle d'un ressort de levier combiné avec une tige de tension, mais le ressort est tellement surmonté par le bras de la tige et le poids de la charge, qu'il n'a que peu ou point de force de réaction pour changer l'état d'inertie ou déplacer le centre de gravité de la charge au-delà de la distance nécessaire pour qu'il reprenne sa position première, ce qui assure cette douceur et cette fermeté d'action qu'on connaît à ce mode de structure des ressorts de voiture. La tige est sollicitée principalement au point A; néanmoins, lorsque le choc ou ressaut sur la voie vient frapper le point B, et que le ressort et la tige sont redressés en ce point, la courbure et le redressement de cette tige en A sont compensés par le redressement et l'allongement en C, le degré de tension en C se trouvant ainsi le même en tout temps. La tige de tension donne de la fermeté et contre-carre la force du ressort, lequel décharge en partie la tige en la soutenant en A.

Cette combinaison fournit aussi le moyen d'attacher solidement la boîte d'essieu au ressort et à la tige, et par conséquent de maintenir cette boîte, indépendamment des garde-essieux, qui, dans ce cas, sont uniquement des *gardes* et non des *guides*; ces gardes ne touchant la boîte d'essieu ni sur le bord ni sur le côté. C'est ainsi que les inégalités de la voie latéralement ou horizontalement se transmettent seulement au corps par le milieu élastique du ressort.

Des ressorts de la même construction, mais plus courts et plus légers, sont maintenant employés généralement pour les wagons-écuries, les trucks pour voitures et diligences et les break-vans, etc.

Le *ressort de suspension de Buchanan* (*fig.* 18) consiste en quatre lames plates horizontales de 1^{m},219 de longueur, 0^{m},1016 de largeur et où l'épaisseur va en diminuant depuis 0^{m},0127 au centre jusqu'à 0^{m},00634 aux extrémités. Il est attaché au centre et libre entre tasseaux seulement aux extrémités.

Ce ressort ne paraît pas posséder d'avantage sur les ressorts à feuilles ordinaires, excepté qu'on y évite entièrement le frottement entre les feuilles aux extrémités; mais d'un autre côté il faut se rappeler que dans les ressorts ordinaires à feuilles, l'acier est laminé concave, et par conséquent que les feuilles portent seulement sur leurs bords, ce qui paraît notablement réduire le frottement.

Les désavantages de ces ressorts paraissent être :

1° Que les points extrêmes de résistance ont lieu lorsque le ressort est chargé considérablement au-dessous du centre d'appui, ce qui nécessite l'emploi de crosses très-longues dans les voitures et d'échantignoles très-hautes dans les wagons ;

2° Que la fabrication en est dispendieuse à cause de la diminution successive d'épaisseur qu'on donne aux feuilles, de la difficulté de la trempe et du recuit de lames à épaisseur décroissante ;

3° Que quand ils sont fixés par des crosses, la force de suspension est en partie empruntée à l'effet de ces pièces comme tige de tension.

Le *ressort en arc d'Adams* sous les dimensions employées pour voitures de voyageurs a $1^{m},828$ de longueur de centre en centre des yeux ; le sinus-verse y est d'environ $0^{m},3556$, quand il est chargé. Les feuilles ont $0^{m},2032$ de largeur au centre et diminuent jusqu'à celle de $0^{m},1270$ vers les yeux avec une épaisseur de $0^{m},01428$.

Les avantages que présente ce ressort, sont :

1° Qu'il maintient la boîte d'essieu sans l'intervention de gardes, de la même manière que celui précédemment décrit relativement au ressort de suspension de voiture ;

2° Que les liens supérieurs permettent aux roues, aux essieux et aux boîtes d'essieux de marcher latéralement quand on passe dans les courbes ou qu'on franchit d'autres obstacles ;

3° Que la faculté que possède ce ressort de s'adapter promptement aux chocs latéraux et perpendiculaires, conserve l'état d'inertie du corps presque intact contre tout déplacement, à des vitesses modérées.

Les désavantages sont : que, sous des vitesses très-grandes et une mauvaise voie, la réaction de ce ressort est assez forte pour causer un bondissement; qu'une force vive et qui s'accroît à chaque choc successif occasionne une oscillation très-considérable.

Cette propriété en a presque complètement interdit l'usage pour les voitures à quatre roues; mais il est actuellement en usage avec succès pour les voitures à huit roues de l'embranchement North-Woolwich et fonctionne là avec un avantage considérable, en permettant aux roues de s'adapter librement d'elles-mêmes aux courbes de la route. Là, l'oscillation devient presque nulle, parce que les chocs sont reçus sur huit points et que la force de réaction due à un choc sur l'un de ces huit points ne suffit pas pour troubler l'inertie de la charge. Ce ressort a été et est encore beaucoup employé sur les voitures à six roues de l'Allemagne, mais il est bon de rappeler que la vitesse sur le continent est généralement moindre qu'en Angleterre.

On a représenté dans la figure 19 un *ressort spiral de suspension.* Les dimensions de ces ressorts qui sont employés sous les tenders du Midland railway, sont $0^{m},2286$ de hauteur et $0^{m},1524$ de diamètre; ils sont fabriqués avec de l'acier rond de $0^{m},0222$ de diamètre. Entre les tours est établie une autre spirale de plus petit diamètre, mais tournant en sens inverse pour empêcher les tours de s'enchevêtrer ou de s'engager les uns dans les autres.

L'action d'un ressort spiral consiste principalement dans la torsion de la barre d'acier suivant un angle A,C,B, et en partie dans une flexion latérale résultant de l'accroissement en diamètre, lorsque le ressort est comprimé.

Sous le rapport pratique je possède peu de documents sur l'emploi de ces ressorts, mais je crois que l'expérience y a fait découvrir les défauts que voici : Le ressort porte sur la plaque de châssis, en un seul point, savoir, le centre de sa boîte d'essieu au lieu de deux points parfois distants entre eux d'un mètre. Il y a une bien plus grande incertitude sur le degré d'élasticité et de force portante que dans les ressorts plats composés de plusieurs feuilles, d'un côté à cause de l'épaisseur de l'acier qui rend toujours le recuit difficile, et de l'autre par la grande tension opérée angulairement sur les molécules de l'acier; les chocs subits éprouvés par les ressorts de chemins de fer exigeant que l'épaisseur de l'acier ne descende pas au-dessous d'une certaine limite et entre $0^m,00951$ et $0^m,01269$.

Ressorts de tampons et de tirage. Les ressorts ordinaires de tampons et le ressort de tirage à feuilles ont $1^m,6382$ de longueur, $0^m,1380$ d'épaisseur et $0^m,0762$ de largeur. Ils consistent en 17 feuilles, celles extérieures de $0^m,0095$ d'épaisseur et les autres de $0^m,0079$. La flèche de courbure à l'état de repos y est de $0^m,0332$. Les mêmes principes de construction que pour le ressort de suspension à lames de la figure 14 s'appliquent à celui-ci. Ces ressorts sont généralement fixés au centre du véhicule et glissent entre quatre barres de fer qu'on nomme en terme d'atelier berceau du ressort de tampon. Les extrémités sont mises en jeu par les quatre tiges de tampon et la barre de tirage est reçue à clavette au centre du ressort. On a eu recours, à une époque, pour éviter les frottements aux extrémités, aux mêmes moyens dont il a déjà été question à l'occasion des ressorts de suspension, mais ces moyens sont aujourd'hui hors d'usage. Quand on fixe les ressorts sur les voitures, on les comprime généralement de $0^m,025$, et dans les wagons d'environ un tiers de la course. Cette course de la tige de tampon est limitée ainsi pour ne pas faire fléchir le ressort au-delà de la ligne droite. La force de résistance de ce ressort est égale à environ vingt-sept tonnes, ou égale en tout, y compris les deux extrémités de la voiture, à 2 3/4 tonnes développée sur une course de $0^m,6096$. Jusqu'à présent ce mode de tamponage n'a pas encore été surpassé ou même égalé, et chacune des inventions modernes qu'on a voulu y substituer, n'a pas donné ce degré modéré de résistance développé sur une chute ou course aussi étendue que 0m,6096. En outre, le poids des ressorts de tampon se trouvant placé au centre de la voiture, et ces ressorts se trouvant mis en action par de longues tiges, il en résulte que le jeu s'en opère avec beaucoup de fermeté.

Les *ressorts doubles de tirage* avec barres de contrôle pour limiter l'action dans le point de l'effort constituent probablement le seul moyen efficace qu'on ait encore adopté. Nous ferons remarquer que les ressorts, quand ils sont ramenés, sont limités dans leur action par la barre d'arrêt A,A (*fig.* 20), qui forme ainsi une barre rigide continue de tirage. Les ressorts ont chacun 0m,6096 de longueur, 0m,0905 d'épaisseur et 0m,0762 de largeur; ils consistent en onze feuilles, dont deux ont 0m,0095 d'épaisseur et le reste 0m,0079. La flèche de courbure y est de 0m,0889 avant qu'on les fixe, et chacun d'eux est comprimé de 0m,01269 au moment où on les fixe. Le moyen de fixation est le même que celui que nous avons décrit précédemment pour le ressort de tampon à feuilles.

Tampons extérieurs. Dans ces derniers temps on a introduit en quantité considérable des tampons extérieurs qui consistent en un cylindre et un piston garnis avec toutes sortes de corps élastiques et ne variant dans la pratique que sous le rapport de la matière de garniture.

Le ressort de tampon de De Bergue est garni avec des rondelles de caoutchouc sulfuré, il y a quatre de ces rondelles de 0m,1396 de diamètre et épaisses chacune de 0m,0317.

Dans mon opinion, c'est là le ressort le moins efficace de tous ceux qu'on a déjà produits, attendu que la course y est très-courte, et par conséquent médiocrement développée sous une pression énorme. Il est probable qu'en cas de collision, le convoi se briserait et sortirait de la voie avant que l'immense force de résistance de ces ressorts soit complètement développée. Le tampon a un jeu ou course apparente de 0m,0762, mais il paraît que pour faire marcher un couple de tampons de 0m,0381, il faudrait une force de 3 tonnes. En se reportant à la description du ressort à feuilles ordinaires, on remarquera que la course y est de 0m,3048 pour une force de 2 3/4 tonnes, ce qui est huit fois la longueur de course avec une force un peu moindre. Il est également douteux que le caoutchouc vulcanisé présente cette nature impérissable qu'on lui supposait à l'origine. J'ai eu en ma possession un nombre considérable de bandes vulcanisées élastiques pour presses mécaniques, qui étaient entièrement pourries.

Le *tampon en liège de Tode* est presque entièrement le même que celui de De Bergue, excepté que la garniture y est en liège; il a cinq rondelles de tige de 0m,1841 de diamètre et 0m,0190 d'épaisseur chacune. Ce ressort paraît supérieur à celui de De Bergue, attendu que le liège y est plus compressible que le caoutchouc sulfuré, mais on peut demander aussi si ce liège n'est pas sujet à se rendre d'une manière permanente.

Le *tampon à disque d'Adams* a une garniture qui consiste en 16 ressorts-disques, fabriqués avec des plaques circulaires plates d'acier de 0m,2031 de diamètre et 0m,00317 d'épaisseur, avec une échancrure partant du centre et allant jusqu'à la circonférence (*fig.* 21 et 22). Ce ressort de tampon est supérieur au précédent en ce que l'étendue de la course y est tout-à-fait développée et que la force peut y être convenablement ajustée au moyen de l'épaisseur des plaques. La longueur totale de la course est de 0m,1395.

Le *tampon atmosphérique de Webster* est fort ingénieux, mais plus compliqué que les autres modèles. Le piston à air a 0m,1524 de diamètre, et le cuir de garniture est tendu par un anneau de caoutchouc sulfuré. La longueur de la course est de 0m,1016. En cas de fuite pendant le jeu, le piston ne reviendrait pas à sa position primitive; pour obtenir cet effet, on se sert d'un petit ressort spiral qui ramène alors ce piston. Une petite soupape permet l'introduction de l'air au moment où le piston revient à sa place, afin de compenser les fuites qui ont pu survenir pendant la course.

Les *tampons et ressorts de tirage en spirale* sont assez fréquemment employés, mais on peut élever contre eux les mêmes objections que celles que j'ai indiquées par rapport aux ressorts de suspension de même forme.

Le *tampon à ressort spiral conique de Brown* paraît être de tous les ressorts de cette forme celui qui donne lieu à moins d'objections (*fig.* 23). La force de résistance est celle d'un ressort spiral en forme de cône de 0m,1904 de diamètre à la base ; en outre le ressort a l'avantage de pouvoir tourner à la pointe du cône, ce qui atténue singulièrement la tendance à se rompre ou à forcer les molécules de l'acier. Cet acier a 0,02540 de largeur et 0m,01586 d'épaisseur à la base de la spirale conique, et il diminue jusqu'à 0m,01269 de diamètre à la pointe du cône. Quand il est tout-à-fait comprimé, ce ressort forme une volute complète. La force de résistance de ce ressort est à peu près égale, relativement à la course parcourue, à celle du ressort ordinaire et à feuilles de tampon, mais avec un jeu plus court et qui n'est que de 0m,0888 au lieu de 0m,30479. En raison de leur état compacte et de leurs prix comparativement modérés, ces ressorts, quand ils résistent au travail, constituent dans mon opinion les meilleurs tampons extérieurs, mais ils sont encore loin d'égaler les résultats qu'on obtient par l'emploi des ressorts à feuilles et des tiges de tampons.

Tous les tampons à cylindre et à piston sont exposés à ce défaut, savoir : que le piston n'étant guidé que dans une faible étendue, ils ne peuvent pas fonctionner avec la douceur de la longue tige de tampon qui est guidée en plusieurs points. Cette observation s'applique plus particulièrement au cas d'un choc oblique sur le tampon.

En terminant, je dirai qu'il serait à désirer qu'on dressât un tableau exact des dimensions, du poids, de la force portante, de la flexion des ressorts de suspension et de tampon, pour servir de guide uniforme dans les applications pratiques.

A la suite de la lecture de ce mémoire qui a été présenté à l'institution des ingénieurs-constructeurs de Londres, M. Middleton a fait remarquer que l'auteur avait parlé du ressort de tampon spiral comme étant le plus avantageux des tampons extérieurs par rapport à la longueur de la course, mais qu'il était à désirer qu'on obtînt une course plus étendue. Il a donc saisi cette occasion pour rappeler qu'il a introduit un ressort spiral à double cône qui a l'avantage de donner une course plus étendue et qui lui paraît devoir constituer un bon tampon. On a appliqué cette sorte de ressort pour faire un long tampon de $2^{m},1335$ de jeu en employant six de ses ressorts, quatre au milieu et un à chaque extrémité de la tige du tampon.

M. Adams a fait remarquer qu'une objection qu'on pouvait élever contre le ressort à double cône, c'est qu'il n'était pas libre de tourner sur son axe comme celui à cône simple au moment où il était comprimé, parce qu'il reposait sur la grande base du cône à chaque extrémité et que le frottement serait trop grand pour permettre qu'il tournât, tandis qu'un ressort à un seul cône présente si peu de frottement à la petite base qu'il peut tourner en même temps qu'on le comprime. L'effort sur l'air augmente beaucoup dans le ressort spiral si on l'empêche de tourner au moment de la compression, et alors il est très-sujet à rompre.

M. Fuller, en l'absence de M. de Bergue, dit que relativement à l'emploi du caoutchouc sulfuré pour ressort de tampon, qu'on avait déjà livré au commerce plus de 100,000 rondelles dont plusieurs fonctionnent depuis deux à trois ans, et autant qu'il est à sa connaissance, les cas où il n'a pas réussi sont très-peu nombreux. Dans quelques circonstances où cette matière a été employée pour ressorts de suspension, il n'y a pas eu de succès, parce qu'alors il n'y avait pas assez de surface de contact ou d'appui ; mais comme application de ressort de tampon, il ne connaît aucune circonstance où l'on ait échoué, excepté quelques cas peu nombreux où les rondelles avaient été trop fortement sulfurées.

M. Adams a répondu qu'il avait annoncé qu'il n'avait dans les mains aucune expérience sur la durée du caoutchouc sulfuré appliqué aux tampons, et qu'il s'était borné en conséquence à citer la circonstance qu'il connaissait de son application pour bandes dans les machines d'impression.

Deuxième partie.

Dans la première partie de mon travail, j'ai fait connaître quelques expériences sur les qualités relatives des ressorts fabriqués avec les aciers provenant de fers anglais et des fers de Suède, et donné la description de différents modes de construction de ressorts portants et de ressort de tampon, en établissant une comparaison entre les ressorts de tampons à feuilles et les différents genres de tampons à cylindre et piston.

J'ai aussi communiqué les recherches auxquelles je me suis livré relativement aux principes qui règlent la forme et l'épaisseur des feuilles dans les ressorts ordinaires, et je me suis efforcé de faire voir que la forme correcte et exacte du ressort à feuilles était celle d'un triangle diminuant régulièrement du centre à chacune des extrémités, et enfin j'ai dit que ce ressort ne devait pas être affaibli au centre par un trou de boulon ou de rivet.

Dans cette communication, j'ai aussi annoncé que j'étais dans l'intention de présenter un ressort de suspension en feuilles avec boîte d'essieu et ajustements complets, construit d'après ces principes et m'efforçant ainsi de produire les mêmes résultats qu'avec le ressort à feuilles ordinaires, mais avec la quantité la plus petite possible de matière.

La figure 23 représente un ressort avec sa monture, établi d'après les principes ci-dessus indiqués et présentant les dimensions suivantes :

	mèt.
Longueur.	0.8128
Flèche de courbure.	0.1524
Largeur.	0.0762
Epaisseur au centre.	0.0984

et consistant en 10 feuilles de 0m,00793 d'épaisseur et 2 feuilles de 0m00952.

Le poids du ressort, non compris le collier A, est de 26 kilogrammes 756 centigrammes.

Ce ressort forme à très-peu près un triangle où la base n'a pas plus de 0m,006345 de largeur. Pour assurer la forme triangulaire correcte, les feuilles sont coupées à la longueur exacte, comme on le voit *fig.* 15, puis ensuite courbées, non pas comme à l'ordinaire, et que représente la figure A, mais suivant celle qu'on a indiquée figure B.

Dans le ressort, il n'y a pas de trou de rivet ou de boulon, les feuilles sont maintenues entre elles par un collier A. Ce collier est évidé ou arrondi intérieurement en bas et en haut, comme on le voit au pointillé dans la figure 14, de façon que le ressort n'est pressé qu'au centre, suivant une ligne transversale à la longueur de ses feuilles.

Pour empêcher que les feuilles ne glissent les unes sur les autres, elles s'assemblent les unes dans les autres à rainures et languettes, ainsi qu'on la représente en B dans la figure 3, et enfin, pour s'opposer à ce que le ressort abandonne le collier A, on a établi une vis de pression C (*fig.* 14 et 16) qui passe à travers la partie inférieure du collier et dont la pointe s'ajuste dans une cavité frappée sur la face inférieure de la première feuille. Le collier ou selle A porte une embase pour qu'il puisse reposer convenablement sur les côtés de la boîte d'essieu de la même manière que les brides ordinaires de ressort et sans aucune intervention avec la chambre à la graisse.

Les flèches d'inflexion qu'a présentées le ressort sous des

charges croissantes ont été par expérience directe les suivantes :

	mèt.
1/2 tonne.	0.01269
1	0.02539
1 1/2.	0.03808
2.	0.05079
3.	0.07619
4.	0.10160

Il n'y a pas eu d'inflexion permanente dans cette expérience après l'enlèvement des charges.

Un autre ressort plus petit du même modèle présente les dimensions suivantes :

	mèt.
Longueur.	0.7619
Flèche de courbure.	0.1269
Largeur.	0.0762
Epaisseur au centre.	0.0890

Il consistait en 10 feuilles de 0m,00793 d'épaisseur et une feuille de 0m,009516. Son poids, non compris le collier, était de 21 kilog. 763 centig. Les flèches de courbure sous des charges variables ont été ainsi qu'il suit :

	mèt.
1/2 tonne.	0.01107
1.	0.02221
1 1/2.	0.03647
2.	0.04445
3.	0.06666
4..	0.08889

Il n'y a pas eu non plus de flèche permanente d'inflexion après l'enlèvement des charges. Le ressort était un peu trop rigide et aurait mieux fonctionné avec une feuille de moins, ce qui en aurait réduit le poids à 20 kilogrammes environ ;

TABLEAU *comparatif des flèches de courbure.*

CHARGE OU EFFORT sur chaque ressort.	FEUILLE ÉPAISSE de ressort pesant 18 kil., 136.	RESSORT ordinaire du poids de 42 kil., 166.	RESSORT nouveau modèle, du poids de 26 kil., 756.	RESSORT nouveau modèle. du poids de 21 kil., 763.
tonnes.	mèt.	mèt.	mèt.	mèt.
1/2	»	»	0,01269	0,01107
1.	0,00951	0,02220	0,02539	0,02221
1 1/2.	»	»	0,03808	0,03647
2.	0,01934	0,05080	0,05079	0,04445
3.	0,02857	0,08234	0,07619	0,06666
4.	»	»	0,10160	0,08889

En jetant un coup-d'œil sur ce tableau comparatif, où se trouvent rapportées aussi les expériences sur les ressorts ordinaires mentionnées dans l'article précédent, on remarquera que les résultats sont à fort peu de chose près les mêmes pour ces ressorts que pour ceux du nouveau modèle qu'on vient de décrire, avec cette différence toutefois que les inflexions du ressort ordinaire sont dans un rapport croissant, tandis qu'avec les ressorts perfectionnés elles sont dans un rapport constant.

Il paraîtrait donc qu'avec un ressort du poids de 20 à 22 kilogrammes, on peut obtenir les mêmes résultats qu'avec les lourds ressorts de wagon dont le poids moyen est de 40 à 42 kilogrammes.

J'ajouterai enfin que les pièces qui servent à fixer et ajuster le ressort ancien pèsent 3 kilogrammes 174 centig., tandis que celles pour le nouveau ressort ne pèsent que 2 kilogrammes 267 centig.

Les avantages du ressort perfectionné consistent, à ce que je crois, en ce que par leur forme correcte, basée sur la théorie et l'absence de trou de rivet ou de boulon au centre, toutes les molécules du ressort exécutent le même travail, que le ressort en devient plus durable, et enfin, que par la réduction de la matière, le prix d'acquisition en est considérablement diminué.

Brevet d'invention de dix ans, en date du 28 *décembre* 1829, *au sieur* Jaccoud (Abraham-Emmanuel), *pour des moyens d'introduire et de contenir l'huile dans les essieux et les moyeux de toute espèce de roues et de rouages.*

Description.

Pl. 9, *fig.* 24, *a*, essieu portant une rainure depuis le paillet jusqu'au bout; le paillet a un trou sur champ qui communique à la naissance de la rainure pratiquée sur l'essieu.

b, paillet avec son bout de tuyau ou recouvrement sur l'essieu; il est percé de plusieurs petits trous.

c (*fig.* 25), écrou.

d (*fig.* 26), clavette pour tenir l'écrou en arrêt.

e (*fig.* 27), boîte du moyeu en cuivre ou bronze : une des extrémités, celle qui forme la tête, est carrée.

f (*fig.* 28), pièce carrée portant un trou; elle doit entrer de force sur le bout de la boîte *e*.

g (*fig.* 29), moyeu.

h (*fig.* 30), frette couvrant tout le petit bout du moyeu, entrant à force et arrêtée par trois clous à vis.

i (*fig.* 31), grande frette contenant plusieurs autres pièces agissantes; elle entre avec force sur le gros bout du moyeu et est arrêtée par quatre clous à vis; elle porte un trou de 9 centimètres (3 pouces 1/2), du côté de la voiture, et avance de 5 centimètres (2 pouces).

k (*fig.* 32), pièce recevant et contenant l'huile en réserve entre elle et la pièce *i*. Son petit bout est soudé contre le recouvrement de la pièce *i*; l'autre extrémité, très-évasée, approche du bout du moyeu laissant une distance de 5 millim. (2 lignes) entre les deux pièces; ces deux lignes laissent entrer l'huile.

Cette pièce *k* est percée près du moyeu pour le passage du bout du tuyau du petit puisoir ou sabot.

l (*fig.* 33), clé : c'est une pièce formée de deux parties en longueur pour la mettre à sa place derrière le paillet, embrassant l'essieu à 7 millimètres (3 lignes), étant resserrée par deux vis et écrous. Son bout de tuyau qui a trois cordons minces, entre dans l'autre bout de tuyau du paillet; ces trois cordons servent à arrêter l'huile qui voudrait couler sur l'essieu, et si le hasard y en amène une goutte, cette partie a plusieurs rainures qui font tomber à fond sur la partie percée et de là sur l'évasement de la pièce précédente pour rentrer dans le lieu où elle est contenue. La tête *m*, plate et carrée, s'applique contre le recouvrement de la pièce *k*; elle est vissée avec quatre clous à vis, de telle sorte que l'essieu est dedans sans la toucher.

n (*fig.* 34), pièce en cuir, placée entre les pièces *k* et *l*, pour empêcher l'huile de couler et en arrêter la déperdition.

o (*fig.* 35), cordon fixé sur champ sur le gros bout du moyeu, en dessous du passage de 5 millimètres (2 lignes) pour l'entrée de l'huile; ce cordon sert à empêcher que l'huile ne s'élance de son réservoir par suite des grandes secousses de la roue : il a 14 millimètres (6 lignes) de largeur qui couvrent parfaitement les 5 millim. (2 lignes) d'entrée.

p (*fig.* 36), entonnoir recevant l'huile que le bout du tuyau du puisoir *q* (*fig.* 37) lui apporte à chaque tour de roue. Il est placé en travers, dessus le bout du tuyau *b*, et coule dans le petit trou du paillet pour faire son écoulement dans la rainure de l'essieu, afin d'entrer dans la pièce *h* (*fig.* 30); alors cette pièce étant à moitié pleine d'huile, entre dans la boîte tournant autour de l'essieu jusqu'au paillet; arrivée là, l'huile retourne dans son réservoir, de quelque manière que ce soit, sans qu'il puisse s'en perdre une seule goutte.

q (*fig.* 37), puisoir ou petit sabot placé sur la pièce *i* à 14 millimètres (6 lignes) du moyeu. Son bout de tuyau traverse la pièce *k*, et coule en passant dans l'entonnoir pour aller et venir sans cesse de *i* en *k*.

r (*fig.* 38), cuir élastique couvrant l'ouverture de la pièce *i* contre laquelle il est fixé par des vis.

s (*fig.* 39), poulie en cuivre en deux parties pour être placée autour de l'essieu. Cette pièce est fixée dans l'ouverture du cuir, et a pour objet d'empêcher toute espèce de gravier, poussière, etc. d'y pénétrer; cette pièce tourne autour de l'essieu.

Des trous sont pratiqués sur les pièces *h* et *i* (*fig.* 30 et 31), pour laisser passage à l'huile, qui peut entrer par l'un ou l'autre trou ; des bouchons à vis sont appliqués sur ces ouvertures. Une demi-livre d'huile suffit pour chaque moyeu pendant une durée de six à dix mois, sans qu'il soit besoin de retirer les roues des essieux autrement que pour les réparations dont elles peuvent avoir besoin.

Pour remplacer l'huile ancienne par de la nouvelle, il faut ouvrir les deux trous vissés dans les pièces *h* et *i*.

t (*fig.* 40) roue tournant sur pivot par le moyen de l'eau ou de tout autre moteur, ou rouage quelconque tournant sur pivot.

u (*fig.* 41), crapaudine en cuivre portant le pivot.

v (*fig.* 42), réservoir recevant l'huile de la crapaudine.

x (*fig.* 43), pièce dont un bout est planté sur le pivot entre la crapaudine et le moyeu ou pivot en bois tourné en travers; l'autre bout porte le puisoir *y*; alors, à chaque tour de la roue, elle puise au fond du réservoir et coule en passant dans l'entonnoir.

y (*fig.* 44), puisoir soudé sur la pièce *x*.

z (*fig.* 45), entonnoir soudé sur la pièce *a'*; il reçoit l'huile du puisoir.

a' (*fig.* 46), pièce soudée avec l'entonnoir : elle reçoit l'huile et coule sur le bout du pivot dans la crapaudine *u*, d'où il résulte que l'huile va et vient, comme dans les moyeux décrits plus haut, sans qu'il s'en perde une seule goutte.

b' (*fig.* 47), support des pièces *z* et *a'* : les deux fourches sont fixées sur le bâtis qui supporte la crapaudine et le poids de la roue.

Ce qui est dit pour cette roue est applicable aux rouages de toute espèce, quel que soit le moteur.

23 *juillet* 1830. — *Premier brevet d'addition et de perfectionnement. Un grand nombre des pièces précédemment décrites ont été perfectionnées.*

Dans l'essieu *a* (*fig.* 24), la cannelure commence à quelques lignes du paillet et s'étend jusqu'au bout de l'essieu.

Le paillet *b* peut être soudé ou coulé en bronze, ou adapté à vis et chevillé; cette pièce doit être d'une force proportionnée à l'essieu auquel elle devra être adaptée ; il y a un degré de plus bas du côté du moyeu, et le surplus de sa force a des vis sans fin jusqu'à la partie formant le recouvrement.

L'écrou *c* (*fig.* 25) entre hermétiquement sur le bout de l'essieu; on peut mettre, entre cet écrou et le moyeu , lorsqu'il y aura usure par suite du frottement, une rondelle d'un diamètre supérieur.

L'écrou est percé ainsi que l'essieu, et ces pièces sont unies ensemble au moyen d'une forte cheville qui est vissée d'un bout à l'autre; cette cheville vissée *d* porte sur la tête deux trous qui servent à la mettre en place au moyen d'une clé à fourche.

La boîte à recevoir l'essieu formée de deux parties, a reçu aussi des changements : la partie principale, correspondant au gros bout de l'essieu, a trois ou quatre oreillons d'un bout à l'autre; la tête est renforcée d'une espèce de chapeau rond à trois pattes boulonnées contre le moyeu; la seconde partie, répondant au petit bout de l'essieu, sera exactement semblable à la première.

A l'extrémité du petit bout du moyeu sera une plaque boulonnée pour contenir l'huile dans le réservoir, sans perte possible. Il faut avoir soin de placer un cuir entre cette plaque et le moyeu.

La frette simple en fer avance et couvre la plaque.

Le trou sur le bout du moyeu sera assez grand pour permettre d'entrer et de faire sortir la cheville de l'écrou. Lorsque l'on sera obligé de faire sortir la roue par une cause quelconque, on aura soin de ne pas sortir la cheville en totalité, afin que l'on puisse replacer l'écrou plus facilement ; il convient que le trou destiné à recevoir la cheville soit percé un peu de côté dans l'essieu pour éviter la rencontre de la cannelure qui amène l'huile au réservoir.

La grande frette *i* (*fig.* 31) peut être placée de plusieurs manières sur le moyeu, indépendamment du premier moyen indiqué plus haut, on peut encore la boulonner contre un lien en fer placé contre les rayons de la roue ; ce lien peut avoir de 11 à 20 millimètres (5 à 9 lignes) d'épaisseur, et doit être percé et taraudé sur champ; mais il est nécessaire de placer un rebord à cette pièce *i* pour être boulonnée contre le lien en fer, ayant soin de mettre un cuir entre deux.

La pièce *k* (*fig.* 32) peut être soudée ou vissée à la précédente, ou fondue avec elle ; dans ce dernier cas, les deux pièces n'en font plus qu'une ; elles peuvent être en fonte, cuivre ou bronze.

La pièce *k* doit se rapprocher, autant que possible, du moyeu, en ayant soin de placer un cuir entre les deux. Pour faciliter l'entrée de l'huile dans le réservoir, on fait des entailles et des trous à la pièce *k*; ces entailles sont garnies de fer-blanc ou de cuivre laminé ; leur ouverture en bec de canne reste toujours béante, et reçoit l'huile qui coule de la tête de la boîte et du paillet, et qui une fois entrée dans le réservoir, ne peut plus en sortir par ces ouvertures qui sont recouvertes. Les trous ont des bouts de tuyaux qui sont également recouverts dans la partie inférieure. Au moyen de cette double précaution, l'huile ne peut plus être absorbée que par le puisoir.

Ce puisoir *q* (*fig.* 37) est placé contre le moyeu, et le bout de son tuyau entre de la tête de la boîte *c* dans un trou percé obliquement pour aller couler sur l'essieu sur la cannelure à quelques lignes de distance du paillet ; ce puisoir est destiné à régler la quantité d'huile nécessaire à toutes les parties qui en exigent.

La clé *l* et la poulie *s* sont réunies et ne forment qu'une seule pièce en forme de clé dont la poulie est la tête : cette pièce est fendue en deux dans sa longueur et est adhérente à l'essieu, touchant au paillet dans son recouvrement ; elle tourne au moyen du cuir élastique qui est fixé contre la pièce *i*, moyennant une rondelle en fer et une plaque pour recouvrir entièrement le cuir : toutes ces pièces sont liées et pressées les unes contre les autres par les mêmes vis. Le bout du tuyau de la clé est à vis sans fin, ou à vis tournant dans le sens inverse, en ayant soin d'observer le côté droit et le côté gauche.

Quant à ce qui regarde la roue *l* (*fig.* 40), le pivot ou l'axe doit avoir un feuillet adapté pour contenir la roue dans le cas où la crapaudine serait ouverte dans toute sa largeur et où le bout de l'axe ou pivot dépasserait cette crapaudine : ce paillet est établi de la même manière que celui *u'* (*fig.* 40), à la différence du bout qui fait le recouvrement ; les vis tournent en sens inverse pour repousser l'huile contre la crapaudine, pour toucher de là dans le réservoir.

On pourra établir un réservoir de chaque côté de la crapaudine pour recevoir l'huile ; le puisoir sera placé dans l'un ou l'autre, à volonté, en observant que celui des deux qui n'a pas de puisoir doit être moins profond, pour pouvoir se vider dans l'autre par un trou qui traverse la crapaudine. On pourra aussi établir un emboîtement au bout de l'axe pour renvoyer l'huile par dessus la crapaudine en graissant l'axe.

Autre perfectionnement.

a (*fig.* 46), puits couvert pour supporter la pièce *e*.

b (*fig.* 47), tige qui monte et descend en traversant les pièces *d*, *e*.

c (*fig*. 48), réservoir contenant l'huile : il est adapté à la tige *b*.

d (*fig*. 49), petite pièce suspendue par trois chaînons accrochés à la pièce *e* décrite ci-après ; cette pièce est percée, et la tige *b* la traverse. Quand la tige est montée, le réservoir d'huile se trouve à quelques lignes de la pièce *e*, et celle *d* se trouve au fond du réservoir et prend l'huile nécessaire ; alors, le réservoir et la tige descendent, et cette dernière reçoit l'huile de la pièce *d* dans son mouvement d'ascension et de descente.

e (*fig*. 50), pièce placée dans un trou au centre du puits ; elle dirige la pièce *b*, et reçoit toute l'huile que cette dernière lui apporte en montant et en descendant : les trous pratiqués dans cette pièce servent à faire couler l'huile sur la pièce *d*, lorsque la tige lui en fournit une trop grande quantité, et la pièce *d*, à son tour, tout en graissant la tige, rend cette huile au réservoir sans aucune perte.

Ce nouveau mécanisme s'applique spécialement aux machines dans lesquelles on fait usage de tiges ou de pistons, et qui exigent une grande consommation d'huile ou de graisse pour leur entretien.

Ce nouveau système apporte une économie des trois quarts au moins dans cette dépense.

22 *février* 1831. — *Deuxième brevet de perfectionnement et d'addition.*

a (*fig*. 51), fusée d'essieu vue du côté gauche ; le bout de cannelure oblique sur chaque extrémité de cette fusée sert à faire entrer l'huile plus abondamment et à empêcher sa sortie.

b, paillet de l'essieu. Son escalier et sa raie servent à arrêter l'huile pour la faire tomber dans le réservoir.

c (*fig*. 52), écrou de l'essieu.

d (*fig*. 53), boîte du moyeu.

e (*fig.* 54), autre vue de la boîte.

f (*fig.* 55 et 56), réservoir indépendant. La pièce de fond peut être brisée sur le bout de la boîte, et serrer le cuir *l*, ou boulonnée au moyeu intérieurement et extérieurement par les tenons. La partie supérieure renferme la pièce *n*, qui peut être vissée et boulonnée à la pièce du fond, ou boulonnée avec les mêmes boulons que l'autre pièce. Dans ces deux derniers cas, les filets sont supprimés, et l'une des pièces entre dans l'autre sans vis, et on applique le cuir *m* contre les deux pièces. Dans tous les cas, on empêche la filtration de l'huile.

g (*fig.* 57 et 58), réservoir placé dans la tête de la boîte *e*. Il peut y être soudé, vissé ou boulonné; il est construit intérieurement dans le genre d'une roue qui tourne par une chute d'eau. Son centre dépasse et avance en dedans pour recevoir le puisoir et sa digue; il emboîte la roue en laissant entre lui et les palettes un canal conducteur de l'huile. Son bout de tuyau, placé à une extrémité, arrose, en tournant, l'essieu entre le paillet et la boîte. Son ouverture à l'autre extrémité reçoit le puisoir, et sa digue dirige plus facilement l'huile dans le puisoir.

i (*fig.* 59), puisoir amassant l'huile qui tombe de la boîte et du paillet, et la rendant au réservoir *h*.

k (*fig.* 60), rondelle en cuir placée sur l'essieu et derrière le paillet; elle empêche l'entrée de la poussière et de la terre

l (*fig.* 61), rondelle en fer maintenant celle *k*.

m (*fig.* 62), autre rondelle adaptée au bout de la boîte: Elle est en cuir et se visse jusqu'à l'épaulement.

n, réservoir régulateur du réservoir *g*. Il est soudé dans l'intérieur de la pièce *f*, contre le fond de la partie supérieure et laisse entre lui et l'écrou une distance nécessaire afin qu'il n'y tombe pas. Son ouverture puise l'huile et le remplit. Son bout opposé porte un trou qui fournit l'huile nécessaire à son réservoir principal, et ce dernier a toujours la même qualité d'huile et arrose régulièrement le bout de l'essieu entre l'écorce et la boîte. Il fournit à cette dernière de l'huile à volonté. Par ce nouveau système, ce seul réservoir *f*, avec son réservoir *n*, graisse parfaitement jusqu'au paillet *b*, avec une très-légère perte. Il peut contenir 250 à 306 grammes (8 à 10 onces) d'huile, pour faire un trajet de cinq à six cents lieues; mais, en faisant usage des deux réservoirs *f* et *g*, ils s'envoient l'huile réciproquement, en graissant abondamment et sans perte d'huile. Avec ce système complet, une livre et demie d'huile peut durer aussi longtemps que la roue chemine, même une roue d'artillerie.

La boîte *e* peut être mise en place par le petit bout du moyeu. Dans ce cas, la pièce supérieure *f* est appliquée sur la tête de la boîte de la même manière, vissée et boulonnée, à l'aide de trois ou quatre boulons traversant le moyeu; ces boulons doivent pénétrer depuis le gros bout du moyeu jusqu'à la tête, pour entrer dans les tenons de la pièce *f* et recevoir les écrous qui serrent toutes les pièces et empêchent le roulement de la boîte. La pièce de fond *f* peut également être placée au petit bout de la boîte qui se trouve vers le paillet *b* pour recevoir la pièce *g*, et qui remplace la tête de la boîte. La forme de chaque bout ne diffère qu'en ce que l'un est fondu avec la boîte et que l'autre y est appliqué; par conséquent, on peut aussi fondre la boîte en deux autres parties. Chaque extrémité a son réservoir fondu et tout prêt à recevoir l'une la pièce *g*, l'autre la pièce *f*. Dans ce cas, chaque demi-pièce de la boîte entre de son côté, faisant fonction dans le moyeu à l'aide d'un cuir placé entre deux, et le tout est boulonné de manière à ce qu'aucune des pièces ne puisse reculer, puisqu'elles se trouvent liées ensemble par des boulons spéciaux.

Le réservoir *f*, avec ou sans son régulateur *n*, peut être placé à toutes les roues de voitures : il suffit de préparer le bout de la boîte pour le recevoir, sans rien ajouter ni diminuer à la fusée de l'essieu.

Le réservoir *g*, avec toutes ses pièces, peut aussi être placé au gros bout de l'essieu. Il graisse la fusée moyennant une légère perte d'huile. Enfin, on peut faire usage de l'un et l'autre réservoir, soit ensemble, soit séparément, en les adaptant à un bout ou à l'autre de l'essieu. Le réservoir *f* peut suffire sans son régulateur, mais il contient moins d'huile, et il faut quelques cannelures sur le fond, près de l'angle, pour servir à monter l'huile, afin d'arroser le bout de la fusée, surtout pour les voitures allant au pas.

16 *août* 1831. — *Troisième brevet de perfectionnement et d'addition.*

a (*fig.* 63), cylindre ou essieu de machine à vapeur ; il supporte la grenouille *b*. Cette dernière est à cheval ; l'embase du cylindre entre dans sa cannelure et empêche l'essieu d'avancer ou de reculer. Cette embase a aussi des cannelures et des trous qui, en tournant dans son réservoir d'huile, la font monter et arrosent abondamment l'essieu des deux côtés de l'embase. Alors la grenouille prend l'huile en frottant contre l'embase, tantôt d'un côté, tantôt de l'autre. Ces cannelures sont évasées à leur origine pour faciliter l'entrée de l'huile.

b (*fig.* 64), grenouille supérieure. Elle se place à cheval sur l'essieu ; elle porte une profonde cannelure en travers dans le centre, pour faire place à l'embase du cylindre *a* ; elle a aussi une cannelure longitudinale, à l'exception de 54 millimètres (2 pouces) à l'extrémité. Chaque extrémité a une retraite de 27 millimètres (1 pouce) de large tout autour, afin que le cylindre n'y touche pas.

c (*fig.* 65), réservoir à huile adapté à la grenouille *b* par quatre vis.

d (*fig.* 66), essieu tournant ou cylindre.

La grenouille *e* se place sur cet essieu entre les deux embases. Le demi-croissant ou la dent sur l'essieu sert à faire tourner la courroie *k*, qui embrasse la poulie du cylindre à pinceau placé au-dessous dans le réservoir. Il sert aussi à appuyer sur le manche de la bascule à pinceau pour huiler l'essieu. Il sert encore à faire tourner le cylindre à pinceau, pourvu que la poulie soit garnie d'une matière élastique, et quand elle est remplacée par un pignon. Alors la dent de l'essieu fait faire un petit mouvement au pignon du cylindre à pinceau; mais s'il devenait nécessaire de faire tourner très-vite, on augmenterait l'essieu d'une ou plusieurs dents, et enfin on lui adapterait un pignon entier pour établir un système complet d'engrenage.

e (*fig.* 67), grenouille supérieure. Elle se place à cheval sur l'axe ou essieu tournant *d* entre les deux embases; son intérieur a une retraite sur les deux extrémités, afin que l'axe n'y touche pas.

f (*fig.* 68), réservoir à huile adapté à la grenouille *e* par quatre vis.

g (*fig.* 69), bascule à pinceau ou à éponge, placée dans le réservoir *f*; il sert à huiler l'essieu au moyen du demi-croissant adapté sur l'essieu derrière l'embase, qui, en tournant, appuie sur un bout et fait lever l'autre pour toucher légèrement à l'essieu.

Cette bascule, soutenue par une traverse, peut être tournée de l'autre côté, moyennant un contre-poids ou un ressort, pour relever le pinceau, une fois qu'il a trempé dans l'huile: dans ce cas, le pinceau est assez reculé pour laisser dépasser un bout de manche, afin de recevoir le frottement du demi-croissant qui le fait baisser pour prendre l'huile; par conséquent, l'un ou l'autre côté graisse l'essieu à volonté. Quant aux deux cylindres *h* et *i* qui peuvent être garnis d'un bout à l'autre, ils graissent d'un seul tour toute la fusée à volonté, soit le tout ou seulement une partie.

h (*fig.* 69), il tourne dans le réservoir d'huile *f*, ainsi qu'il vient d'être expliqué, au moyen de la courroie et d'un engrenage, et il frotte légèrement le cylindre supérieur sur plusieurs points, de manière à ce qu'un seul tour puisse suffire pour graisser parfaitement l'essieu et sa grenouille, sans que l'huile puisse s'échapper de son réservoir, où elle revient toujours tomber.

i (*fig.* 70), cylindre garni de pinceaux, de cuirs ou d'éponges; il est placé dans le réservoir *c*, supporté par les deux extrémités : la courroie *k* l'embrasse par le centre; la cannelure en travers dans la grenouille lui donne un libre passage.

k (*fig.* 71), courroie; elle sert à faire tourner les cylindres *h*, *i*, en embrassant l'essieu tournant ou cylindre supérieur.

l (*fig.* 72), arbre de roue; l'embase de l'axe sert à contenir la masse de la roue pour éviter le frottement de l'épaulement de l'axe contre la grenouille. Cette embase a des cannelures et des trous qui puisent l'huile, en tournant, dans le réservoir *r*, et arrosent abondamment le bout de l'axe; le bassinet *m*, placé à cheval, frotte carrément sur l'axe et contre l'embase, ramasse l'huile et la fait avancer au centre de la grenouille.

m (*fig.* 73), bassinet sans ressort placé à cheval sur l'axe et contenu par les ressorts *o*.

n (*fig.* 74), bassinet à ressorts. Cette pièce se place aussi à cheval sur l'axe ou cylindre, frottant contre l'embase, pour y recevoir l'huile que la fourchette lui donne en passant dessus; la pente du bassinet envoie l'huile en avant sur le centre de la grenouille en graissant parfaitement l'axe; il est contenu dans sa position, et il joue au moyen des ressorts *o*, qui font aussi jouer le cercle fil-de-fer dans le canal ou trou communiquant dans la cannelure en travers, afin de faire couler l'huile dans le réservoir *r*.

o (*fig.* 75), ressorts; ils servent à contenir le bassinet *m n*, et sont plantés sur les oreilles de la crapaudine *r*, *s*.

p (*fig.* 76), fourchette double à grille; elle se place sur les embases ou sur les cylindres; cette pièce prend l'huile dans tous les réservoirs où elle peut être nécessaire, pour prendre l'huile claire ou figée, et la donne au réservoir du bassinet *n* ou à d'autres; en passant, elle frotte légèrement pour laisser son huile et en retourner chercher.

Cette fourchette double peut aussi être adaptée à l'embase de l'axe *l* et à celui de l'essieu *d*; dans ce cas, la grenouille *c* aura un bassinet creusé sur la tête avec un ressort pour essuyer la fourchette, et cette grenouille aura encore une cannelure intérieure d'un bout à l'autre, pour faciliter le passage de l'huile sur toute la fusée : ce moyen pourra remplacer les cylindres à pinceaux.

q (*fig*. 77), grenouille supérieure. Cette grenouille se place à cheval sur les axes ou cylindres, pour empêcher le soulèvement ou pour y porter l'huile par la fourchette *p*, comme au bassinet *m n*; dans sa partie intérieure est pratiquée une cannelure longitudinale, et une transversale près du bout opposé, pour bien graisser le cylindre et arrêter l'huile au côté opposé du réservoir; alors la grenouille inférieure se graisse en même temps et ramène l'huile dans le reservoir.

r (*fig*. 78), grenouille à réservoir.

Elle est fondue d'une seule pièce; sa cannelure transversale et son canal en long servent à ramener l'huile dans son principal réservoir.

s (*fig*. 79), grenouille à réservoir détaché.

Son bec en demi-cercle avance pour faire couler l'huile dans le réservoir *t*; son ressort joue dans le trou pour faire circuler l'huile.

t (*fig*. 80), réservoir libre; il se place contre la grenouille *s*, sous le bec, pour recevoir l'huile et la fournir à la fourchette *p*; on le place et on le retire à volonté.

u (*fig*. 79), demi-cercle en fil-de-fer, mobile.

Cette pièce a son mouvement par le moyen des oreilles du bassinet *n*, pour faire rentrer l'huile dans les réservoirs.

11 *février* 1832. — *Quatrième brevet de perfectionnement et d'addition.*

Bassin à balancier. *a* (*fig.* 81), bassin à huile.

b, recouvrement du bassin.

c, colonne du balancier.

d, balancier mû au moyen d'un avant-corps fixé à la partie supérieure de la tige à piston.

e, conducteur d'huile sur deux points du piston.

f, aiguille pour prendre l'huile dans le bassin.

Réservoir à mannette. *g* (*fig.* 82), bassin à l'huile.

h, réservoir du bassin.

i, colonne de la mannette.

k, mannette : elle est mise en mouvement par un cercle fixé sur un point à un cylindre ; son côté opposé avance de quelques pouces, alors la manette monte et descend doucement.

l, aiguilles pour prendre l'huile, dans le bassin : au moment où elles sortent de l'huile elles s'essuyent en passant sur des pièces destinées à cet usage ; elles ne prennent qu'une quantité d'huile déterminée.

m, bout de l'axe supportant la machine : il reçoit l'huile par une entaille pratiquée sous la tête du bassin ; cette entaille peut être remplacée par un bout de tuyau, alors ce dernier entre dans la lumière d'une grenouille supérieure pour faire couler sur l'axe l'huile qu'il contient. Ce bout d'axe peut aussi porter le cercle qui fait jouer la mannette.

Bassin à roulettes. *n* (*fig.* 83), bassin à l'huile.

o, recouvrement du bassin.

p, bras de fer dirigeant la roulette.

q, roulette à mannette mue par l'axe.

r, navette portant les aiguilles.

s, aiguilles à graisser.

t, bout d'axe.

La figure 84 représente en élévation un bassin à roulettes sur colonnes ; son jeu est le même que celui de la pièce précédente.

Grenouille double à réservoir. *u* (*fig*. 85), partie inférieure.

v, partie supérieure.

x, réservoir à huile soudé ou boulonné avec la pièce *u* ; l'intérieur de la grenouille porte des cannelures pour ramener l'huile au réservoir.

La figure 86 représente le bout d'un cylindre ; son axe dépasse la grenouille et porte des anneaux qui, après avoir roulé dans le réservoir d'huile, en donnent au cylindre ; le bout d'axe la donne à son tour aux grenouilles, qui la rendent au réservoir.

La figure 87 montre une grenouille indépendante qui porte ses réservoirs à huile ; sa cannelure transversale au centre et reçoit l'anneau pour donner l'huile à son axe ; des rebords pratiqués tout autour empêchent l'huile de se perdre. Cette grenouille est utile lorsque son axe ne dépasse pas ; cependant elle peut aussi recevoir son grand réservoir en dehors, si la localité le permet : dans ce dernier cas, la cannelure transversale voisine doit être supprimée, ou bien celle du milieu ; il faut enfin tenir celle des deux que l'on conserve assez large pour recevoir l'anneau à graisser.

z (*fig*. 88), cet anneau est en métal très-fin, il joue aussi autour de son axe ; les anneaux de ce genre peuvent être percés et avoir un bout de tuyau pour entrer sur leur bout d'axe et y être fixé.

Divers anneaux. *y* (*fig* 89), cet anneau est percé ou porte une grille pour monter beaucoup d'huile.

a' (*fig*. 90), anneau formé d'un bout de fil-de-fer ou de laiton semblable à une bague très-fine ; son bout d'axe le porte et le fait tourner dans l'huile ; il est applicable toutes les fois qu'en se retournant il ne sera pas gêné dans son réservoir d'huile : il doit être souple, et pour cela il peut n'être qu'un cordon en soie, fil, laine, cuir, etc.; en chaînons ronds ou plats, parce que ces derniers se trouvent collés à l'axe jusqu'à la moitié de la circonférence et ne tiennent pas de place; de plus, les mailles donnent de la prise à l'axe, se remplissent d'huile et en montent beaucoup.

Cet anneau souple peut descendre au fond du réservoir sans arrêter son mouvement; on le met en place facilement, car il s'ouvre à volonté et se referme quand il est placé.

Autres pièces. *b'* (*fig.* 91), cylindre de wagon ou autre machine : il porte une raie transversale pour faciliter la position de son anneau; il peut en avoir plusieurs sur divers points.

c', roue fixée à son axe.

d', anneau adapté au cylindre *b'*; cet anneau a des agrafes pour le placer ou le déplacer au besoin, il peut varier dans sa forme; dans tous les cas, il faut qu'il joue dans la coulisse sans difficulté, il peut être garni, entre deux cuirs souples, de limaille de plomb, etc. On peut adapter de la même manière les anneaux dont il a été parlé plus haut.

e' (*fig.* 92), grenouille portant une rainure longitudinale, et une ou plusieurs en travers, pour laisser passer librement les anneaux à huiler de l'axe.

f' (*fig.* 93), réservoir : il est placé sous la grenouille pour fournir l'huile aux anneaux de l'axe.

g', (*fig.* 94), aiguille de balancier et mannette pour huiler.

h' (*fig* 95), épingle : elle se place aux mannettes des roulettes *q* (*fig.* 83 et 84), pour fournir l'huile à volonté aux axes et tourillons.

i' (*fig.* 96), anneau à fermoir souple et cannelé : il est garni intérieurement de petits plombs pour le rendre pesant.

L'anneau *z* (*fig.* 88) peut être à grillage si l'on veut obtenir une plus grande quantité d'huile; il peut aussi être en cuir plus ou moins épais. Cette dernière pièce en cuir, percée pour entrer de force dans un bout d'axe, peut être avancée de manière à être jointe à la grenouille et arrêtée sans qu'elle puisse tourner.

L'avantage de cette position est que cette pièce arrête l'huile qui viendrait en trop grande abondance et ne laisse passer qu'une petite quantité de celle apportée par les anneaux à graisser.

Brevet d'invention de cinq ans; en date du 8 *mars* 1843, *au sieur* Chomeau (Jean), *pour une boîte d'essieu.*

L'invention dont il s'agit consiste en une boîte à réservoir extérieur, en fonte de fer ou de cuivre ou en fer forgé, propre à être adaptée à toute espèce de voitures.

Cette boîte est représentée dans le dessin, Pl. 13.

Fig. 12. Vue de côté de la boîte sur l'essieu.

Fig. 13. Essieu.

Fig. 14. Coupe de la boîte.

Fig. 15. Vue de derrière de la figure 1re.

Fig. 16. Vue, debout par derrière, de la boîte.

Fig. 17. Vue, debout par devant, de la boîte.

Les mêmes lettres indiquent les mêmes parties dans chaque figure.

Fig. 12. *a*, boîte.

b, essieu.

c, chapeau à vis.

d, patin sur lequel reposent les ressorts de la voiture lorsqu'il y en a.

e, réservoir d'huile.

f, deuxième rondelle de l'essieu.

g, bouchon à vis destiné à fermer l'ouverture par laquelle on introduit l'huile dans le réservoir.

Fig. 13. *b*, corps de l'essieu.

b', fusée de l'essieu à l'extrémité de laquelle se trouve le pas de vis *k*, sur lequel on visse le chapeau *c*.

d, patin dans lequel sont représentées les ouvertures servant à recevoir les brides tenant le ressort adapté sur le patin.

f, rondelle destinée à empêcher la fuite de l'huile du réservoir et l'introduction de toutes matières hétérogènes : ladite rondelle *f* sert également de heurtoir ou brancard pour les voitures dont les essieux n'ont pas de patin.

h, petite rondelle heurtant contre la boîte dans laquelle elle s'enchasse.

i, *i*, réservoirs de la fusée de l'essieu.

l, goupille destinée à empêcher le chapeau de s'échapper de l'essieu. Il n'est pas inutile d'adapter sur le chapeau une plaque en métal quelconque, qui, tout en servant d'ornement, empêche la goupille de se perdre.

Fig. 14. *a*, boîte vue intérieurement.

e, réservoir à huile.

m, rondelle pratiquée dans la boîte et destinée à y conserver l'huile.

n, rondelle qui ferme hermétiquement le réservoir de la boîte, afin d'empêcher toute fuite de l'huile.

n', oreilles destinées à fixer la boîte dans le moyeu.

p, conduit de l'huile dans les réservoirs.

Fig. 15, 16 et 17. Vue en plan des trois figures qui précèdent.

Brevet d'invention de quinze ans, en date du 30 *septembre* 1842, *au sieur* CONSTANT (Jean-Baptiste-Joseph), *pour des essieux brisés, croisés et à trains articulés, applicables sur chemins de fer et routes ordinaires.*

Pl. 10. Chaque roue a son essieu; l'essieu *g* (*fig.* 7) est en fer forgé, droit et rond, il a la forme d'un fuseau; à l'extrémité intérieure est pratiquée une espèce de poulie à fond plat, dont les collets *m m* servent à maintenir fixe la partie *s* de l'essieu quand elle est placée entre les deux coussinets de la traverse *n*. La partie *p* est cylindrique et disposée de manière à recevoir la fourchette *h*; la partie *j* est conique et reçoit la roue *c* qui vient s'y reposer verticalement sur sa circonférence supérieure, et qui se trouve placée horizontalement par l'effet du croisement des deux essieux. La pesée *q*, au lieu d'être ronde, est carrée et aussi de forme conique, elle reçoit le moyeu de la roue, qui y est parfaitement ajusté, appuyant d'un côté contre l'embase du collet, et de l'autre côté par un écrou ayant une clavette à son extrémité, afin d'empêcher l'écrou de tourner et de sortir. Cet essieu doit être trempé aux parties *m*, *m*, *s*, *p*, *j*.

La roue *c* (*fig.* 8) est en fer et évasée sur les deux côtés pour en diminuer le poids, et elle est solidement fixée sur un axe en acier.

Les deux tourillons, ainsi que la roue, doivent être tournés ensemble et trempés; on peut, si l'on veut, laisser aux extrémités du tourillon une oreille qui sert, au besoin, pour empêcher tout écartement du porte-roue, et pour garantir cette partie de tout corps étranger qui viendrait s'en approcher et se mêler à l'huile dont elle est toujours entretenue par le réservoir placé au-dessus.

La chape ou porte-roue *e* (*fig.* 9) est également en fer et d'une seule pièce; elle doit être bien ajustée pour permettre à la roue qu'elle supporte de tourner en toute liberté sur ses deux tourillons. Les coussinets supérieurs sont en acier trempé et bien ajustés, aussi à coulisse, dans les montants de la chape. Au-dessus de ces deux montants est établie une boîte en métal servant de réservoir à l'huile; un tube traverse le fond de cette boîte et, en passant au travers du montant et du coussinet, il va joindre le tourillon; ce tube, du fond de la boîte, remonte près du couvercle. Dans ce tube se place une mèche de coton, à l'extrémité de laquelle on fait un nœud, qui se loge dans une fraisure pratiquée au coussinet, sur lequel frotte le tourillon de la roue *c*; cette mèche remonte le long du tube pour ressortir et se loger dans le vide du réservoir où elle se baigne continuellement dans l'huile, qui se communique au tourillon par la filtration de la mèche. Au-dessus du réservoir existe un trou pour l'introduction de l'huile; ce trou se ferme hermétiquement au moyen d'une vis: une fois le réservoir plein et refermé, l'huile ne peut se déverser que par la mèche et en petite quantité, en raison du peu de rotation que fait la roue *c*; aussi n'en faut-il pas beaucoup pour faire même de longues routes. Ce procédé, applicable à toutes les machines mécaniques, a été prouvé satisfaisant par plusieurs expériences, et notamment par un voyage de Bordeaux à Paris, fait en trente-neuf heures et avec consommation seulement de 176e de l'huile mise trois mois avant dans les réservoirs.

Cette chape ou porte-roue *e* est adaptée et fixée mouvante, par ses extrémités arrondies, au châssis *d*, et retenue pra deux tenons *l* placés au-dessous du châssis; ces tenons sont, à leur tour, retenus et fixés par deux boulons à écrou qui les traversent: par ce moyen le poids de la voiture reposant par les deux extrémités de cette chape restée mouvante fait que, lorsque la roue *c* repose sur la partie conique de l'essieu, elle repose sur son centre d'épaisseur, et les tourillons ne peuvent porter également que la part de charge qui leur est destinée; de plus, cette chape, placée au-dessous du châssis et étant de très-rapprochée du ressort placé au-dessus, celui-ci presse d'en haut par l'effet de la charge, et celui de la chape presse dessous par l'effet du point d'appui sur le sol, par l'intermédiaire de la roue de la voiture, de sorte que tout porte-à-faux est détruit, ce qui explique la force extraordinaire des trains les plus légers.

La traverse *n* (*fig.* 10) est mouvante par ses deux tenons *k*, qui sont fixés au châssis *d* ; par-dessus et vers son centre elle reçoit les parties *s* de l'essieu. Le coussinet de dessus est lié à la traverse par deux boulons à écrou ; les parties *s*, *m*, *m* une fois engagées dans les deux coussinets de la traverse sont continuellement humectés par l'huile placée dans un réservoir *t*, pratiqué au bout de l'essieu, lequel aussi, au moyen d'un tube où passe une mèche de coton, fait que l'huile correspond, par un petit trou, jusqu'aux parties frottantes, en petite quantité, mais suffisante pour maintenir cette partie constamment humectée.

La fourchette *h* (*fig.* 11) est destinée à maintenir, par la partie cylindrique *p*, l'essieu continuellement sous la ligne verticale ou oblique de la roue *c* ; cette pièce est fixée par ses extrémités au châssis *d* avec des boulons à écrou, et les deux surfaces qui appuient contre l'essieu sont un peu arrondies et trempées pour réduire encore le frottement latéral déjà si minime.

Le châssis *d* (*fig.* 12 et 13) est en bois dur et garni, sur ses deux faces, d'une bande de fer ne faisant qu'une seule pièce dans tout son pourtour ; ce châssis est destiné à recevoir toutes les pièces qui composent le train d'essieux.

Les ressorts à pincettes sont préférables ; ils sont assujettis sur la traverse du bout des châssis doublés de fer dessus et dessous.

La figure 12 représente le train tout monté sur ses deux roues, vu par dessous.

Fig. 13. Même train vu dessus ou horizontalement.

Fig. 14. Profil de ce train.

La figure 15 le représente de travers.

L'application de ce système aux voitures de toute espèce et aux wagons procure de très-grandes économies sous le rapport de la force motrice et de la durée. Ces avantages sont faciles à démontrer :

1° Il faut moins de force motrice que par l'ancien système,

les frottements se trouvant réduits de beaucoup, puisque l'essieu fixé à la roue tourne avec elle et que la partie *j* de l'essieu qui supporte la charge tourne sous un point d'appui mouvant, sous une roue quatre à cinq fois plus grande qui lui sert comme de chemin de fer. La charge roulant ainsi sur l'essieu et au-dessus du centre de gravité exige moins de tirage pour vaincre la résistance qui se trouve entre elle et le sol; car la charge est comparable à un fléau de balance que le moindre poids, excédant d'un côté, fait pencher. Une autre circonstance favorable au roulement des roues sur le sol se rencontre dans l'application de ce système : en mettant les trains d'essieux en place, il suffit de relever le devant du train ; alors le centre de la roue *c* ne se trouvant plus sur la ligne verticale de l'essieu *g* et se plaçant en arrière, le poids de la caisse et du chargement cherchant à descendre derrière l'essieu, le pousse en avant; puis, la ligne centrifuge de la roue *c* et celle de l'essieu se trouvant en correspondance oblique avec la jante, et en avant du point d'appui sur le sol, il y a tendance continuelle à faire tourner la roue et à vaincre facilement les aspérités que rencontre le devant de la roue ; cela facilite considérablement la marche.

2° Les frottements, réduits par la suppression des boîtes dans les moyeux tournants sur les fusées, comme cela a toujours existé, sont devenus très-minimes, ainsi qu'il est aisé de l'expliquer.

Supposons la partie *j* de l'essieu de 9 centimètres (3 pouces 1/2) de circonférence, tournant sur une roue de 54 cent. (2 pouces) de circonférence; l'essieu et la roue, se tenant ensemble, feront six tours pendant une évolution de la roue *c* de 54 centimètres (20 pouces), celle-ci n'étant retenue que par deux tourillons n'ayant que trois centimètres (15 lignes) de surface et n'ayant que moitié de frottement (3 centimètres (15 lignes) pour les deux tourillons) pour faire opérer six tours à la roue de la voiture. Admettons que les roues de derrière aient 1 mètre 50 centimètres de diamètre sur 4 mètres 50 centimètres de circonférence, et moitié pour celles de devant : on obtiendra les résultats suivants pour une voiture à quatre roues :

Les deux roues de derrière à 3 centimètres de frottement, font. 0m,06

Les deux roues de devant faisant deux tours. . . 0m,12

Total. . . . 0m,18

pour faire parcourir à la voiture une distance de 27 mètres, tandis que par l'ancien procédé il faut 8 mètres 10 centimètres pour parcourir seulement 4 mètres 50 centimètres de chemin.

3° La suppression presque totale des frottements a fait entièrement disparaître les échauffements qui ont lieu dans les boîtes ; ainsi, quelle que soit la vélocité de la voiture, toute crainte à cet égard doit cesser.

4° La position des essieux, leur croisement, leur forme en fuseau, la construction des trains et enfin l'ajustage de toutes les pièces qui les composent, tout leur procure une solidité considérable et met l'essieu à l'abri de toute chance de rupture, puisqu'il ne porte pas à faux ; en effet, les essieux ne prennent de peine que dans la partie la plus forte, qui est celle où repose la roue *c*, et la fusée où s'adapte la roue de la voiture : quant à l'extrémité de l'esieu *s*, elle ne prend d'autre peine que de diriger la roue en ligne droite et de la garantir du jeu latéral qui aurait lieu si elle n'était retenue par les collets *m*, *m*, dans sa traverse. Il est facile de voir aussi que le croisement des essieux fait reporter, par la partie conique *j*, toute sa part de charge sur la fusée *q*, correspondant à la jante de la roue, et qu'il n'y a aucun porte-à-faux dans cette partie, et les trains sont nécessairement bien plus roulants, en même temps que leur brisure réduit les cahots.

5° Les roues des voitures font un plus long usage par la raison que n'ayant plus de boîte à loger dans les moyeux, ceux-ci resteront plus pleins de bois, ce qui permet de tenir les tenons des rais plus longs et conséquemment les rend plus solides; ensuite cette partie n'ayant plus besoin d'un graissage, que l'échauffement rendait toujours liquide, il ne pourra plus se glisser dans les jointures des rais et du moyeu, comme cela arrivait toujours malgré toutes les précautions que l'on pouvait prendre pour l'empêcher.

6° Les cahots sont presque tout-à-fait réduits, par la raison que les trains d'essieux n'ont d'autre jeu que celui qui leur est nécessaire pour rouler en avant et en arrière, et aussi parce qu'il n'existe plus cette liberté dans les boîtes, cause principale des cahots dans l'ancien système; en outre, le poids de la voiture et de la charge, placé sur des ressorts assujettis à chacune des deux extrémités du châssis, ne trouvant pas de porte-à-faux sur les essieux, puisque ce poids est porté verticalement au-dessus de la jante de la roue, tout cahot est évité.

Ce système rend encore les voitures moins versables, attendu que la caisse étant supportée par ses deux extrémités ne peut se balancer sur son centre; de sorte que son poids étant forcé de se maintenir sur les supports, la caisse ne peut vibrer et occasioner par là un versement à la moindre aspérité de terrain.

Si ce procédé est avantageux pour les voitures roulant sur les chemins de fer ordinaires, il l'est au moins autant pour le service des chemins de fer; il suffit pour cela de changer les roues et d'en mettre à oreilles à la jante pour retenir les véhicules sur les rails.

Pour obtenir ce résultat, il suffit d'établir sur chaque train d'essieux, une cheville ouvrière *f*, comme les avant-trains tournants, de manière qu'ils puissent se mouvoir à volonté (Voyez le plan, *fig.* 16); les wagons fixés sur les deux trains et les quatre roues *b*, *c*, *d*, *e* placées sur les rails *a*, *l* marchant en ligne droite, tout se trouve en parfaite harmonie. Supposons une légère courbe tournant à gauche, la roue *k*, placée comme celle *m*, entre les deux rails, et étant toutes deux assujetties au train mouvant de devant, la roue *k*, disons-nous, appuyant contre la bande *a*, fait mouvoir l'avant-train, de manière que les deux roues parallèles marchent de front devant le chemin de fer à parcourir; et comme dans cette position il se forme un centre de gravité, il a fallu mettre deux bras mouvants *g*, *g* à chaque extrémité des trains et croisés vers leur centre, de sorte que les roues *b*, *c* avancent, et celles *c*, *d* vont en arrière : par cette combinaison la force centrifuge se trouve évitée par l'écartement des roues *b*, *d* et par le rapprochement de celles *c*, *e*, lorsqu'elles doivent décrire un cercle plus petit que celles *b*, *d*, qui ont leur cercle de parcours plus grand.

Il est important que le dedans de la voie du chemin soit profond de 15 à 20 centimètres (6 à 8 pouces) pour donner passage à la roue des deux roues conductrices (on peut en placer une ou deux); une seule remplissant l'espace entre les bandes serait cependant préférable.

Le tout exécuté avec la précision et les soins nécessaires, permettra aux wagons de suivre librement la route que leur trace le centre de gravité le long des rails, sans avoir à craindre aucun déraillement, attendu que les quatre roues sont entièrement libres et indépendantes les unes des autres.

Les trains d'essieux pour les chemins de fer sont les mêmes que pour les routes ordinaires, on peut cependant en changer la forme et la grandeur.

Il est aussi digne de remarque que les fuites de la force centrifuge sont écartées, c'est-à-dire que, quand le wagon se trouve dans un cercle, les deux roues extérieures sont plus écartées que celles de l'intérieur : dans cette position, la caisse du wagon se porte d'elle-même vers le centre de gravité; cela a lieu en outre en sens latéral; mais en ligne droite, la caisse se tient en équilibre, et elle ne change de position que toutes les fois qu'une courbe se présente.

Brevet d'importation de cinq ans, en date du 10 février 1843; au sieur JALEY (Jacques-Adolphe), *de Mons (Belgique), pour un nouveau système de boîte d'essieu applicable à toutes les voitures.*

Un des inconvénients les plus fréquents des boîtes de roues en usage, brevetées ou non, est de perdre souvent leur huile; en outre beaucoup offrent de grandes difficultés pour les monter et démonter, et toutes ne présentent pas la solidité nécessaire.

Ce nouveau système, tout en obviant à ces inconvénients, réunit encore l'avantage de pouvoir être placé dans son moyeu à la main et sans effort, après quoi il lui est impossible de se déranger.

Cette boîte peut, en outre, contenir et retenir une quantité d'huile plus considérable que dans les meilleurs systèmes; ce qui est assez important, puisque l'on n'est plus obligé de démonter l'écrou aussi souvent pour remonter l'huile.

Enfin, elle présente, ainsi que la fusée de l'essieu, toute la solidité désirable.

Pl. 10, *fig.* 17, élévation latérale extérieure de la boîte et d'une portion d'essieu.

Fig. 18, coupe verticale de cette boîte et de la fusée qui y est ajustée.

Fig. 19, projection de face de l'écrou fixé au petit bout de la fusée de l'essieu.

Fig. 20, projection de l'écrou adapté à l'autre extrémité de cette fusée.

Il est facile, à l'inspection de ces figures, de voir la construction entière de la boîte et de l'essieu.

Elle forme un grand réservoir d'huile, à chaque extrémité

de la fusée A, qui est très-peu cylindrique, et est évidée vers le milieu de sa longueur, suivant une gorge circulaire *a*, de manière à tourner complètement dans l'huile dans toute son étendue, pendant la marche de la voiture.

La boîte B est en fonte, une seule pièce, ouverte à chaque extrémité, présentant d'un bout un large évidement *b*, qui est rempli d'huile, et une saillie circulaire *c*, contre laquelle s'appuie l'embase *d*, qui sépare la fusée du corps de l'essieu *e*, et qui, comme on le sait, doit être solidaire avec eux.

Un écrou en bronze et à panse D vient se tarauder de ce côté dans le bout de la boîte, pour l'assembler avec l'essieu, en lui permettant de tourner et en ne laissant cependant pas échapper une seule goutte d'huile, quelle que soit, d'ailleurs, l'inclinaison que peut prendre l'essieu durant la marche.

A l'autre extrémité de cette boîte est taraudé un second écrou en bronze E, qui la ferme bien hermétiquement. Cet écrou est creux à l'intérieur pour former aussi réservoir d'huile ; il s'appuie contre une rondelle taraudée en fer F, qui sert d'embase à la boîte et la retient dans le moyeu de la roue.

Des rondelles de cuir sont, au besoin, placées aux joints des écrous pour rendre la fermeture plus hermétique s'il est nécessaire et empêcher la moindre fuite, en sorte que la boîte peut être constamment tenue dans un état de propreté parfait.

Il est à remarquer que ces écrous sont toujours très-faciles à démonter et à remonter ; aussi, les cochers peuvent-ils graisser sur place très-facilement, lorsqu'il devient nécessaire de renouveler l'huile dans la boîte.

En résumé, par toutes ces améliorations, le système susmentionné réunit toutes les conditions de solidité et de durée et n'exige d'autre entretien que le renouvellement, très-rare d'ailleurs, de l'huile nécessaire au graissage de l'essieu.

Brevet d'invention de quinze ans, en date du 6 février 1844, aux sieurs Lafond *et* Legrand, *à Paris, pour des essieux et boîtes perfectionnés.*

Description.

Pl. 10, *fig.* 21, coupe d'une boîte fermée garnie de toutes ses pièces servant au maintien de la roue et d'une fusée, avec les parties où s'opèrent les frottements.

a, fusée de l'essieu avec son embase.

b, grains en acier fondu et trempé, incrustés; de toute leur épaisseur, dans la fusée, l'un au collet et l'autre au bout : ces grains sont retenus au moyen d'une petite vis noyée dans l'épaisseur et qui les empêche de tomber quand on retire la roue.

d, coquilles également en acier fondu fixées dans la boîte au moyen de rainures qui y sont pratiquées et dont le frottement ne se fait que sur les grains *b*.

L'économie de frottement est donc incontestable, puisque, au lieu de s'opérer sur toute la longueur de la fusée, elle n'a lieu que sur deux parties de 40 millimètres (18 lignes), ce qui, pour les deux coquilles, donne 80 millimètres (3 pouces); il y a donc par fusée 160 millimètres (6 pouces), sur lesquels le frottement ne peut s'exercer, toute cette partie restant vide et servant de réservoir à la graisse.

Si les grains et les coquilles qui sont en frottement n'étaient pas excessivement durs, la résistance augmenterait en raison du poids et de la surface, et rendrait le glissement très-difficile, car deux parties tendres se grippent en frottant l'une sur l'autre, et présentent alors une plus grande résistance.

Mais les grains et coquilles étant en acier d'une trempe particulière et tellement dure, que rien ne peut mordre dessus, le poids devient nul; il n'y a aucun grippement, mais un glissement si facile qu'il suffit d'un léger effort pour mettre en mouvement une très-lourde voiture.

Par ce moyen, on évite la trempe des fusées, cause de bien des accidents, et les essieux, ainsi que les boîtes, deviennent inusables.

Ce système a l'avantage de pouvoir s'adapter à toute sorte d'essieux, avantage immense pour les administrations qui ont un matériel considérable. En cas d'accident, et pour ne pas interrompre le service, une roue ordinaire peut de suite remplacer la roue à coquilles.

c, coupe et épaisseur des boîtes.

e, vide qui se trouve entre la fusée de l'essieu et la boîte, permettant d'avoir constamment 5 millimètres (2 lignes) d'huile autour de la fusée et 30 millimètres (13 lignes) au bout; par ce moyen, une boîte ne peut jamais s'échauffer.

f, étoquiau servant à fixer la coquille dans la boîte.

g, rondelles de cuir dont l'une dans la boîte et l'autre en dehors de l'embase, pour empêcher l'huile de se perdre en marchant.

h, rondelle brisée, en fer, servant, au moyen de l'écrou *i*, à fixer la roue sur la fusée de l'essieu.

i, écrou vissé sur la boîte, supprimant les boulons qui traversent les moyeux dans la pratique ordinaire et qui ont pour inconvénient de se casser souvent et de laisser échapper l'huile.

j, écrou vissé sur le bout de la boîte et l'empêchant de sortir du moyeu.

k, vis à bois vissée dans le moyeu pour empêcher l'écrou, qu'elle traverse, de se desserrer et de se perdre.

l, autre vis empêchant également l'écrou de se desserrer.

Fig. 24, plan de l'écrou servant à fixer la roue sur la fusée de l'essieu (*fig.* 21).

Fig. 22, coupe d'une fusée d'essieu à écrou et de sa boîte garnie de grains, coquilles et rondelles.

Mêmes lettres que dans la figure 21.

m, cache-écrou en bronze servant à empêcher l'huile ou la graisse de s'échapper, vissé sur la boîte et tournant avec elle.

n, écrou servant à retenir la boîte sur la fusée de l'essieu.

o, petite vis traversant l'écrou et servant à le fixer lorsqu'il est serré à fond : cette vis est en forme de pointeau, ce qui permet de la fixer facilement et avec précision.

Fig. 23, coupe de la fusée d'essieu, dont la boîte peut s'adapter facilement après les vieux essieux à écrous des voitures ordinaires.

Cette boîte empêche la graisse de se perdre et ne laisse pénétrer dans son intérieur, ni l'eau ni la poussière, puisqu'elle vient recouvrir, comme on le voit, l'embase de l'essieu, et que, à l'autre bout, elle est recouverte par l'écrou *p*.

p, écrou de la figure 23 ci-dessus désignée.

9 *juillet* 1844. *Brevet d'addition et de perfectionnement.*

Fig. 25, coupe d'une boîte de cabriolet, garnie de sa fusée d'essieu et de son écrou : cet essieu est, comme on le voit, supporté dans la boîte par deux parties, sur lesquelles les frottements s'opèrent; l'une est au collet et l'autre au bout. Elles sont en acier trempé et mobiles dans la boîte ; elles peuvent se démonter, se remonter à volonté; elles sont figurées sous les lettres *c*, *c*, *c*, *c*.

b, *b*, grains en acier fondu incrustés, de leur épaisseur, dans l'essieu et en dessous, recevant les frottements des bagues *c*, *c*, *c*, *c*.

e, *e*, parties formant un vide dans la boîte entre les deux bagues et servant à loger la graisse et à l'empêcher de sortir des boîtes en marchant : cette coulisse de graisse, qui se trouve constamment dans les boîtes, empêche la fusée des essieux de s'échauffer ; ce système a l'avantage de rendre les essieux et les boîtes inusables, attendu qu'ils n'éprouvent aucun frottement.

f, embase de l'essieu se trouvant emboîtée de son épaisseur dans la boîte, ce qui empêche la boue de pénétrer; l'écrou recouvre également le bout de la boîte, ce qui forme un ajustement complet et empêche toute espèce d'ordure de s'y introduire.

Ce système a, de plus, l'avantage de s'adapter à toute espèce de voiture, sans rien changer dans la construction des essieux et des roues, permettant ainsi de faire servir ce dont ils se composaient, avant de recevoir l'application de ce nouveau mode.

Application des grains et coquilles à un train d'essieux croisés et brisés.

Fig. 26, train de voiture à essieux croisés et brisés montés d'après le système susdécrit, et dont les frottements s'exercent sur deux bagues qui se trouvent adaptées l'une au collet, l'autre au bout de l'essieu, représentées sous les lettres *d, d* : ces essieux sont fixés aux roues et tournent avec elles : ils sont figurés par les lettres *a, a*.

e e, chapeau en métal recevant les cônes et les coquilles dans lesquelles s'opèrent le frottement.

f, barre en fer fixée dans les deux chapes servant au maintien des essieux.

Fig. 29, vue en bout de l'une des chapes garnie de son ressort; les cônes et coquilles sont indiquées par les mêmes lettres que dans la figure 22.

Fig. 27, train d'essieu bout à bout, dont les frottements s'opèrent également dans des cônes à coquilles d'acier fondu et trempé, comme dans les figures 21 et 22.

n n, crapaudine servant au maintien des deux essieux; ces deux essieux roulent l'un dans l'autre et forment arc-boutant en se poussant l'un sur l'autre.

f, barre en fer venant se fixer dans les deux chapes servant au maintien des essieux.

Fig. 28, vue en bout de l'une des chapes garnie de son ressort et des cônes et coquilles sur lesquels s'opèrent les frottements.

Fig. 30, plan d'un essieu de wagon pour chemin de fer, garni de ses roues montées d'après ce système : le plan indique également les frottements qui ont lieu dans chaque roue : les parties figurées par les lettres *g*, *g* indiquent la graisse qui se trouve constamment dans le moyeu.

Ce système a pour but de permettre aux wagons de décrire des cercles très-resserrés sans craindre aucun déraillement, attendu que les roues tournent sur les essieux, ce qui les rend indépendantes l'une de l'autre, tandis que, avec l'ancien système, les roues se trouvant fixées sur l'essieu toutes deux, il est impossible de pouvoir décrire une courbe sans courir risque de déraillement, attendu que les deux roues ont forcément une vitesse égale.

L'application de ce système offre donc l'avantage, en parant à cet inconvénient, d'éviter les malheurs qui peuvent en être la suite ; la construction ne laisse rien à désirer comme simplicité et solidité, par l'ensemble des pièces dont il se compose.

On ne devra craindre aucun échauffement dans les moyeux, attendu que le vide qui s'y trouve est constamment rempli de graisse.

Les parties sur lesquelles le frottement s'opère sont d'une telle dureté, que l'usure est insensible, ce que l'expérience a constaté.

a a, coquilles fixées dans le moyeu de la roue au moyen de deux oreilles enlevées dans la pièce : ces coquilles sont retenues par deux petites vis qui les traversent ainsi que le moyeu.

b, *b*, grains en acier fondu incrustés, de leur épaisseur, dans l'essieu et frottant dans les coquilles *a*, *a* : ces grains sont aussi maintenus par une vis perdue dans l'épaisseur.

c, *c*, rondelles en fer trempé qui se trouvent placées entre le paillet et le moyeu de la roue.

d, *d*, moyeu d'une roue de wagon.

e, fusée de l'essieu.

f, conduit servant à introduire la graisse dans le moyeu : l'entrée de ce conduit doit être taraudée pour recevoir un bouchon de liège.

g, *g*, vide formé dans le moyeu de la roue, faisant réservoir à graisse en l'empêchant de pouvoir couler et se perdre en marchant.

Brevet d'invention de cinq ans, en date du 31 *décembre* 1842, *au sieur* CHAMBORÈDON (Raimond), *à Bordeaux, pour un essieu en deux pièces et à manchon tournant.*

Un des dessins, *pl.* 10, représente cet essieu.

Fig. 31 et 32, corps de l'essieu cylindrique. Cette forme, plus simple, est d'une exécution plus facile et moins coûteuse que celle des essieux ordinaires, et surtout d'un nouveau système breveté précédemment.

f, fusées ou portées des roues. Ces fusées ont ici la longueur ordinaire, mais elles peuvent être réduites à une moindre longueur, attendu que l'essieu tourne avec les roues.

e, écrous taraudés à droite.

r, rondelles plaquées contre le moyeu pour la pression de l'écrou.

n, nervure pour empêcher la roue de tourner dans sa portée.

v, virole intérieure de l'essieu contre le moyeu de la roue.

p, portée du palier égale au diamètre de l'essieu.

pp, palier supportant les ressorts de la caisse, remplaçant les patins de l'ancien système et recevant la portée des essieux. dont le frottement se fait en dessus. Ce frottement ne se fait sentir que sur une partie de la circonférence de l'essieu, le coussinet *t* du palier en cuivre bronzé offrant assez de jeu pour cet effet. Ce palier a quatre boutons *b*, pour assujettir les ressorts sur sa portée.

q, manchon qui peut être plus long, afin d'éviter la fatigue résultant du poids : c'est une pièce alésée cylindrique qui reçoit les deux bouts *i* de l'essieu, dont l'un s'y trouve fixé au moyen d'une goupille *j*, l'autre restant libre pour faciliter le jeu des roues lorsqu'elles décrivent une courbe.

w, viroles intérieures soudées à l'essieu et destinées à recevoir le frottement des rondelles *d*, composées de deux demi-cercles, lesquelles sont jointes au moyen de deux boulons afin d'éviter l'écartement des deux pièces *c*.

Le manchon, tournant avec l'essieu, n'a besoin d'être graissé que fort rarement, parce que la rotation des deux bouts *i* n'a lieu que lorsque les deux roues décrivent une courbe.

Il sera pratiqué au palier une petite ouverture, par laquelle un égouttement d'huile aura lieu, pour adoucir le frottement et empêcher les pièces de s'échauffer. A cet effet, un réservoir est placé de manière à ne gêner aucun mouvement.

On peut baser l'avantage de ce système d'essieu :

1° Sur la diminution de la force motrice provenant de la réduction de la portée des paliers, laquelle est de plus de moitié : or, puisque la traction est d'autant plus forte que les frottements sont plus grands, et qu'ici ce frottement, qui d'ailleurs ne se fait sentir qu'en dessus, et sur une partie de la circonférence de l'essieu, est réduit de plus de la moitié, la force motrice doit éprouver une diminution de résistance relative ;

2° Sur l'absence des secousses, inévitables avec les anciens systèmes, et provenant du jeu laissé dans les moyeux et dans la longueur des fusées, graves inconvénients que l'on évite en faisant adhérer l'essieu aux roues ;

3° Sur la rareté, pour ne pas dire sur l'impossibilité de la rupture de l'essieu, à cause de sa division en deux parties, qui laissent entre elles bien peu, mais assez de jeu dans l'ajustage de son manchon ; quant au grippage, il est à peu près impossible ;

4° Sur l'économie notable de la construction, l'incontestable solidité et la simplicité des moyens ;

5° Sur la diminution des frais et embarras de graissage et de réparations, ces dernières pouvant se faire en tous lieux ;

6° Sur la facilité qu'il offre, enfin, de pouvoir employer toutes les roues existantes, puisqu'il n'y a qu'à les fixer à l'essieu.

Nous ferons cependant remarquer, en insistant sur ce point, que les moyeux neufs destinés à l'application de ce système devront être en fer ou en fonte, et seulement de la largeur des jantes, qui seront elles-mêmes calculées selon la grandeur des roues et le poids qu'elles sont destinées à supporter.

Brevet d'invention de dix ans, en date du 29 *septembre* 1837, *au sieur* ABADIE (Jean), *à Toulouse, pour la fabrication de boîtes de roue.*

Pl. 10, *fig.* 33 à 36. *a*, boîte de roue en bronze, coupée suivant son axe.

b, secteurs rapportés dans l'intérieur de la boîte : ils doivent être en corne ou en acier fondu et trempé.

c, anneau rivé à l'extrémité de la boîte pour maintenir les secteurs dans leurs cases.

d, rondelles de cuir pour empêcher la sortie de l'huile.

e, réservoir d'huile ou de graisse.

31 *juillet* 1838, *Brevet d'addition et de perfectionnement.*

Fig. 37, boîte fermée.

a, cuir droit enveloppant une gorge ou rainure pratiquée dans l'embase de l'essieu, pour empêcher la perte de l'huile.

Il est pressé contre la boîte par un anneau en fer *b*, qui est lui-même maintenu par un autre cuir *c*.

Le tout est fixé par la rondelle en fer *d*, fortement serrée contre le moyeu par les écrous *e*.

Fig. 38, boîte ouverte.

f, cuir embouti enveloppant l'embase pour retenir le corps gras.

g, calotte en fonte appliquée sur la tête du moyeu.

h, espace entre deux pour contenir l'huile.

Brevet d'invention de cinq ans, en date du 26 octobre 1843, au sieur NEUMANN (Ferdinand), *à Paris, pour un essieu à double rotation.*

Depuis que l'on avait adopté en France le système des essieux dits à patente, on avait inutilement cherché des perfectionnements qui pussent détruire leurs inconvénients, qui se faisaient principalement sentir pour les voitures de voyage.

Beaucoup de personnes les rejetaient, dans la crainte d'être arrêtées par l'enrayage ou grippement de la boîte sur l'essieu, qui empêche la roue de tourner.

Cet accident était occasioné par l'huile qui se séchait sur la fusée et se retiraif dans le réservoir de la boîte et dans celui du chapeau de devant; la fusée et la boîte, ainsi laissées à sec, finissaient, en s'échauffant, par se prendre et se gripper tellement ensemble qu'elles empêchaient entièrement la roue de tourner.

Les grandes chaleurs et les grands froids provoquaient surtout ces sortes d'accidents, qui deviennent d'autant plus graves, en voyage surtout, qu'il devient impossible, une fois la boîte enrayée, de l'arracher de dessus l'essieu sans la briser, si l'on ne peut s'aider d'une machine spéciale que l'on ne rencontre pas partout, faute de mécaniciens dans cette spécialité.

L'invention du sieur Neumann, pour remédier à ce mal, est une double boîte en fer tournée et trempée, intérieurement et extérieurement, ajustée sur la fusée de l'essieu et recouverte par une boîte en fonte; la première est percée de plusieurs petits trous qui laissent à l'huile du réservoir de la boîte extérieure et du chapeau de devant la faculté de circuler sur toute la fusée, de manière à rendre l'enrayage tout-à-fait impossible; en effet, ces deux boîtes, entraînées l'une par l'autre, tournant l'une sur l'autre, ainsi que sur la fusée de l'essieu, rendent tout grippement impossible, parce que l'une ne peut jamais laisser à l'autre le temps de s'échauffer; car, si l'une des deux boîtes éprouvait la moindre résistance, l'entraînement de l'autre, en fonctionnant en toute liberté, et l'huile, en se communiquant sans interruption par les trous de la boîte en fer, rétabliraient de suite son mouvement.

Ce système nouveau a encore l'avantage, en doublant la rotation, de diminuer d'un quart le tirage.

Description du dessin de l'essieu NEUMANN, *avec boîtes à double rotation.*

Pl. 10, *fig*. 39. *a*, fusée d'essieu avec sa rondelle.

a' creuset d'une rainure pour introduire la boîte extérieure en fonte.

ae, au bout de la fusée, emplacement du collier avec ajustement en fonte.

af, taraudage à filet droit.

ag, taraudage à filet gauche.

aj, bout de l'essieu avec mortaise pour clavette.

b, boîte en fer à double rotation, percée de plusieurs petits trous, tournée et trempée intérieurement et extérieurement.

c, boîte extérieure en fonte de fer.

ch, réservoir d'huile de ladite boîte.

e, collier en cuivre-bronze, ajusté avec méplat sur l'emplacement *a e* : ce collier maintient les deux boîtes sur l'essieu et tourne avec la boîte extérieure par un ajustement cône.

f, écrou à six pans, à filet droit, en cuivre-bronze, vissé sur le taraudage *af*, contre le collier.

g, écrou à six pans, à filet gauche, en cuivre-bronze, vissé sur le taraudage *ag* contre l'écrou droit.

h, chapeau de devant en cuivre jaune, avec réservoir d'huile, se vissant dans la boîte extérieure et fermant entièrement l'essieu.

i, rondelle en cuivre renfermée dans le derrière de la boîte extérieure et faisant rotation avec cette boîte contre la rondelle de l'essieu.

j, clavette pour la mortaise du bout de l'essieu.

Brevet d'invention de dix ans, en date du 29 *février* 1840, *aux sieurs* Amet, Conscience et Morel, *à Besançon, pour un essieu perfectionné.*

Ce procédé est très-simple, il a cependant un avantage tellement grand sur tous ceux qui l'ont précédé, que, par exemple, le cheval qui ne peut conduire qu'une masse ou volume pesant 1,000 kilogrammes, avec une voiture ordinaire, transportera avec la même voiture, et plus facilement, un poids double au moins. Il en sera de même pour tous les roulages et roulements en général, soit mécaniques ou autres.

Le vice éminent du système de roulage et roulement, mis en usage jusqu'à présent, est que pour les voitures on n'emploie qu'une boîte fixée au moyeu, et pour toutes les autres machines roulantes mues par la force des bras, des animaux, de l'air, de l'eau, de la vapeur, des poids ou des ressorts, etc., le roulement ne s'effectue que sur de simples coussinets et crapaudines, boîtes et broches généralement fixées.

Pénétrés qu'un corps fixe, opposé à un corps muable, détruit par le frottement la force et la facilité de ce dernier, les inventeurs se sont occupés de cet inconvénient grave avec la plus scrupuleuse attention, afin de parvenir à détruire ce vice radical dans le roulage et le roulement.

Procédé.

Pl. 10, *fig.* 40. Pour les voitures en général, la fusée de l'essieu doit être en fer, fabriquée de la même forme et de la même manière que celles dont on se sert habituellement; elle est figurée aux plans par la lettre *a*.

Le moyeu ne change par conséquent pas de forme ni de grandeur, mais il diffère des autres, en ce sens que le tronc de cône intérieur doit avoir des bases d'un plus grand diamètre, attendu que c'est dans l'intérieur même de ce cône que se place désormais la pièce d'invention nouvelle. On la peut désigner sous le nom de boîte motrice; elle est représentée aux plans par la lettre *b*.

Cette boîte motrice doit joindre intérieurement celle fixée au moyeu (représentée par la lettre *c*), de manière à ne laisser que l'espace nécessaire entre elles pour que, aussitôt qu'il y a emploi de force, ces deux boîtes se touchent dans toute leur longueur en faisant leur mouvement de rotation.

La boîte motrice étant celle qui, seule, touche la fusée et le moyeu, elle doit être percée en spirale de dix à douze trous de 2 à 3 millimètres (1 à 1 ligne 1/2) de diamètre, pour donner passage à une partie de l'aliment gras qu'elle reçoit, afin d'éviter l'usure qui pourrait résulter du frottement de ces deux boîtes, si, comme la fusée, elle n'était pas alimentée d'un corps gras.

Cette description suffit pour démontrer évidemment les avantages qui résulteraient de l'emploi de la boîte motrice pour toute espèce de roues de voitures, d'usines, de moulins et autres machines en général, lorsque le roulement s'opère horizontalement sur des coussinets, broches et boîtes quelconques, que nous avons cru inutile de figurer sur des plans, attendu que ces pièces doivent être confectionnées selon l'importance de chacune d'elles.

L'avantage principal de ce nouveau procédé, est la facilité de traction opérée par deux corps muables roulant l'un dans l'autre.

Si le roulement doit s'opérer verticalement, la crapaudine doit être confectionnée de manière à pouvoir contenir une calotte ou boîte motrice, qui sépare cette crapaudine du pivot qu'elle doit recevoir, et sa force sera aussi proportionnée au poids qu'elle doit supporter; alors on obtient une facilité de mouvement qui procure un avantage double au moins sur les machines dépourvues de ce perfectionnement, et cela en n'employant pas plus de force qu'on n'en employait avant l'application de cette boîte motrice.

Brevet d'invention de quinze ans, en date du 30 novembre 1844, au sieur LESUEUR, *à Paris, pour une boîte à essieux.*

Pl. 10, *fig.* 41. *a*, boîte d'essieu de wagons et voitures roulant sur les chemins de fer.

b, tourillon de l'essieu.

c, corps de l'essieu.

d, champignon en dehors de la boîte.

e, rouleau libre, tournant sur son axe et percé dans sa longueur.

f, axe ou arbre traversant la boîte et le rouleau.

g, tête de l'arbre.

h, écrou de l'arbre.

i, trous percés dans le fond du réservoir à l'huile et dans le rouleau pour alimenter l'axe.

k, réservoir pour l'huile.

l, trou pratiqué en dehors de la boîte pour introduire l'huile dans le réservoir, il est fermé par un bouchon de liège.

m, boîte vue en dehors de la roue.

n, dessous de la boîte.

o, boulon d'assemblage de la boîte.

Roulage de terre.

Fig. 42, 43. *p*, boîte se plaçant sous le ressort ou sous le brancard de la voiture.

q, dessous de la boîte.

r, boulons d'assemblage de la boîte.

s, rouleau libre tournant sur son arbre ; il est percé dans sa longueur.

t, boulon traversant la boîte et le rouleau.

u, tête de l'écrou du boulon.

v, fusée de l'essieu et son filet pour l'écrou.

x, partie de l'essieu portant sous le rouleau.

y, rondelles placées à chaud sur l'essieu, en dehors de la boîte.

z, corps de l'essieu.

etc, trou pour mettre l'huile dans le réservoir servant à alimenter l'arbre, au moyen de trous faits dans le rouleau.

Monture pour mécanique.

Fig. 44, 45, 46. 1, volant de machine à vapeur et s'appliquant aux roues d'engrenage, roues hydrauliques, arbres de couche, meules à aiguiser, et généralement à tous arbres et tourillons placés horizontalement.

2, tourillon du volant.

3, rouleau portant le tourillon du volant et percé dans toute sa longueur.

4, axe ou arbre traversant la boîte et le rouleau.

5, corps de la boîte.

6, dessus de la boîte.

7, boulons d'assemblage de la boîte.

8, arbre de couche.

9, rouleau percé dans son intérieur de toute sa longueur.

10, axe ou arbre traversant la boîte et le rouleau.

11, dessous de la boîte.

12, dessus de la boîte.

13, boulons d'assemblage.

14, tête de l'arbre, traversant le rouleau et son écrou.

Description de l'essieu de M. BOUVIER, *de Mons.*

La boîte de cet essieu se place à la main dans son moyeu sans employer la moindre force; et, par le moyen d'une rondelle fixée au petit bout, il lui est impossible de se déranger.

Elle présente toute la solidité et toute la propreté désirables et peut contenir une plus grande quantité d'huile sans en perdre une goutte, ce qui arrive à presque toutes les boîtes patentées essayées jusqu'à ce jour; elle offre, en outre, aux cochers, beaucoup plus de facilité pour la graisser.

La fusée de l'essieu possède aussi toute la solidité voulue.

Le tout est placé dans un moyeu portant douze rais et trois jantes confectionnées en bois de fil, cintré par la vapeur.

Légende explicative des figures 47, 48, 49, 50, 51 de la planche 10.

Fig. 47. Coupe longitudinale de la boîte avec l'essieu et ses accessoires.

Les figures 48, 49 et 50 représentent les différentes parties qui servent à fermer la boîte

La figure 51 est un profil de l'essieu et de ses moulures.

Les mêmes lettres désignent les mêmes objets.

a, fusée de l'essieu.

b b, boîte de la fusée en fonte.

c c c, écrou taraudé fixé par la vis *d* à la boîte.

e e, rondelle en cuir fort.

f f f, réservoir d'huile.

g g, écrou extérieur.

h h, chapeau de recouvrement vissé à l'intérieur de la boîte.

Brevet d'invention de cinq ans, en date du 29 octobre 1844, au sieur Gaget (Pierre), *de Lyon, pour le placement en arrière de l'axe des roues de devant, de la cheville ouvrière ou d'avant-train, dans la confection des carrosses à quatre roues.*

Le but principal où tendent tous les carrossiers, est d'obtenir la moindre traction possible dans la confection d'un carrosse à quatre roues.

On sait que plus les roues de devant sont rapprochées de celles de l'arrière-train, plus la traction est facile, et moins il faut de force pour mettre la voiture en mouvement.

Il s'agissait donc, pour atteindre le but proposé, de rapprocher les trains sans nuire à l'équilibre du véhicule, ni à sa solidité, ni à son élégance.

Or il existait, avec les systèmes connus, une difficulté sérieuse. Ces systèmes consistent seulement à placer la cheville ouvrière, soit sur l'axe même des roues d'avant-train, soit en avant; car, maintenant qu'on fait les voitures très-basses, en reculant vers les roues de derrière l'axe de celles de devant, on rencontrait, lorsqu'il s'agissait de tourner, un obstacle dans la caisse même de la voiture et l'on ne pouvait plus décrire qu'un cercle insuffisant.

Le sieur Gaget pense avoir surmonté cette difficulté en faisant le contraire de ce qui était en usage, c'est-à-dire en plaçant en arrière de l'axe la cheville ouvrière, sur laquelle se meut, quand on tourne, tout le système de l'avant-train.

Pl. 10, fig. 52. Nouveau système d'après lequel la cheville se trouve placée à 50 centimètres (1 pied 6 pouces) environ en arrière de la ligne droite idéale qui joindrait les deux centres des roues de devant.

Par suite de cette disposition l'axe desdites roues sera courbe (*fig*: 53).

On pourra également le faire droit si l'on veut, mais en y ajoutant un appendice (*fig*. 54), à l'extrémité duquel est placée la cheville. Cette disposition est purement une affaire de goût.

Pour obvier à l'inconvénient capital dont il est parlé plus haut, M. Gaget a changé la forme de la caisse du carrosse, qui aurait toujours été un obstacle au moindre mouvement de rotation.

Il a donc porté cette caisse plus en avant (*fig*. 52), de sorte que, dans le mouvement de rotation à droite ou à gauche du système entier de l'avant-train, les roues passent en arrière au lieu de passer en avant, en *p*, comme cela a toujours existé.

De cette manière il a pu rapprocher les roues autant que possible, sans gêner le passage nécessaire pour monter dans le véhicule, et par conséquent, rendre le carrosse beaucoup plus facile à traîner.

Après de nombreuses expériences, l'inventeur a reconnu que son procédé s'adapte, avec le plus grand succès, surtout aux carrosses du genre de celui dessiné sur le plan et qui contiennent six places, savoir : deux dans le fond, deux sur le devant au rebours, et deux sur le siège.

On peut l'appliquer aussi aux landaus, berlines de tout genre, en changeant, bien entendu, les dispositions de la caisse, afin de ne pas gêner le mouvement de la roue décrivant, en dedans, un quart de cercle et plus ; le marche-pied *m* est adapté au ressort des roues de l'arrière-train et vient en avant (*fig*. 52).

Brevet d'invention de cinq ans, en date du 9 décembre 1841, aux sieurs Stains *et* Sauset, *à Paris, pour des ressorts en cordes et des essieux bandés.*

Premièrement. Ressorts en cordes.

La résistance des corps est de deux espèces, l'une de dureté, l'autre de tenacité, deux puissances qui varient dans leurs proportions suivant la substance; d'où il suit que la meilleure construction est celle où toutes les parties qui la composent sont placées dans les circonstances les plus favorables au développement de leur maximum de force, disposant le bois de bout, le fer en tirage, etc., etc. : c'est ainsi que la poutre armée et les longues chaînes de fil-de-fer sont venues successivement remplacer la poutre grossièrement équarrie et la massive arche de pierre.

La voiture cependant est restée en arrière de tout progrès, quant à ses ressorts et essieux qui sont encore massifs et dispendieux au-delà de toute proportion.

C'est dans le but de parer à ces deux inconvénients, que MM. Stains et Sauset ont construit leurs ressorts en cordes et leurs essieux bandés.

La tenacité des fils métalliques est prodigieuse, comparée à leur volume, leur élasticité est aussi considérable; de là l'immense avantage de les employer à la traction; moyen par lequel on met en action le maximum de force du metal, obtenant, par conséquent, sous un très-petit volume, une grande solidité et beaucoup d'élasticité.

Ainsi, par exemple, prenant une tringle d'acier trempé de un mètre de longueur sur 3 centimètres de diamètre, on trouve que la tenacité, dans le sens de la longueur, est de 75,000 kilogrammes, et que son élasticité est de 1/100 de cette même longueur, ou un centimètre, le poids total de la tringle étant de 5,600 grammes.

Multipliant l'élasticité par 12, au moyen d'un levier, on obtient, poids suspendu, 6,250 kilogrammes, élasticité 12 centimètres.

Calculant maintenant la suspension à moitié force, on trouve, poids suspendu 3,125 kilogrammes, élasticité 6 centimètres ; poids de la substance élastique 5,600 grammes ou à peu près 1/560 du poids balancé, tandis que les ressorts ordinaires sont avec le poids qu'ils suspendent, dans des rapports qui varient de 1/10 à 1/4, et quelquefois même davantage.

Une fois ce principe établi, les inventeurs n'avaient plus qu'à procéder à son application, dans laquelle ils ont senti que le point le plus important était de donner, à l'aide du levier, à leur ressort qui ne pouvait être d'une longueur suffisante, toute la souplesse nécessaire à une bonne suspension, sans cependant nuire à son action élastique par des frottements pénibles ; alors ils ont reconnu, après des expériences multipliées, que la torsion d'une corde entre deux points fixes pouvait fournir le système de levier le plus propre à remplir ce double but.

Il suffit donc de choisir sur la voiture deux points d'attache solides et capables de résister, d'y fixer les extrémités d'une ou de plusieurs cordes formées de fils métalliques ou de toute substance fibreuse susceptible d'une résistance élastique, et, par un levier introduit entre elles, d'opérer la distension des cordes par une torsion progressive, pour obtenir, à l'extrémité de ce levier, opposée au point de torsion, une force de suspension égale à un poids donné ; lequel poids agira sur la corde par torsion, comme un poids multiplié par la longueur du levier agirait sur la même corde par torsion.

Cette tension par torsion se retrouve dans la monture de la scie ordinaire, comme aussi dans d'autres appareils mécaniques; mais ce qui distingue l'invention que nous citons de la corde de la scie, comme de toute autre corde tendue par ses extrémités et tordue entre ces deux points résistants, c'est qu'ici le mouvement imprimé à la corde par le levier est un mouvement de torsion simple, tandis qu'ailleurs le levier, non guidé dans sa marche, imprime à la corde, outre le mouvement de torsion, un autre mouvement de pression qui cause dans ses fibres des tiraillements qui ne tardent pas à la détruire.

Pour obtenir cette torsion simple et uniforme, il faut imprimer à la pièce qui sert à tordre un mouvement de rotation simple sur l'axe de la corde, soit à l'aide d'un tube, sous la forme de celui représenté *fig.* 1, *Pl.* 11, soit à l'aide d'un double engrenage (*fig.* *y*), d'un anneau fixe (*fig.* *x*), ou d'un double levier (*fig.* *z*), soit enfin par tout autre moyen mécanique.

Nous devons faire remarquer que ces trois figures *x*, *y*, *z* sont dans de plus grandes proportions que celles des autres figures : nous avons fait cette distinction, parce que ces figures ne sont tracées que comme indice des différents moyens d'opérer la rotation simple de la pièce tordante, et n'ont aucun rapport direct avec le dessin, sur échelle, d'un essieu muni de ses ressorts et dont suit l'explication.

Les figures 2 à 6 représentent, en plan, coupe et élévation, un essieu garni de ses deux ressorts.

La partie élastique se compose d'une corde d'acier trempé doux (*fig.* 6), fixée à ses deux extrémités dans deux poignées ou pinces 4, dans lesquelles chacun de ses brins, terminé en anneau, est retenu par deux goupilles transversales, et tordu à son centre par un boulon en fer 6, percé d'autant de trous qu'il y a de brins tordus; ce mouvement de torsion est communiqué au boulon par le tube 7, dans lequel ce dernier se fixe par une vis transversale; le tube 7, mobile dans toute sa longueur, est ajusté sur les poignées autour desquelles il tourne pour obéir à la pression que lui communiquent les leviers 8, qui font corps avec lui.

Les leviers 8 sont terminés, près du tube, par un anneau soudé sur ce dernier, et, à l'autre extrémité, par une attache semblable à celle qui termine le ressort actuel et le joint à la voiture.

Les autres figures représentent en détail les objets qui se rattachent plus particulièrement au ressort, et leurs chiffres correspondent aux dénominations données sur les figures 2 à 6, excepté toujours pour les trois figures *x*, *y*, *z*, distinction déjà expliquée.

Deuxièmement. Essieux bandés.

La pièce la plus propre à recevoir les deux extrémités du ressort en corde a paru aux inventeurs devoir être l'essieu; cette partie si lourde et en même temps si fragile de la voiture, parce qu'ils ont remarqué qu'en bandant ainsi leur corde, dont la pression est beaucoup plus considérable que celle du poids suspendu sur l'essieu même chargé de supporter ce poids, ils bandaient également ce dernier, lui donnant par là une résistance bien supérieure à celle dont il était doué auparavant.

Cette seconde amélioration dans les voitures peut être donnée à l'essieu, indépendamment du ressort; pour cela il ne s'agit que de la construire en deux parties distinctes, dont l'une fera l'arc et l'autre la corde de cette partie transversale, à l'instar de la poutre armée en usage dans les bâtiments.

Ainsi, même un essieu ordinaire auquel on ferait une fente longitudinale horizontalement de l'une à l'autre fusée, fente que l'on ouvrirait ensuite pour la remplir d'un noyau de chêne boulonné avec les deux lames de fer, acquerrait, par cette seule opération, une force plus que double de celle qu'il avait auparavant.

Il est nécessaire de dire que la fente doit à peine pénétrer dans les fusées, et aussi que la partie supérieure ou arquée doit être deux fois aussi épaisse que la partie inférieure qui agit comme corde.

Troisièmement. — Suspension conjointe.

Les voitures suspendues sont sujettes à un sérieux inconvénient, celui de verser d'autant plus facilement que la suspension est plus douce, particulièrement dans les tournants, alors que la force centrifuge développée par le mouvement circulaire, rejetant le poids de la charge sur le ressort extérieur, ce dernier s'affaisse, s'anéantit, pour ainsi dire, tandis que le ressort intérieur, soulagé de la plus grande partie de sa charge habituelle, se relève de toute sa puissance.

Pour obvier à cet inconvénient, on peut suspendre la voiture par des leviers conjoints, agissant simultanément, relevés qu'ils sont par une force unique; il est évident alors que l'un d'eux ne pourra se baisser sans faire céder le ressort qui les maintient tous, et que, conséquemment, le support manquant aux autres, ils suivront simultanément la dépression du levier qui aura supporté le choc ou l'accroissement de charge, baissant et se relevant au même degré que lui.

Dans les figures 2, 3, 4, nous avons représenté quatre leviers joints deux à deux par un tube qui leur communique la même résistance et le mouvement parallèle sus-énoncé, mouvement qui donne à la voiture ainsi suspendue toute la solidité dont jouit la charrette commune.

Par ce dernier moyen la voiture suspendue conserve toujours son parallélisme avec le terrain sur lequel elle progresse.

Brevet d'invention de quinze ans, en date du 21 *octobre* 1843 *au sieur* LAROCHE (Pierre-François-Alfred), *à Paris, pour des ressorts de capotes de cabriolets.*

Le sieur Laroche a eu l'idée d'appliquer aux compas servant à ouvrir et fermer la capote des cabriolets, calèches, etc., un mécanisme qui pût dispenser de l'emploi d'une courroie dans l'intérieur de la voiture; ce qui était non-seulement désagréable à la vue, mais encore pernicieux pour le drap ou toute autre étoffe servant de doublure à la capote et qui se trouvait promptement coupé et déchiré, ce qui nécessitait bientôt un remplacement sinon total, du moins partiel.

Pour éviter ce dernier inconvénient, les cochers de voiture de place ont imaginé d'attacher les branches du compas avec une courroie ; mais ce moyen disgracieux ne pouvait être employé pour les voitures de maître, et encore dans les voitures de place était-il très-gênant ; car, dans un cas de pluie spontanée, il ne permettait pas de relever la capote avant d'avoir successivement détaché, du dehors, les deux courroies, ce qui demandait un certain temps ; cette courroie était d'ailleurs très-promptement usée par les secousses de la capote.

Il devenait donc nécessaire d'employer un mécanisme quelconque pour se dispenser de l'emploi de ces courroies tant à l'intérieur qu'à l'extérieur, et faire servir les branches mêmes du compas à tenir la capote plus ou moins fermée, à volonté, sans qu'il y ait à craindre qu'une fois fermée elle changeât de position.

Celui dont nous donnons ici la description est des plus simples : appliqué d'abord à la hâte, il laissait à désirer des perfectionnements que son auteur y a apportés plus tard, et dont nous donnerons aussi le détail.

Dans la première application, le nœud du compas, ainsi que les branches, sont construits comme de coutume ; seulement, le rivet du nœud est un peu en saillie en dehors des branches ; et cette partie en saillie *a* est dentelée de manière à former un cric circulaire, comme on le voit *fig.* 7, 8 et 12, *Pl.* 11. Le noyau du nœud est carré, *fig.* 10, dans la partie supérieure, et rond, *fig.* 11, dans la partie inférieure, afin que le rivet ne tourne pas et qu'il serve simplement d'axe aux branches. De cette manière, la partie dentelée se trouve toujours dans la même position absolue ; sa position relative varie seule, selon le plus ou moins d'écartement des branches du compas ; sur l'une de ces branches est une petite clavette circulaire *b* (*fig*. 7, 8 et 9), qui tourne autour du goujon *o*; l'extrémité opposée de cette clavette forme un cran ou dent *s*, en sens contraire des crans ou dents du cric *a*. On conçoit facilement que, si l'on fait pénétrer la dent de cette clavette *b* dans une dent quelconque du cric, les branches du compas ne pourront plus s'écarter, à moins de briser l'une ou l'autre de ces dents. Pour désengrener le cric d'avec la clavette, il suffira de la soulever en rapprochant un peu les branches ; et comme ce rapprochement ne peut s'effectuer qu'à la main, car la capote tend toujours à se fermer plutôt qu'à s'ouvrir, on peut être certain que la clavette une fois entrée dans le cric, la capote restera ouverte de la quantité voulue. Ce mécanisme, par sa simplicité, coûte moins que la courroie, et son ajustage n'a rien de disgracieux, puisqu'il est à peine perceptible. On peut, sans aucune difficulté, l'adapter en quelques heures aux anciennes voitures. Il peut indifféremment être placé au nœud du compas, comme nous venons de le décrire, ou dans un des goujons, ou bien à toute autre place que l'on préférerait.

6 *février* 1844. — *Brevet d'addition et de perfectionnement.*

Le dessin fait connaître les différences du nouveau système avec celui qui l'a précédé.

Fig. 13, vue en-dessus du compas et du mécanisme.

Fig. 14, vue en dessous des mêmes pièces.

Fig. 15, petite clé servant à soulever l'arrêt.

Fig. 16, vue séparée du semple.

Fig. 17, vue séparée du nœud.

Fig. 18, vue de côté du mécanisme.

Le nœud *r* et le semple *p* sont réunis par un rivet *a*, dont la tête est en dessus ; l'extrémité du rivet placée en dessous est retenue par une petite clavette x. Dans la tête de ce rivet a, sont pratiqués des trous o, o, o, o, dans lesquels s'enfonce un goujon ou tige d'arrêt v, rivé sur une petite plaque k, sur laquelle est également rivé le pivot autour duquel tourne la clé d.

Le nœud r a un arrêt fixe qui s'enfonce dans un des trous o, de la tête du rivet a. Le nœud et le rivet sont donc toujours liés ensemble, le semple seul peut changer de place par rapport à la tête du rivet ; mais l'arrêt v qui traverse le semple p, venant s'enfoncer dans un des trous du rivet, on conçoit que ni le nœud ni le semple ne bougeront, puisqu'ils seront retenus chacun dans un trou de la tête du rivet.

Pour écarter ou rapprocher les branches du compas, il faut faire sortir l'arrêt v, du trou du rivet dans lequel il est enfoncé; et pour cela l'inventeur emploie une petite clé d, rivée sur la même plaque que l'arrêt et entourée d'un ressort à boudin : en appuyant sur le bouton, *fig.* 6, la clé entraîne la plaque k, et par suite, l'arrêt v qui y est fixé, sort du trou ; la tête du rivet du nœud se trouvant alors dégagée, le compas peut s'ouvrir ou se fermer ; mais naturellement l'arrêt v retombera dans le premier trou qu'il rencontrera, si on cesse de presser sur la tête de la clé ; car le ressort à boudin tend à le renvoyer dans sa position première.

Pour éviter de presser à chaque fois quand on veut fermer ou ouvrir entièrement le compas, on tourne un peu la clé après avoir pesé dessus, et alors l'extrémité recourbée se mettant en travers de l'ouverture m, la clé ne peut retomber que lorsqu'on la tourne ; par suite, on peut ouvrir ou fermer le compas comme s'il n'y avait pas d'arrêt et avec autant de facilité.

Ajoutons que ce mécanisme, dont la simplicité est extrême, n'est sujet à aucune réparation, parce qu'il est en même temps d'une grande solidité et, pour ainsi dire, inusable.

Brevet d'invention de cinq ans, en date du 18 *mai* 1845, *au sieur* Goetz (Louis), *à Paris*, *pour des ressorts de voiture.*

Nouveau genre de cabriolet.—*Pl.* 11, *fig.* 19. Le derrière est monté sur deux ressorts en colimaçon, perfectionnés ; ils ont trois oreilles de forme ronde, ou plate si on le préfère, lesquelles sont soudées en patins longs ou courts. Ces deux ressorts sont fixés sur les traverses avec un boulon dans chacune d'elles et un dans le brancard. Le haut des ressorts est arrêté avec un crochet, un écrou au bout adapté aux deux mains. Le devant est arrêté avec des ressorts ordinaires, seulement il y a au milieu un pivot qui forme une main ; les deux bouts des ressorts sont arrêtés avec deux mains aux deux menottes : par ce moyen le cabriolet est beaucoup plus léger, puisqu'on peut raccourcir le train et supprimer les gros ressorts.

Tapissière. — Elle doit être montée sur quatre ressorts ; deux sur le derrière et deux sur le devant : ces ressorts sont arrêtés avec deux boulons dans le brancard et un boulon dans la traverse ; le haut est arrêté avec un crampon dans une traverse de la caisse et avec un écrou au bout.

Coupé. — Il serait monté avec quatre ressorts également, deux sur le devant et deux sur le derrière : ces ressorts sont fixés sur l'essieu avec quatre boulons qui prennent dans les oreilles des ressorts ; deux traverses en dessous : le haut est arrêté avec deux crochets dans les mains, qui auront un tirant en acier ou en tringle dans chaque ressort ; les tirants de derrière seront arrêtés avec une main à la caisse, et le tirant de devant après le volet, avec une autre main.

Char-omnibus ou toute autre voiture sans train à quatre roues. — Ces voitures seraient montées sur huit ressorts, quatre sur le devant, quatre sur le derrière, lesquels seraient eux-mêmes montés sur une embrasure et un patin en dessus avec un petit talon. Les deux parties arrêtées avec deux boulons embrasseraient l'essieu ; il y aurait aux patins une boud'acier ou tringle en fer, qui serait soudée et arrêtée après la caisse ; cette lame servirait pour les tirants et pour maintenir l'écartement des roues : le petit bout du ressort arrêté avec un crochet et un écrou au bout, poserait en bas sur les embrasures ; le haut serait arrêté avec quatre boulons dans les oreilles des ressorts aux quatre brides, lesquelles prendraient dans les patins qui seraient soudés après les ressorts : le devant semblable au derrière, excepté les deux tirants, qui prendraient dans les volets avec une main.

Tombereau. — Le montage des ressorts serait le même que pour le char, excepté le haut, qui serait arrêté avec des brides ; les tirants prendraient dans les brancards avec deux mains.

Les ressorts de la figure 19 sont montés de même que les autres, excepté qu'ils le sont sur des voitures qui ont des trains, ce qui rend les tirants inutiles ; on peut à volonté monter le petit bout en haut comme en bas.

Nouveau genre de ressorts pour les corps pesants et pour résister à une pression soudaine et continue, par M. J. Woods.

Ces ressorts d'un nouveau genre consistent à en former le corps avec des barres plates d'acier d'égale largeur et d'égale épaisseur dans toute leur étendue, excepté aux deux bouts, et à les disposer de manière que le mouvement occasioné par la pression tende à faire fléchir la lame sur sa largeur et non plus sur son épaisseur, ainsi qu'on l'a fait jusqu'à présent.

Pour atteindre ce but, on enroule une lame en acier autour d'un mandrin ou noyau de forme cylindrique, carrée ou autre, soit en spirale, soit en volute; après quoi, cette lame, ainsi roulée, est trempée, et soumise au recuit, suivant les procédés employés ordinairement dans la fabrication des ressorts.

Lorsqu'on adopte la forme spirale, le sommet et la base de la spirale se rapprochent l'un de l'autre lorsqu'on soumet à la pression, et quand on charge le ressort autant que le permet l'élasticité de l'acier, il prend la forme d'une volute.

Si on adopte au contraire la forme d'une volute, l'addition d'un poids fait sortir les tours intérieurs et prendre au ressort une forme spirale qui augmente de hauteur avec la pression.

Pour faire ces ressorts en spirale, on se sert d'un mandrin de fonte ou autre matière, ayant la forme et les dimensions exactement semblables à celles de l'intérieur du ressort. Ce mandrin est muni d'une tige en fer forgé, d'un collier et d'une clavette ; la lame, dont les extrémités sont tournées ou forgées de manière à s'ajuster sur ladite tige, y est fixée solidement par la clavette et le collier, puis enroulée en spirale au marteau, pendant qu'elle est chaude, sur ce mandrin. Après quoi on l'enlève, on la trempe et la recuit à la manière ordinaire.

Pour faire les ressorts en volute, on enroule au marteau la lame sur le mandrin, de façon que le bord reste dans tous les tours à la même hauteur.

Dans les ressorts en spirale, on enlève toujours une portion de chaque extrémité pour établir carrément une base et un sommet à la direction perpendiculaire de l'application de la force ou du poids.

La figure 20, *Pl.* 11, représente une vue en élévation du ressort en spirale perfectionné.

La figure 21 en est la projection horizontale.

La figure 22, un mode d'application de ces ressorts perfectionnés en spirale pour porter la charge des voitures de chemin de fer.

La figure 23, deux de ces ressorts combinés pour porter les mêmes voitures.

La figure 24, une autre application de ces ressorts aux tampons et barres de tirage.

La figure 25, une section horizontale où l'on a représenté l'application de la forme volute aux ressorts pour tampons et pour tirage.

Les ressorts de voiture *a*, *a*, *a* (*fig.* 22 et 23) sont placés entre les plaques d'appui *b*, *b*, et reposent sur une plaque *c* immédiatement au-dessus de l'essieu. Une plaque supérieure *d*, boulonnée sur celles d'appui *b*, pose sur ces ressorts, à travers lesquels passe une cheville *e* (implantée sur la plaque *d*), ainsi qu'on le voit au pointillé dans la figure. On voit aussi, dans les figures 24 et 25, que les tiges de tirage et de tampons *f* et *gg* passent par le milieu des ressorts et tirent ou poussent, suivant le cas, contre leur partie centrale.

Pour obtenir des ressorts de forces différentes, on fait varier la largeur et l'épaisseur du métal, ainsi que le pas de la spire, que l'on peut faire plus ou moins haut en combinant entre elles ces diverses conditions.

Brevet d'invention de cinq ans, en date du 9 *avril* 1835, *au sieur* PERDRIZAT (François), *à Bourges* (*Cher*), *pour une machine propre à tourner à froid les cercles des roues de voitures.*

Description.

Pl. 11, *fig.* 26, plan de l'appareil.

Fig. 27, coupe.

Cet appareil, destiné à tourner à froid les embattages à cercles des roues de voitures, consiste en une plate-forme ronde en fer fondu, solidement établie à hauteur d'appui pour la plus grande facilité de la manœuvre du levier qui y est fixé.

Cette plate-forme, de 1 mètre (3 pieds) de rayon sur 3 ou 4 centimètres (13 ou 16 lignes) d'épaisseur, est figurée en grande partie dans le plan (*fig.* 26), et désignée par *a*, ainsi que dans la coupe (*fig.* 27); elle est percée au centre et à la surface de douze rainures *b*, de 4 centimètres (16 lignes) de largeur sur 5 décimètres (18 pouces) de longueur, disposées dans le sens des rayons.

c, pièces disposées sur chacune des rainures *b*; elles sont placées selon la direction du cercle ponctué *d*. La figure 3 représente séparément une de ces pièces.

e, partie saillante de la pièce *c* : cette partie est semblable dans toutes les pièces et calculée de manière à glisser facilement dans toutes les rainures de la plate-forme; elle sert à maintenir chaque segment de cercle que forment les pièces *c* dans une direction invariable par rapport au centre de la machine et au rayon tracé par les rainures du cercle que l'on doit former.

Ces parties saillantes ne doivent pas descendre dans toute l'épaisseur de la plate-forme, comme on le voit (*fig.* 27), afin que le boulon *f* (*fig.* 26) puisse serrer et maintenir convenablement chacune des pièces où on voudra les fixer.

On conçoit qu'en faisant glisser les douze pièces *c* dans leurs rainures respectives, ou pour former des cercles concentriques de divers diamètres, et, bien que la figure 26 ne représente qu'une partie de la plate-forme, elle suffit pour que l'on puisse se rendre raison de l'effet de tout son ensemble et de celui des douze pièces *c*, dont cinq seulement sont tracées et une sixième ponctuée.

g (*fig.* 26), levier agissant sur les embattages à tourner : il est composé de trois barres de gros fer carré de 50 à 60 millimètres (22 à 26 lignes) de côté et a une longueur totale de 6 à 7 mètres (18 à 21 pieds); il est brisé en *h*.

i, pièce de bois plus ou moins longue terminant le levier.

k, brides réunissant les trois barres qui composent le levier : ce levier *g* pourrait être d'une seule pièce; mais alors il coûterait beaucoup plus.

l, espace vide dans le levier : cet espace est destiné à recevoir la pièce qui porte le galet qui doit appuyer sur le fer qu'il s'agit de cintrer.

m, galet qui ne se voit qu'en partie dans la figure 26, parce qu'il est recouvert par le levier : les parties non couvertes sont tracées par des lignes pleines, et le surplus est ponctué. On voit ce galet en entier (*fig.* 27) où il est figuré en coupe, pour faire comprendre la disposition de l'essieu *n* qui porte une embase et dont la tige carrée porte aussi des mortaises pour recevoir un coin ou une clé destinée à le fixer.

On peut voir (*fig.* 27) que le galet *m* n'est pas retenu dans son essieu, et que, si on soulevait le levier, il demeurerait sur la plate-forme; il est légèrement arrondi en goutte de suif, en dessous, afin de ne pas être arrêté dans sa marche par les rainures de la plate-forme dans lesquelles il pourrait, sans cela, se trouver engagé.

o, axe sur lequel se meut le levier : il est retenu en dessous par un écrou, et le levier y est fixé au moyen d'une rondelle et d'une clavette, comme l'essieu du galet, disposition qui se voit dans la figure 27.

La plate-forme doit être fixée sur une charpente solidement établie sur le sol par un scellement ou tout autre moyen.

Usage de l'appareil.

On suppose que les douze pièces *c* (*fig.* 28) sont rangées et fixées sur la plate-forme selon la ligne ponctuée *d d*. *p* étant la lame de fer destinée à former le cercle, on en lie l'extrémité *q* au moyen de la bride à écrou *r*, en serrant la vis à la romaine *s*, puis on amène le levier au point *q* ; on fait glisser le galet *m* de manière à toucher le banc, et on le maintient en place au moyen du levier *n* et de la clef que l'on enfonce avec un marteau ; alors il ne s'agit plus que de faire marcher le levier de *q* en *p*, et de lui faire faire le tour de la plate-forme, au moyen de la force de deux hommes employés à l'extrémité du levier, qui peut être plus ou moins long.

Le galet *m* appuyant sur la lame de fer à courber, en tournant sur son essieu convenablement graissé, force la lame de fer à s'appliquer le long de la surface circulaire des pièces *c*, et, quand le levier a fait le tour entier de la plate-forme, le cercle destiné à embattre la roue est parfaitement arrondi, sans qu'il ait été besoin d'employer le marteau ni le feu, opération qui, selon la force du cercle à tourner, exige ordinairement la consommation d'une grande quantité de charbon et de plusieurs journées d'ouvriers; tandis qu'à l'aide de cette nouvelle machine elle n'exige que quatre à cinq minutes pour chaque cercle. Ce procédé apporte donc une grande économie de temps et de combustible ; il sert encore à éprouver le fer; car, s'il était aigre ou cassant à froid, il se gercerait infailliblement dans l'opération, défaut qui doit le faire rejeter.

Comme le fer travaillé à froid éprouve le plus souvent, par l'écrouissement, une forte détrempe, il acquiert par là de l'élasticité, et les deux bouts du cercle rapprochés par la machine font ressort et s'écartent un peu aussitôt qu'ils sont libres.

Pour obvier à cet inconvénient, il faut toujours tourner chaque cercle sur un diamètre moindre que celui de la roue à laquelle il est destiné : la différence doit être de 54 à 81 millim. (2 à 3 pouces) afin que les deux bouts se trouvent disposés comme il convient pour être écrouis et préparés pour la soudure ; mais, pour obtenir cet effet, quand on est arrivé à 48 centim. (1 pied 1/2) du bout de la barre, on desserre la bride, on change la barre de bout et on fait un second tour.

Il faut toujours être muni de deux ou trois assortiments des pièces *c* (*fig*. 28) fondues sur différentes grandeurs de cercles, afin de pouvoir en tourner de toutes les grandeurs. Quand il ne s'agit que des roues ordinaires qui ne varient guère que de quelques pouces dans leur diamètre, un seul assortiment peut suffire. Il n'est rigoureusement nécessaire d'en avoir d'autres que pour les roues des voitures de l'axe, grandes et petites, et les roues destinées à divers usages, dont le diamètre peut varier à l'infini.

Brevet d'invention de cinq ans, en date du 16 *novembre* 1841, *au sieur* David (Jean-Georges), *à Paris, pour la fabrication de bandes de roues.*

Les bandes de roues se fabriquent ordinairement avec des barres de fer de toutes dimensions, que l'on forge et recourbe en cercle selon la dimension du rayon des roues : puis, après leur ajustement sur cette roue, on les fore à la machine à percer pour le passage des chevilles en fer qui retiennent le cercle sur la jante.

Le nouveau procédé consiste à donner au fer, aussitôt sa sortie du laminoir qui le divise en barres, la forme circulaire de toute dimension et de tout rayon, pour fournir ainsi au commerce des cercles terminés.

On se sert d'un laminoir composé de deux cylindres : l'un *a* porte sur sa circonférence diverses séries de gorges rectangulaires de toutes largeurs et profondeurs, pour obtenir des barres de toutes dimensions ; le second *b* est mis sur sa surface, mais porte, sur sa circonférence et en regard du cylindre *a*, des broches ou poinçons. Par cette disposition, la barre, tout en se confectionnant à la sortie du fourneau, se trouve percée aux distances voulues pour le placement des chevilles de fer ou boulons à écrous qui doivent, par la suite, fixer le cercle sur la roue.

Dans cette première opération la barre se trouve confectionnée aux dimensions voulues et percée, en même temps, aux distances déterminées par les poinçons en regard des gorges, lesquelles sont réparties à des distances proportionnelles aux grandeurs des cercles.

Ces poinçons sont ajustés, à double portée, dans l'épaisseur du cylindre *b*, puis vissés, ce qui les consolide parfaitement. La barre de fer n'est pas percée dans toute son épaisseur, pour que le poinçon ne vienne pas butter contre la surface du cylindre inférieur ; les gorges sont taillées de manière à former biseau à l'un des angles de la barre, pour faciliter son ajustement ou son entrée sur le bois.

Après cette première opération la barre est coupée ; puis amorcée aussitôt sur deux enclumes disposées à cet effet : elle est alors assujettie en un point (par une cheville ou un boulon) sur la circonférence d'un des cercles de la pièce ; puis on imprime à celle-ci un mouvement circulaire, et la barre, pressée par un rouleau, est obligée de contourner la circonférence sur laquelle elle est assujettie ou fixée par une extrémité.

La pièce de fonte a la forme d'une poulie-cône à divers rayons disposée selon les grandeurs des cercles à obtenir. Cette pièce est traversée par un pivot qui lui permet un mouvement de rotation.

La barre de fer, ayant ainsi reçu la courbure circulaire qui lui convient, est alors immédiatement soudée par les deux bouts, puis apportée pour son refroidissement sur un cercle calibré qui reçoit successivement les bandes terminées.

En résumé, ce procédé consiste à former la barre de fer et à la percer en même temps aux distances déterminées, puis à couper cette barre de longueur et l'amorcer aux deux bouts; enfin à l'assujettir, par une extrémité, sur une pièce circulaire mobile ; et à la forcer par la pression d'un rouleau à prendre la courbure de la pièce de fonte, et, en dernier lieu, à souder ensemble les amorces pour terminer le cercle, puis transporter ce cercle, ainsi fini, sur un plateau circulaire du même rayon pour le refroidissement.

Ce nouveau mode de fabrication des bandages de roues offre plus de régularité et de célérité. Il permet d'obtenir des cercles d'une courbure irréprochable. Nous venons de dire bandages des roues, c'est que le même procédé leur est applicable aussi bien qu'aux cercles des roues. En diminuant ou augmentant la circonférence de la pièce circulaire on peut fabriquer, par ce moyen, des cercles pour toutes sortes d'usages.

Machine pour cercler les roues à froid par M. DELBECKE (Jean), *constructeur de voitures à Courtrai.*

La machine dont nous donnons le dessin, telle qu'elle a été exécutée, demande peut-être quelques améliorations qui en rendront l'emploi plus général.

Elle se compose de trois cylindres reposant horizontalement sur des supports fixés dans un bâtis en bois. Deux de ces cylindres sont cannelés et ont leurs tourillons placés dans des coussinets fixes, tandis que le troisième, celui du milieu, étant uni, peut, à l'aide de deux vis de pression, monter et descendre, et, par conséquent, imprimer à la barre de fer, placée tangentiellement sur les deux premiers, une courbure conforme au rayon de la roue.

Ces trois cylindres reçoivent un mouvement de rotation par un système d'engrenage dont il est facile de se faire une idée par les figures 29, 30, 31 et 32, *Pl.* 11.

Cette machine procure une grande économie de combustible et de main-d'œuvre, parce que deux ouvriers, les moins habiles, peuvent cercler et ajuster quatre roues dans un quart-d'heure, et que sa grande simplicité et son volume la rendent très-portative.

Légende explicative.

La figure 29 est la projection horizontale de la machine.

Fig. 30 et 31, élévation de la même machine vue de face et de côté.

Fig. 32, coupe transversale faite par le milieu, suivant la ligne 1, 2.

Les mêmes lettres désignent les mêmes objets dans toutes les figures.

AA, bâtis en bois de chêne.

BB, cylindres en fonte, cannelés, à dentelures angulaires. et dont les tourillons reposent dans les coussinets fixes.

C, cylindre en fonte, uni.

DD, coussinets mobiles.

EE, supports en fonte pour recevoir les coussinets mobiles.

FF, vis taraudées dans des écrous en cuivre, et dont les bouts inférieurs sont pourvus de pattes vissées aux coussinets.

G, G, G, G, roues dentées qui transmettent le mouvement de rotation aux cylindres B'B.

I, I, pignons.

M, manivelle.

N, barre de fer destinée à être cintrée.

Brevet d'invention (patente anglaise, du 18 *avril* 1844), *en date du* 6 *janvier* 1845, *au sieur* HÉALE, *à Clapham, Angleterre, pour des perfectionnements apportés à la construction des voitures.*

L'invention consiste à construire la carcasse des voitures avec des barres en fer forgé, soudées au marteau, et recouvertes ensuite de plaques de métal.

Les figures 1, 2, 3, *Pl.* 15, représentent ces perfectionnements dans leur application à la construction d'une voiture destinée au transport des voyageurs sur les routes ordinaires. On n'a besoin d'aucune vis, d'aucun rivet pour assembler les diverses parties; tous les joints peuvent être soudés aisément au marteau, de manière à former un cadre ou une carcasse solide devant recevoir les panneaux et les autres parties de la voiture.

Cette voiture est disposée pour douze voyageurs à l'intérieur et onze à l'extérieur, elle est divisée en trois caisses *a*, *b*, *c*.

Les roues de l'avant-train sont montées comme à l'ordinaire; mais celles de derrière le sont sur un essieu courbé, afin que cet essieu puisse passer sous la caisse *c* de la voiture.

La figure 6 présente une modification apportée aux moyeux employés pour supporter l'arrière-train de la voiture.

On se dispense de l'emploi d'un essieu continu ; les roues sont montées sur de petits axes ou essieux *a*, fixés sur une boîte *b* qui glisse, sur galets, dans une coulisse *c* pratiquée sur un des côtés de la voiture.

Sur les extrémités supérieure et inférieure de cette coulisse sont fixés des bras en équerre *d*, *d*, qui doivent recevoir la tige conductrice *e* dont la partie inférieure traverse la boîte mobile *b*, sa partie supérieure étant entourée d'un tube *f*.

A l'intérieur, tant de ce tube *f* que de la boîte *b*, et autour de la tige conductrice *e*, circule, en hélice, un fort ressort *g* capable de supporter le poids de la voiture, mais, toutefois, assez élastique pour donner un mouvement doux à cette voiture quand elle roule sur des chemins inégaux.

Le verre à vitre est monté dans un cadre mince, en métal, qui joue dans des coulisses aussi en métal ; un anneau, fixé à la partie supérieure du cadre, sert à le remonter ; dans la cavité où descend la vitre, un morceau de cuir ou de gomme élastique, plié et replié sur lui-même, amortira, par son élasticité, la chute de la vitre ; de la sorte, on évite le bruit, si incommode, que cause le tremblement des vitres.

Les figures 4 et 5 représentent des perfectionnements spécialement applicables aux voitures marchant sur chemin de fer.

Ils ont pour effet de prévenir les conséquences dangereuses résultant des collisions sur une même ligne de rails.

L'intérieur de la voiture est formé de tôle courbée en

ovales *a, a, a,* constituant l'enveloppe de chaque caisse, qui devra être disposée pour recevoir des voyageurs. Par ce moyen, si une collision avait lieu, la caisse de la voiture, après que le cadre ou la carcasse aurait été brisé, résisterait à une forte pression longitudinale, comme on peut le voir par la ligne ponctuée *b b,* et par son élasticité amortirait le choc et protégerait ainsi les voyageurs.

La figure 7 représente un wagon de sûreté : *a, b, c,* sont trois ovales formés de tôle, d'acier ou d'autre métal, montés sur des roues *d, d;* les essieux sont fixés en *e,* à l'endroit de la jonction des ovales qui, par leur réunion, forment un cadre élastique.

A la partie extérieure des ovales, est fixée une plaque de métal *f* portant un bras *g* pour attacher le wagon de sûreté au convoi. Un semblable wagon doit avoir une forme et des dimensions proportionnées à la vitesse ordinaire des convois pour lesquels il devra être employé, et par conséquent à la résistance qu'il sera appelé à offrir en cas d'accidents.

Il résultera de l'emploi de ces wagons de sûreté, placés à l'avant et à l'arrière des trains, une plus grande sécurité pour les voyageurs : car la violence du choc produit par une machine, prenant le convoi en tête ou en queue, serait fort diminuée, si elle n'était entièrement amortie, quand elle aurait aplati les ovales des wagons de sûreté, ce qui préviendrait tout accident grave.

La roue employée est représentée *fig.* 9. A l'intérieur du cercle ou bandage *a a a,* se place une série d'anneaux en fer forgé, ayant la moitié du diamètre du cercle *a a.* Ces anneaux sont posés les uns sur les autres, leurs centres étant à des distances égales. Pour placer le moyeu *b* dans la roue, l'inventeur coupe une partie des anneaux ; il fixe ensemble les diverses parties, et place le tout dans un fourneau où il le chauffe jusqu'à ce qu'il soit arrivé au degré voulu pour que l'on puisse opérer le soudage.

Il retire alors la roue, effectue le soudage et obtient ainsi une roue forte et durable, propre à supporter des poids considérables, mais pouvant aussi, quand elle a été calculée dans de plus légères proportions, servir pour toutes espèces de voitures.

Brevet d'invention de quinze ans, en date du 3 décembre 1844, *au sieur* PICARD, *pour une voiture mécanique.*

Cette voiture marche au moyen de quatre leviers.

Deux leviers, *a* et *b* (*fig.* 9 à 19, *pl.* 15), sont attachés de chaque côté à une place opposée, et de manière à faire faire un demi-tour à une roue à engrenage. Ainsi, lorsque deux perdent leur puissance, les deux leviers du côté opposé recouvrent la leur et font faire l'autre demi-tour.

Le levier *a* est, de chaque côté, le moteur principal.

Le levier *b*, au bout duquel une planche *h* est suspendue, et sur laquelle le conducteur de la voiture peut donner une impulsion avec son pied, sert à compléter le demi-tour de la roue à engrenage.

Ces leviers passent l'un sur l'autre, entre les roues à engrenage et la charpente de la voiture, à l'exception du petit bras du levier *b* qui passe devant la petite roue à engrenage.

cdc, roue-manivelle à laquelle est adaptée une poulie-treuil *d*, servant à remonter, avec la corde *e*, le levier *a*, afin de diminuer la résistance au moment de la mise en train, et aussi pour vaincre les obstacles, tels qu'une pente à monter, etc.

f, ressort au moyen duquel la corde *e* s'enroule sur la poulie-treuil *d*, en restant toujours tendue.

g, broche servant à recevoir des feuilles de plomb posées les unes sur les autres, en plus ou moins grand nombre, pour augmenter la puissance des leviers *a*, quand la charge de la voiture rend cela nécessaire.

j, *h*, cordes disposées de manière à ce que la planche *h* ne s'élève qu'à environ trente centimètres.

k, *l*, boîtes dans lesquelles roulent les bouts de la planche *h*, en montant et descendant alternativement.

m, gouvernail.

n p v s t, petit levier servant à soulever, avec la main ou le pied, l'une des roues à engrenage, lorsque l'on fait tourner la voiture.

Ce levier, au moyen d'une broche *p*, déplace, en glissant sur une petite pièce courbe *s*, le tampon *r* qui bouche l'ouverture où doit passer l'arbre soulevé. Cette ouverture se referme au moyen d'un ressort *t*, lorsque la roue à engrenage reprend sa place. Le gouvernail se dirige au moyen de deux cordes attachées par un bout sur une double poulie-treuil, et par l'autre bout aux extrémités de l'arc de cercle. Chaque corde passe dans une rainure *n*. Lorsque l'une de ces cordes se déroule, l'autre s'enroule, de manière qu'elles sont toujours tendues.

L'arc de cercle passe sur deux galets pour en faciliter la marche et le maintenir.

Certificat d'addition, en date du 12 *novembre* 1845.

Figure 20, *c'*, roue dentée avec pignon et manivelle.

Cette roue, à laquelle est adaptée une poulie-treuil *d'*, sert à remonter avec la corde *e'* le levier *a*, afin de diminuer la résistance au moment de la mise en train, et aussi, comme il est dit plus haut, pour vaincre les obstacles, tels qu'une pente à monter, etc.

f, ressort au moyen duquel la corde *e'* s'enroule sur la poulie *d'*, en restant toujours tendue.

La roue-manivelle est supprimée.

e'', corde sans fin attachée au levier *a*, servant à lui donner, avec la main, une impulsion, soit en montant, soit en descendant.

h', levier servant à aider le levier *b* à compléter le demi-tour de la roue à engrenage.

Ce levier *h'* n'est mis en mouvement, avec la main, qu'au moment de la mise en train; puis on le replace, et il reste au repos.

Dans la position où il est représenté, il est au repos, et ce n'est que lorsque le levier *b* a dépassé la broche *h''*, qu'on le fait agir.

La broche *h''* est recouverte d'un galet, pour en faciliter la marche.

Fig 21, *p'*, broche adaptée au bout du grand bras du levier *n*, avec galet pour en faciliter le mouvement, en passant sur la pièce courbe *s'*.

s'', ressort concourant avec le ressort *t* à maintenir fermée l'ouverture où doit passer l'arbre de la roue à engrenage, lorsque l'on fait tourner la voiture.

Une pédale remplace l'espèce d'étrier qui était au bout de la corde du levier *n*, et une poulie sert à maintenir cette corde dans la direction que suit le levier mis en mouvement.

Fig. 22 à 25. *y*, pièce de fer mobile supportée par le milieu, afin que lorsque la roue de devant de la voiture penche d'un côté, le gouvernail porte toujours en plein sur cet appui; et, pour que les cordes ne puissent sortir de leurs rainures, les poulies qui étaient posées sur les deux montants du devant de la voiture sont attachées sur cette pièce de fer; six galets y sont aussi attachés pour faciliter les mouvements du gouvernail.

Brevet d'invention de quinze ans, en date du 12 *février* 1845, *au sieur* PETIT, *à Paris, pour des essieux.*

Il semble que la rupture des essieux tient à l'accouplement des roues invariablement fixées à l'essieu, qu'elles tordent au col de la fusée, par les frottements et la résistance qu'elles éprouvent nécessairement dans le passage des courbes les moins sensibles, et même sur les lignes droites, par l'imperfection du matériel qui, soit par des usures, soit par l'impossibilité de l'établir exactement, ne possède jamais de roues d'un diamètre parfaitement égal, situé sur le même plan vertical, dont la jante ne soit pas faussée, ou dont le centre mathématique soit parfaitement déterminé. De là l'idée qu'a poursuivie l'inventeur du système proposé; il croit avoir découvert le moyen d'appliquer, même aux locomotives, et cela sans gêner en rien les pièces de mouvement, un essieu unique divisé, dont les roues tournent indépendamment l'une de l'autre, et dont l'usage, en garantissant l'essieu de toute brisure, puisqu'il évite la torsion, permettra de transporter, avec la même dépense de vapeur, sur des chemins de fer ayant des courbes d'un très-petit rayon, des fardeaux presque doubles de ceux que le système actuel admet.

En effet, après avoir reconnu que les roues ne sont jamais parfaitement égales en marchant sur la ligne droite, et en supposant même qu'elles soient parfaitement régulières en marchant sur une courbe, la roue plus petite sur la ligne droite, ou la roue extérieure sur la courbe, devant franchir plus d'espace que la roue intérieure, il s'ensuit une dépense considérable de l'agent moteur pour vaincre la résistance du frottement de la roue extérieure, qui glisse au lieu de tourner sur le rail de toute la différence des deux espaces à franchir; de plus, une torsion violente du fer de l'essieu, et l'usure considérable de la jante de la roue.

La conséquence forcée de ces désordres, est la rupture de l'essieu, qui n'est pas toujours immédiate et ne devient complète qu'au bout d'un certain temps; enfin, il arrive des déraillements fréquents occasionés par l'effet de la force centrifuge, augmenté de toute la puissance nécessaire pour vaincre la résistance formée par l'adhérence, sur la voie, de la roue extérieure qui, pour suivre celle de l'intérieur dans sa rotation, doit glisser ou bondir, en appuyant son boudin sur le bourrelet du rail, imprimant ainsi au véhicule une direction de dedans en dehors.

Il est nécessaire de remarquer que le fer qui sert pour les essieux n'est jamais parfaitement homogène ; que la nécessité de le mettre plusieurs fois au feu en change la nature malléable et nerveuse, qui seule pourrait lui donner les propriétés d'élasticité que quelques personnes ont cru pouvoir lui attribuer ; or, c'est précisément dans la formation de la fusée, partie qui fatigue le plus et qui se brise toujours, que le métal subit plus ou moins, selon l'habileté du forgeron, ces funestes influences. L'inventeur remédie à ces graves inconvénients en tournant l'essieu à froid.

N'ayant point à se préoccuper de l'essieu coudé des grandes roues des locomotives, dites roues motrices, puisqu'elles sont pleines, sans rebords et ne peuvent causer aucun des inconvénients que nous venons de signaler, l'inventeur n'a dû appliquer le nouveau système qu'il propose qu'aux essieux des petites roues.

Ce système consiste en un essieu *a* (*fig.* 17, 18, 19, *Pl.* 37), divisé en deux parties, dont l'une conique, s'engage dans l'autre, qui est creusée pour la recevoir ; au milieu de l'essieu, au point de jonction des deux grands diamètres, sont vissées deux bagues en acier, parfaitement polies, dont l'une est munie d'un trou pour laisser passage à l'huile minérale qui doit graisser l'emboîture. Un manchon *e*, se vissant sur sa partie *i*, relie ces deux parties d'une manière invariable, et vient s'encadrer dans une noix brisée *d*, fixée très-solidement à la traverse rompue *f* par des coins *e*, qui, munis de vis de rappel à écrous *r*, permettent de resserrer tout le système par un tour de clé, en cas d'usure ou de disjonction.

La traverse rompue étant fixée invariablement à la boîte à feu *l*, il résulte de cette disposition que la partie du milieu de l'essieu, qui se trouve abandonnée et la plus faible dans le système actuel, devient le point le plus résistant aux chocs de toute nature que ces pièces ont à subir, et soulage même infiniment la faiblesse et l'insuffisance des deux autres points d'appui.

La figure 26, *Pl.* 15, représente l'essieu assemblé avec son manchon, ses coins et ses traverses rompues, muni de sa roue.

Fig. 27. Coupe verticale, sur le milieu de l'essieu, au point des deux bagues en acier désignées plus haut.

Fig. 28. Coupe horizontale sur le milieu de tout le système. Les expériences qui ont été faites ont démontré que, dans une courbe de 500 mètres, la roue extérieure avait parcouru 400 mètres de plus que la roue intérieure, à la même vitesse, sans effort, sans autre chance de déraillement ni d'accident, et sans augmenter la dépense de l'agent moteur qui venait de lui faire franchir la ligne droite. La cause de ce résultat, est dans l'indépendance des roues découplées, et cette indépendance est telle, qu'une roue peut tourner en avant et l'autre en arrière.

On conçoit que par ce moyen les véhicules quelconques tourneront facilement dans des courbes d'un très-petit rayon, d'où il résulte pour ce système les avantages suivants : la facilité de tourner des courbes d'un rayon dix fois moindre que ceux usités ordinairement, sans diminution de vitesse ni augmentation de la force motrice ; garantie parfaite contre la rupture des essieux et les déraillements, et, conséquemment, sécurité pour les voyageurs ; moins de bruit, moins de mouvement de lacet ; enfin célérité dans les parcours, tout en constatant une économie de 40 à 50 pour cent dans les combustibles, soit que le système permette d'augmenter les chargements des convois, soit qu'en transportant le même fardeau, on ne dépense qu'une moindre quantité de vapeur.

VOCABULAIRE

DE

QUELQUES TERMES TECHNIQUES

EMPLOYÉS DANS CE MANUEL.

A

Age, d'une charrue. Voyez. *Haie*, *Flèche*.

Aile. On désigne par ce nom la lame des socs de charrue.

Alilade. Règle du charron ; pour les roues.

Ambattage. Voyez *Ferrage des roues*.

Amorçoir. Outil de l'espèce des tarières, et qui s'en distingue par les deux demi-plis tranchants de son fer.

Apanons. Morceaux de fer qui servent à fixer les trains pourvus d'une flèche.

Araire. Voyez *Charrue*.

Armons. Le charron nomme ainsi les deux pièces de bois qui aboutissent au timon et qui soutiennent la cheville ouvrière.

Arrière-train. Partie postérieure des voitures.

Avant-train. Partie antérieure d'une voiture.

A-s'usseoir. Voyez *Sellette*.

B

Bandage. Cercles de fer qui garnissent le cercle de la roue.

Barre. Sorte d'essieu en fer qui sert au charron à conduire deux grandes roues à la fois.

Bascule. On nomme ainsi la quatrième branche de l'outil appelé *grande-chèvre.*

Bigorne. Elle est semblable aux bigornes ordinaires, et sert au charron pour former les têtes de vis, quand ces têtes sont percées. Cet outil est utile pour d'autres ouvrages de même nature.

Billot. C'est un petit tréteau haut de 33 centimètres (1 pied) et long de 65 centimètres (2 pieds) environ, que les charrons emploient à divers usages.

Boîtes de roues. Voyez *Moyeu.*

Bouge. C'est la partie la plus élevée du moyeu.

Brancards. Ce sont deux longues pièces de bois qui servent à l'attelage des voitures.

Branches. Ce sont deux pièces de bois placées derrière le train d'un carrosse, vis-à-vis les montants; elles en soutiennent les arcs-boutants.

Brandilloire. Sorte de charrue.

Breilly. Partie de la charrue qui sert à maintenir la haie en place.

Bride. Bande plate en fer, pliée en trois; cet outil est employé par le charron pour assujettir ensemble plusieurs pièces travaillées.

Bride à brancard. La figure et l'usage de cet outil ont beaucoup d'analogie avec ceux de l'outil précédent. Comme elle sert à l'ouvrier pour maintenir le brancard lorsqu'il le monte et l'assemble, cette bride se distingue de l'autre par cette dénomination.

Bride d'attelage. Partie de la charrue qui donne le moyen

de faire varier horizontalement le point d'application de l'avant-train.

Broche. Partie de la charrue fixée contre la haie par des boulons.

Burettes. Ce sont quatre planches de fond que l'on pose dans les charrettes, sur les épars, et dans le sens des limons.

C

Caisse. Corps de la brouette.

Camion. Espèce de petit haquet dont les roues sont faites d'un seul morceau de bois.

Carrelet. Lime à quatre côtés pour aiguiser les dents des scies.

Cercles. Voyez *Frettes*, *Ferrage*.

Chaîne. Outil formé de plusieurs gros chaînons, qui sert au charron pour approcher les rais d'une roue et les faire pénétrer dans les mortaises des jantes.

Chambre. On nomme ainsi l'ouverture qui est pratiquée dans la boîte des roues.

Chambrière. Chandelier grossier à l'usage des charrons.

Chantignole. Voyez *Echantignole*.

Chapelet (*faire*). Une roue fait chapelet quand les rais se rompent auprès du moyeu.

Charrue tourne-oreille. Troisième sorte de charrue, dite de *France*.

Chasse. Sorte de marteau dont se sert le charron pour enfoncer les frettes et cercles de fer.

Chasser. Donner des coups de chasse.

Cheville ouvrière. C'est un très-gros clou à tête plate qui réunit l'avant-train à la partie postérieure d'une voiture.

Chèvre. C'est la réunion de deux croix de Saint-André, sur laquelle on place les pièces de bois que l'on veut scier.

Chèvre (*grande*). Instrument propre à soulever les voitures.

C'est un assemblage de trois pièces de bois en forme de triangle isocèle.

Cintre. Barre de bois plate. Voyez *Alilade.*

Ciseau. Celui des charrons n'a rien de particulier.

Clé. Morceau de fer arrondi, aplati des deux bouts, élargi dans sa partie centrale, où il est percé d'un trou carré, de la grosseur des vis qu'il doit serrer dans les écrous. Il y a de petites et de grandes clés qui servent aux charrons pour visser leurs ouvrages.

Clé à cric. Le fer en est long d'environ 2 mètres (6 pieds).

Clé à vis ordinaire. Le fer n'est guère plus long que de 65 centimètres (2 pieds) seulement.

Collet. On désigne par ce terme la partie antérieure d'un tombereau qui s'élève au-dessus des gisants.

Cols de cygne. Ce sont de fortes branches de fer cintrées, qui servent à lier l'avant-train au train de derrière.

Consoles. Cette dénomination s'applique aux deux morceaux de bois sculptés qui font partie du marche-pied d'un carrosse, et en soutiennent la coquille.

Coquille. Planche qui tire son nom de la forme particulière qu'on lui donnait autrefois : elle a pour but d'appuyer les pieds du cocher.

Cordons. Les cercles de fer qui sont posés autour du moyeu pour empêcher qu'il ne se fende, s'appellent cordons. Ils ne doivent point être confondus avec les cercles de l'embattage. On leur donne aussi communément le nom de *frettes.*

Cornes de ranches et de ranchers. Ce sont quatre morceaux de bois qui servent à l'appui des ridelles d'une charrette.

Corps de charrue. On désigne généralement par cette expression la partie qui pénètre dans la terre, qui la coupe et la renverse successivement.

Corps de voiture. Le centre et la réunion de l'arrière et de l'avant-train.

Coutre. C'est l'espèce de couteau placé verticalement, qui, dans la charrue, sert à diviser la terre.

Cuiller. Pièce de bois qui, dans le tombereau à bascule, se meut par deux leviers, et ramasse le sable, les gravois, etc.

D

Douille. Appendice que porte le soc de la charrue. La douille sert à fixer le soc sur le corps de la charrue, à l'aide de clous à vis. Voyez *Talon.*

E

Echantignoles ou *échantigneuls.* Morceaux de bois longs d'environ 33 centim. (1 pied), qui sont emmortaisés pour recevoir l'essieu en dessous, et pour l'assujettir.

Ecuanteur de là roue. Se dit de la forme conique qu'on donne aux roues.

Ecuées (*roues*) de forme conique, par l'assemblage particulier des rais qui ne sont point placés dans un plan perpendiculaire à l'axe du moyeu.

Effourceau. Petite voiture massive pour transporter les gros fardeaux.

Empanons. Extrémités postérieures des côtés du brancard.

Encassure. C'est la même chose qu'*encastrure;* c'est un enfoncement.

Encastrure de l'essieu. C'est la partie creusée au centre de l'essieu.

Encliquetage. Partie importante de la mécanique; c'est le moyen d'arrêter à la rétrogradation, soit de la puissance, soit de la résistance.

Enrayage. Action d'enrayer.

Enrayer. Main-d'œuvre exécutée par l'ouvrier lorsqu'il pique les roues dans les moyeux et qu'il les fixe de hauteur.

Entretoise. Morceau de bois qui surmonte les deux montants de derrière.

Entrure (donner de l'). A mesure qu'on allonge ou que l'on raccourcit la chaîne d'une charrue, et que, par conséquent, on change le point où s'appuie la haie sur la sellette de l'avant-train, on fait piquer plus ou moins la charrue, c'est ce qu'on appelle *donner* ou *ôter de l'entrure*.

Epars. Morceaux de bois qui joignent les limons et les assujétissent.

Epaulement. Renflement de l'essieu. *Voyez* aussi le mot suivant.

Epauler les rais. Epaulement des rais. Les préparer, leur enlever une partie de leur extrémité pour les faire entrer dans les mortaises. Il y a l'*épaulement* du côté du moyeu, et l'*épaulement* du côté des jantes.

Equignons. Pièces d'arrêt en fer mises au bout des fusées de l'essieu, pour l'empêcher de sortir du moyeu.

Esse. Sorte de chapeau qui se place à l'extrémité des boîtes de voitures, auprès du bout extérieur de la fusée de l'essieu.

Esseret long. Outil qu'emploie le charron à former des trous dans des pièces de bois épaisses.

Esseret court. Outil semblable au précédent; il sert à percer des pièces de bois moins massives.

Essette. Instrument qui est d'usage pour dégrossir et charpenter le bois de charronnage.

Essieu. Axe de la voiture, dont les deux extrémités passent dans les moyeux des roues. On en fait en fer et en bois.

Essieu. Par ce terme on entend aussi généralement une pièce de bois de charronnage qu'on débite et qu'on emploie en grume. Ces pièces sont en orme et quelquefois en charme.

On les appelle aussi *aissieux*, mais ce mot est vieilli.

Evider. Creuser les mortaises, les trous divers, les agrandir. On évide aussi les différentes pièces de bois.

Evidoir. Assemblage de pièces de bois, sur lequel on place les jantes pour les évider.

F

Faire chapelet. Voyez plus haut *Chapelet.*

Flèche. Pièce de bois fixée obliquement sur le corps d'essieu de derrière, et qui tient au train de devant par la cheville ouvrière.

Filière. Morceau d'acier plat qui sert au charron à former des pas de vis sur un morceau de fer rond.

Flotté. Rondelle placée auprès de la boîte des roues. C'est sur elle que la roue va frotter.

Fourchettes. Ce sont deux pièces de bois enchâssées dans l'avant-train, auprès des armons.

Fourgon. Chariot chargé d'un coffre couvert de planches en dos d'âne.

Frein. Appareil qui sert à changer dans les voitures en mouvement, le frottement de roulement en frottement de glissement, et à modérer leur vitesse ou les arrêter.

Frettes. Voyez *Cordons.*

Fusées de l'essieu. Ce sont les extrémités de l'essieu qui passent par le moyeu.

G

Garot. Bâton gros et court pour assurer la charge des charrettes, à l'aide d'une grosse corde.

Gente. Voyez *Jante.*

Gouge carrée. Espèce de ciseau qui sert au charron à évider les mortaises.

Gouge ronde. Outil semblable au précédent, et qu'on emploie au même usage.

Goujeons. Chevilles qui servent à l'assemblage des jantes, ou *goujons.*

Gravoir. Sorte de marteau dont un pan est rond et l'autre plat : ce dernier est tranchant. Le gravoir sert à couper les frettes et cercles de fer à froid.

Guindre. Partie de la charrue qui soutient le soc.

H

Haie. C'est la flèche d'une charrue.

Haquet. Espèce de petite charrette sans ridelles.

Herminette. Espèce de petite hache de charpentier qui sert au charron à dégrossir et à creuser le bois.

J

Jante. Pièce de bois courbée qui fait partie du cercle d'une roue.

Jante de rond. Pièce de bois composée de quatre jantes, et qui forme un rond enchâssé sur la sellette de l'avant-train.

Jantière. Assemblage de bois, disposé carrément, qui sert de support pour aider à percer les mortaises des jantes.

Jeumerante. Sorte de règle qui sert de patron pour faire les jantes.

L

Lame. Partie tranchante du coutre; elle est affutée en biseaux du côté du sillon.

Lime en carrelet. Espèce de lime. Voyez *Carrelet.*

Limons. Ce sont les deux maîtres brins d'une charrette; ils forment à la fois le fond de la voiture et le brancard pour mettre en limon.

Limons de traverse. Ce sont les morceaux de bois qui terminent les ridelles d'une charrette.

Limonier. Cheval attelé dans le limon.

Lisoirs. Morceaux de bois qui servent à supporter le train. Il y a les *lisoirs de devant* et les *lisoirs de derrière.*

M

Maillet. Marteau de bois.

Manches. Voyez *Mancherons.*

Mancherons. Terme de charrue. C'est la partie par laquelle le laboureur prend sa charrue.

Manivelle. C'est la moitié d'un petit essieu enchâssé dans une petite flèche. Le charron l'emploie pour conduire une ou deux roues.

Masse. Morceau de fer massif, emmanché, dont le charron se sert pour chasser les rais dans les mortaises des moyeux.

Mesure pour les rais. Sorte de règle pour prendre la mesure de la longueur des rais.

Mettre en prise, c'est-à-dire en contact avec les roues des voitures, se dit des encliquetages.

Meule. Pierre servant à donner le fil et le tranchant aux outils du charron.

Mouillet. Ce sont deux jantes assemblées et formant un ovale. On pose sur cet assemblage les moyeux pour y former les mortaises propres à recevoir les rais.

Moutons de devant. Montants de bois ou de fer qui formaient le siège du cocher dans les anciennes voitures.

Moutons de derrière. Montants de bois enchâssés dans le lisoir de l'arrière-train.

Moyeu. Gros morceau d'orme, ayant la forme d'une olive ; l'essieu passe au centre, et les rais sont placés dans des mortaises percées au milieu de la circonférence extérieure.

O

Oreille. C'est la continuation de la lame du soc d'une charrue, et qui sert à renverser la terre qui a été tranchée.

P

Palonniers. Morceaux de bois arrondis, qui servent immédiatement à l'attelage des chevaux.

Pattes d'oies. On donne ce nom aux rais.

Pied de banc. Il n'a rien de particulier. Cette sorte de tréteau sert aux charrons pour supporter, en les soulevant, les timons et les brancards.

Planche de derrière. Support pour placer les laquais derrière un carrosse.

Planche de devant. Pièce de bois qu'on place derrière le siège du cocher.

Plane. Outil qui sert au charron à polir son ouvrage. Il y a la *grosse* et la *petite plane*.

Prisonniers. Voyez *Goujons*.

Q

Quillier. Sorte de grosse tarière.

R

Rabot. Cet outil, semblable au rabot des menuisiers, sert au charron à corroyer et dresser les bois.

Rais. Rayons d'une roue, enclavés dans le moyeu et portant les jantes.

Ranchers. Ce sont deux longs morceaux de bois placés sur

le haut et sur la queue de la charrette. Ils excèdent la charrette d'environ 33 centim. (1 pied) de chaque côté.

Recharger un essieu. C'est en regrossir les bras lorsqu'ils sont trop faibles.

Ressorts. Pièces simples ou composées, en acier, servant à la suspension des voitures.

Ridelles. Voyez *Brancard.*

Rivotter (faire). C'est, dans la charrue varier, le point d'application de la bride d'attelage, de manière à faire prendre une bande de terre plus ou moins large; ce qui se nomme *faire rivotter.*

Rond d'avant-train. Voyez *Jante de rond.*

Roulons de ridelles. Barreaux de bois qui se mettent dans les trous des limons et dans ceux des petits limons de traverse.

S

Susseire. Pièce de l'avant-train d'un carrosse, placée au bout des armons; elle soutient la flèche et sert à faire braquer la voiture.

Scies du charron. Elles n'ont rien de particulier. Il se sert de grandes et de petites scies, de scies à main, de scies à refendre, pareilles à celles des scieurs de long.

Selle. Tronc de bois plat surmonté d'une cheville de fer placée au centre, et porté sur trois pieds posés en triangle. Cet instrument sert au charron pour placer les moyeux, pour monter, égaliser les petites roues, etc.

Sellette. Pièce de bois de l'avant-train. A la face de dessous, il se trouve une encastrure dans laquelle on met l'essieu des petites roues du train de devant.

Semelle. Partie gauche de la charrue.

Sep. Partie de la charrue qui se prolonge vers le soc, sert à fixer celui-ci, et sur laquelle la charrue glisse au fond du sillon.

Soupentes. Parties qui servent à la suspension de la caisse de certaines voitures.

T

Talon. Terme de charrue.

Talon. C'est la partie supérieure de la *grande-chèvre.*

Tarrau ou *tarreau.* C'est une très-grosse tarière conique.

Tarière à rivet. C'est un outil de fer dont la branche, plus courte et plus menue que celle des autres tarières, sert à former des trous pour placer les clous rivés.

Tarière à cheville ouvrière. Instrument propre à percer le trou qui doit recevoir la cheville ouvrière.

Tarière à jante. Elle est destinée à percer les mortaises des jantes.

Tarière à goujons. Outil un peu plus gros que la tarière précédente.

Tasseaux. Ce sont des morceaux de bois plat, attachés sur l'avant et sur l'arrière-train pour élever la planche de derrière et celle de devant.

Temple. Espèce de règle dont l'ouvrier charron se sert pour enrayer. (*Voyez* ce mot.)

Tenailles. Elles sont faites comme les tenailles ordinaires.

Timon. Longue pièce mobile de bois, faisant partie du train d'un chariot ou d'un carrosse ; il sert à séparer les chevaux et à faire reculer la voiture.

Timonier. Cheval du timon.

Tortoir. Voyez *Garot.*

Traverses de devant. Morceaux de bois sculptés, qui s'attachaient des deux bouts sur les deux brancards.

Traverses de support. Bandes de bois qui se posaient sur le derrière des fourchettes.

Traverses de soupentes. C'est la même chose que les traverses de devant.

Trésailles. Pièces de bois assujetties sur les ridelles ou brancards du tombereau.

Train. C'est la charpente roulante d'une voiture.

Train simple. Charpente d'une voiture qui n'a que deux roues, un essieu, etc., telles que les charrettes.

Train double. Charpente d'une voiture ayant un train de devant et un train de derrière réunis par la cheville ouvrière. Le train double a quatre roues, deux essieux, etc., comme les chariots, carrosses et autres voitures semblables.

Train de derrière. Voyez *Arrière-train.*

Train de devant. Voyez *Avant-train.*

Trépied. Voyez *Selle.*

Traîneau. Charrette sans roues. C'est encore un appareil disposé pour mener les charrues aux champs.

V

Versoir. Terme de charrue. Voyez *Oreille.*

Volée. Pièce de bois placée à poste fixe sur les armons ; elle ert à attacher les palonniers à ses extrémités.

TABLE DES MATIÈRES.

TOME II.

APPENDICE AU MANUEL DU CHARRON.

FIN DE LA TABLE DU TOME SECOND.

BAR-SUR-SEINE. — IMP. DE SAILLARD.

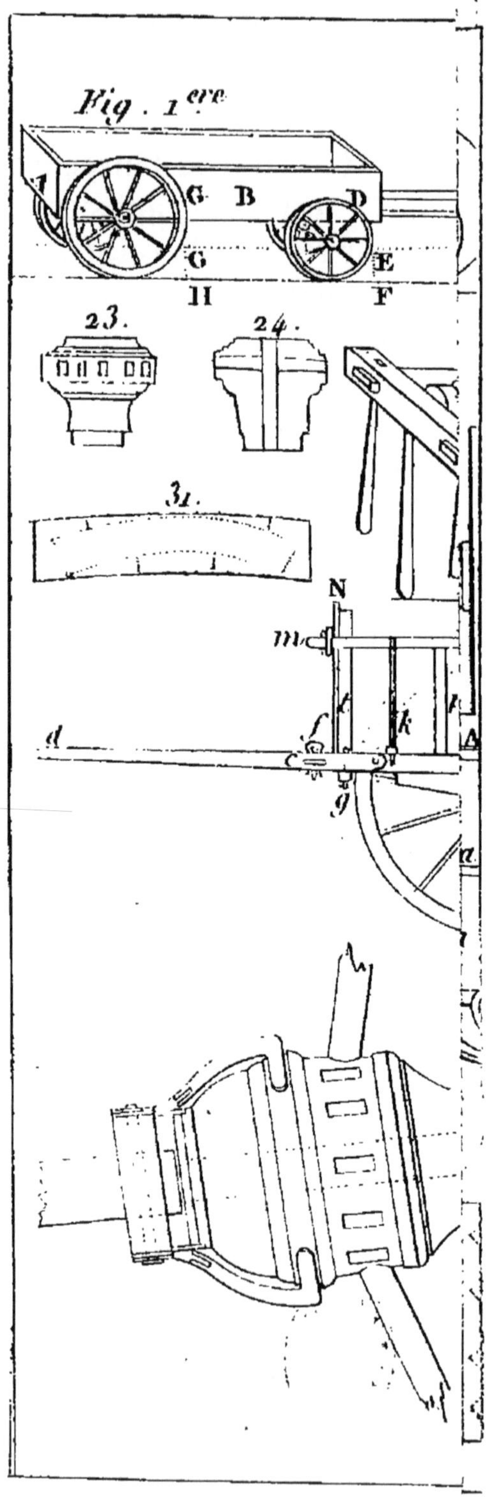

Fig. 1ère
C B D
G E
H F
23.
24.
31.
N
m
d
k
g
A
a

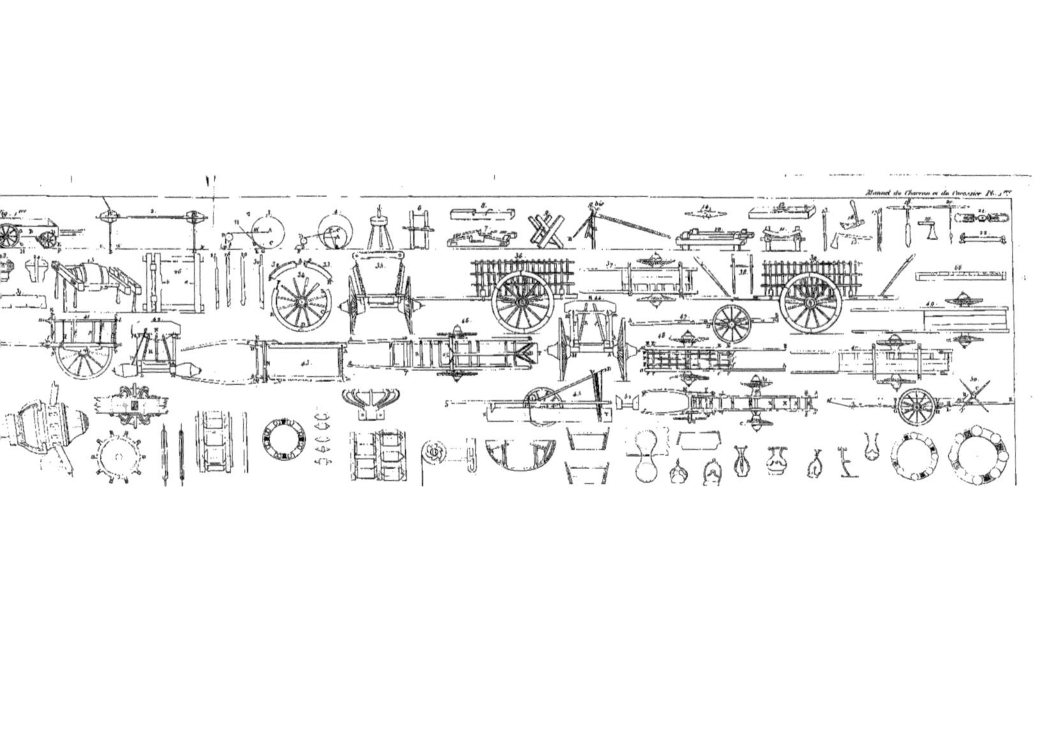

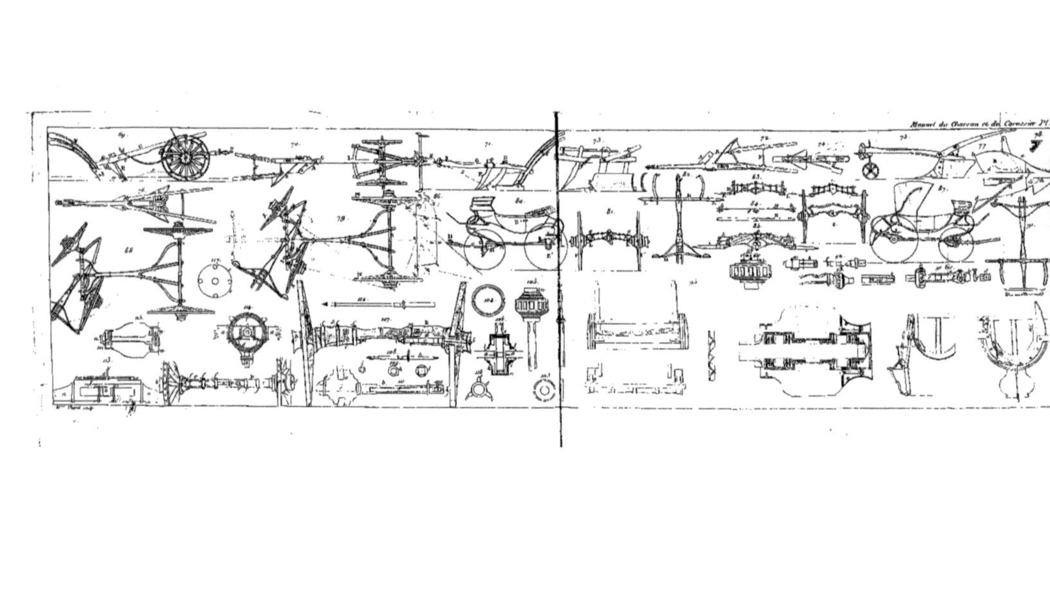
Manuel du Charron et du Carrossier Pl.
7

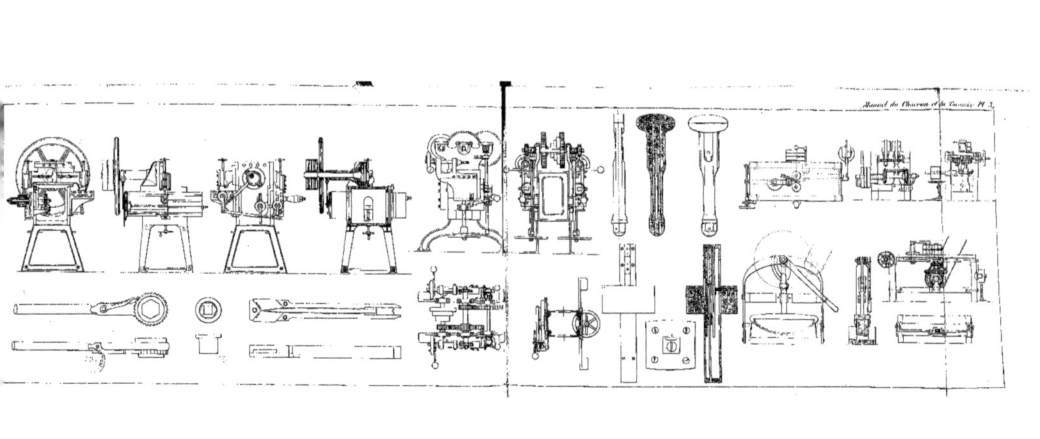

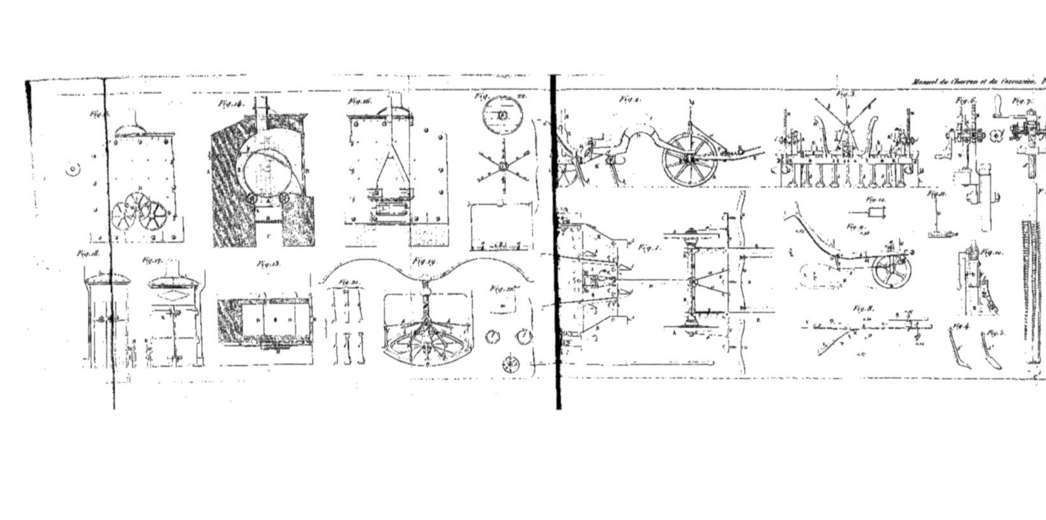
Manuel du Charron et du Carrossier.

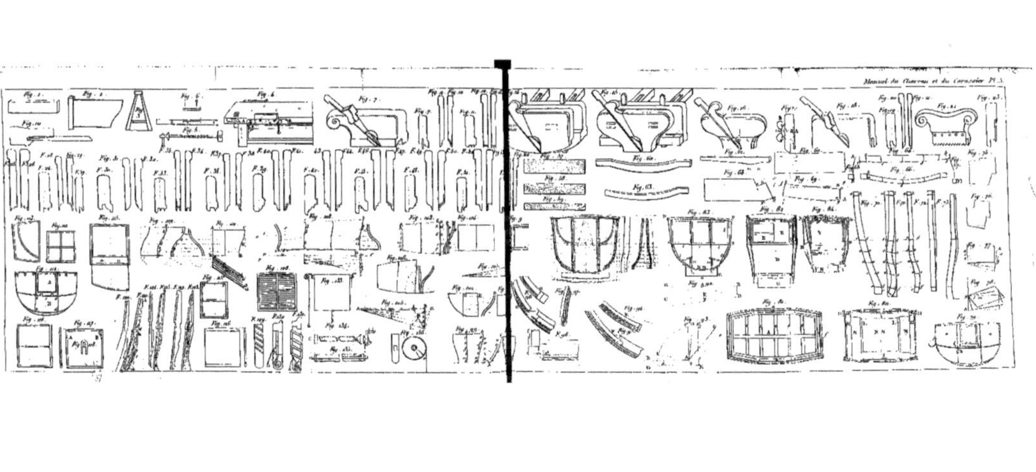

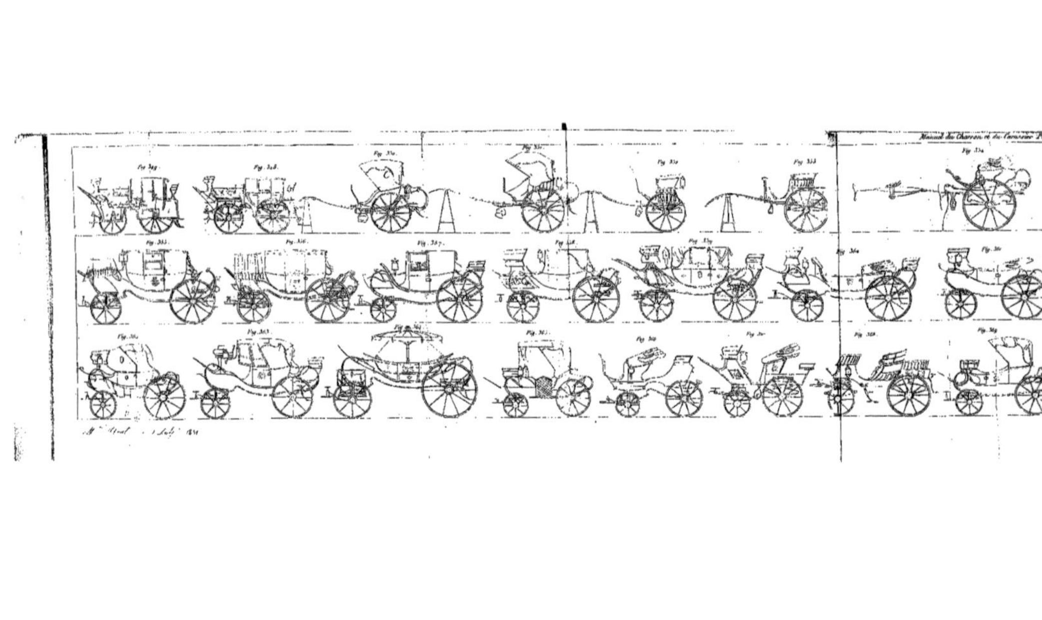
Manuel du Charron et du Carrossier Pl.

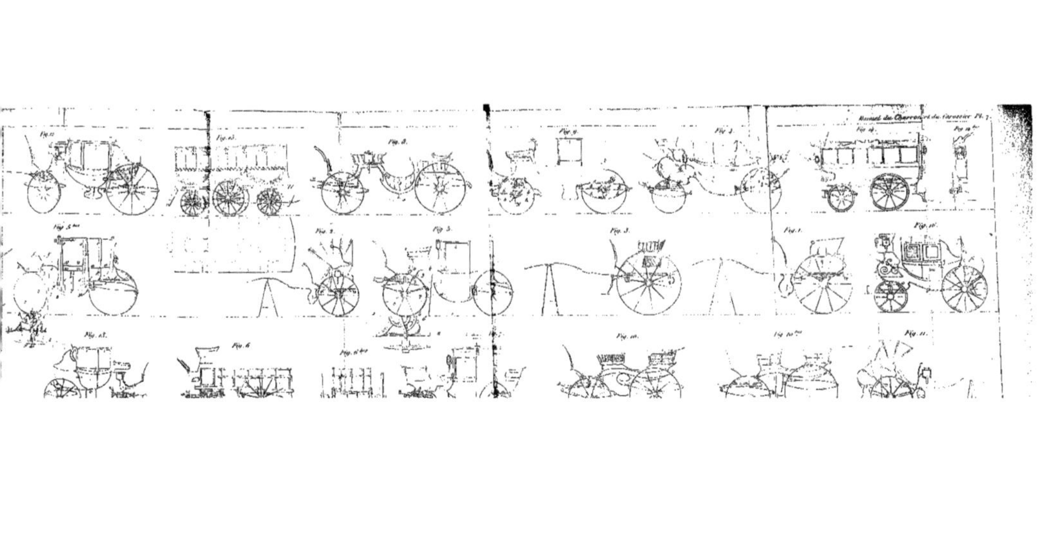
Manuel du Charron et du Carrossier Pl. 7.

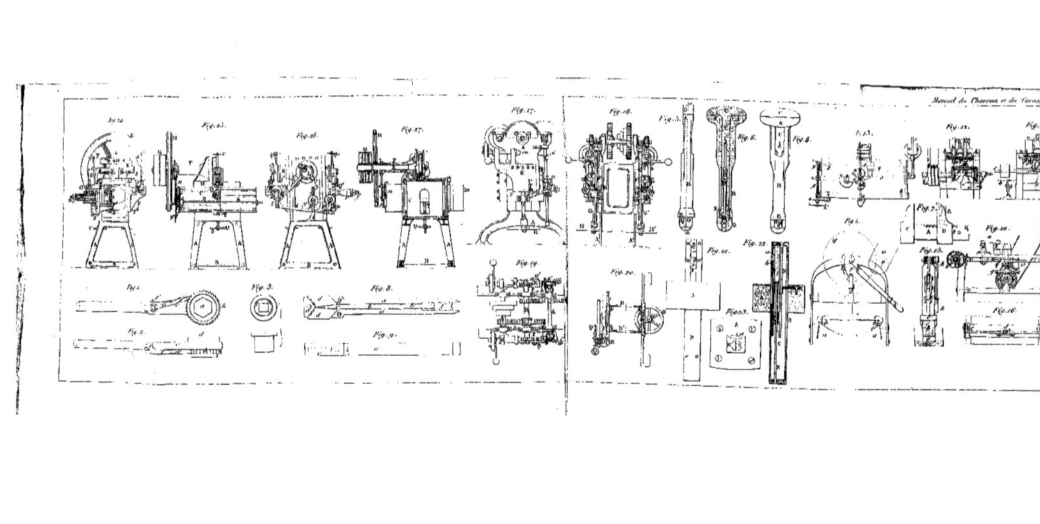

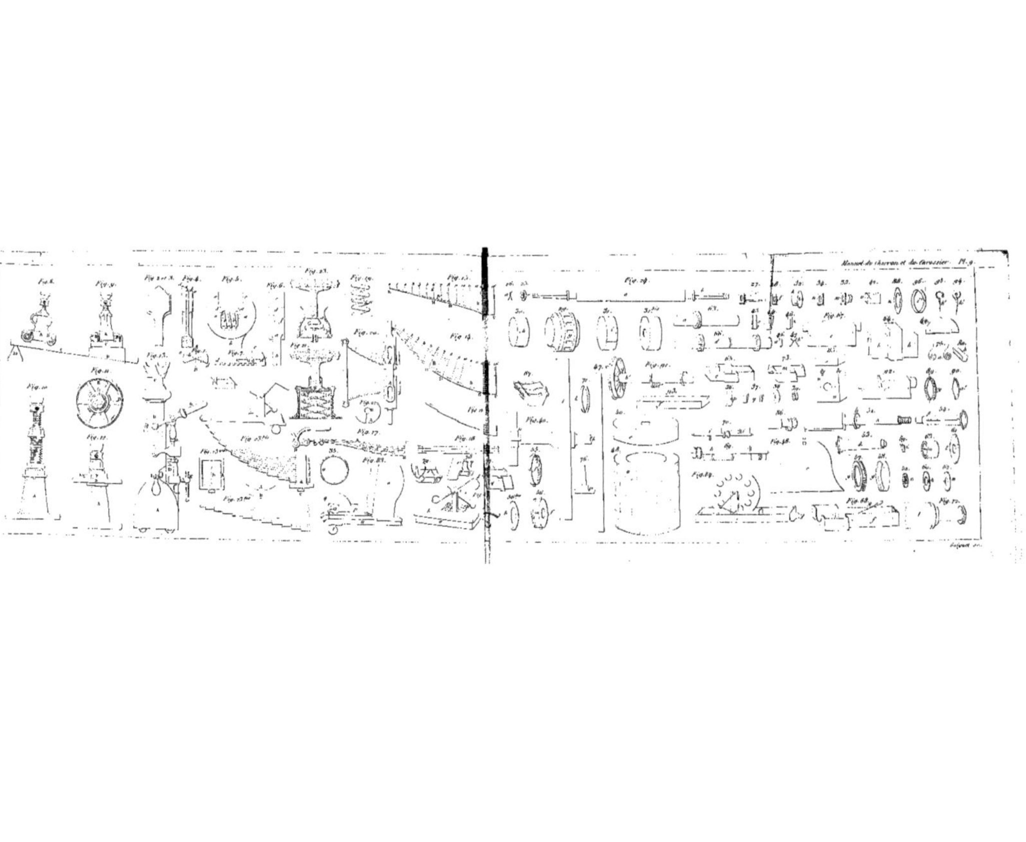

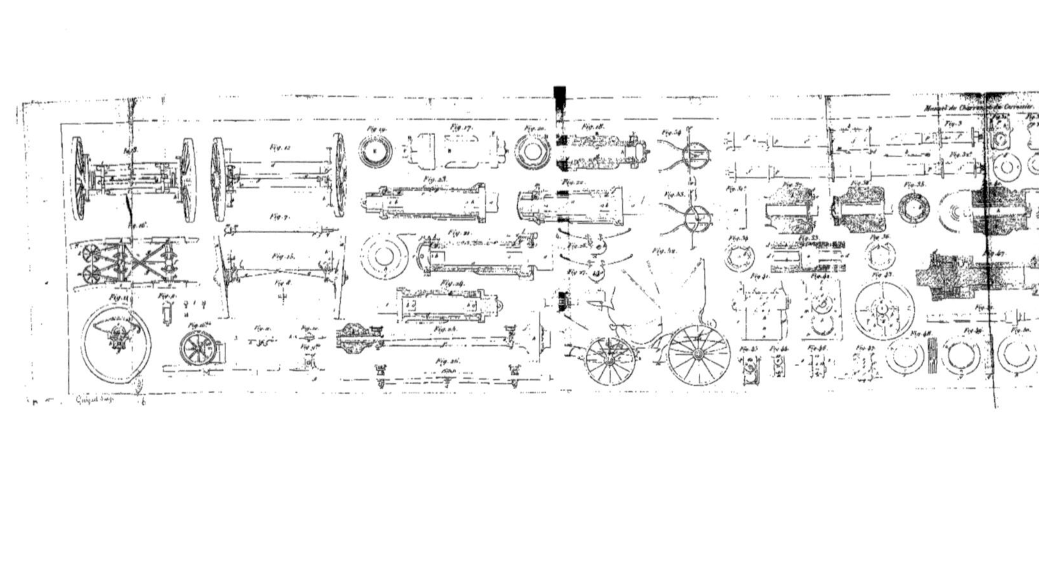
Manuel du Charron et du Carrossier.

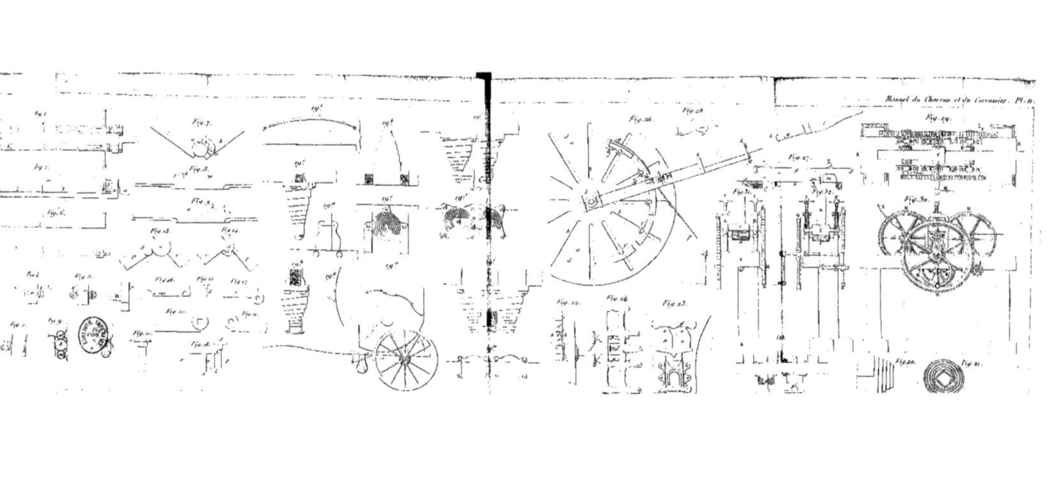
Manuel du Charron et du Carrossier. Pl. II.

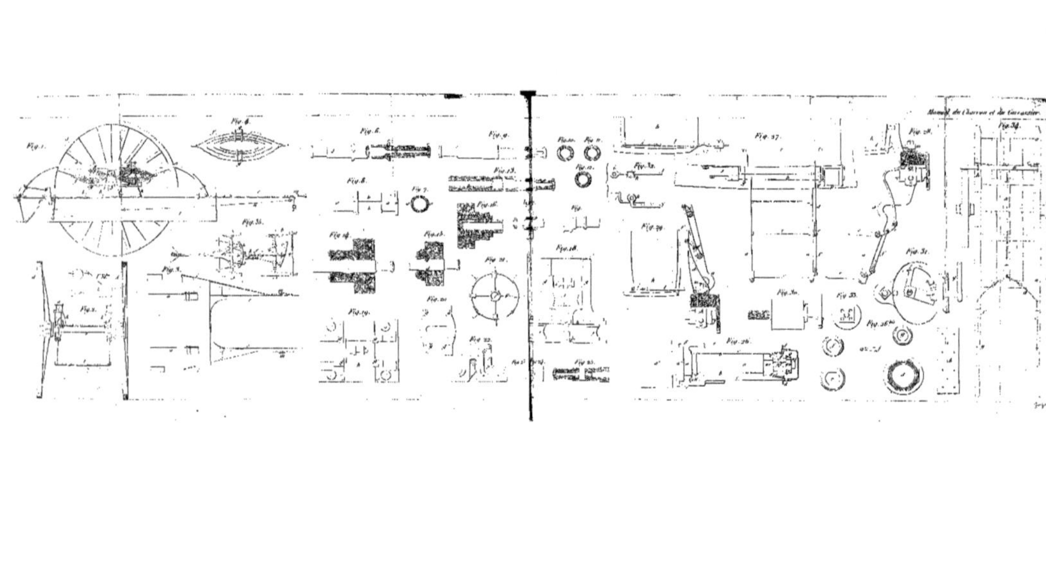
Manuel du Charron et du Carrossier.
Fig. 34.

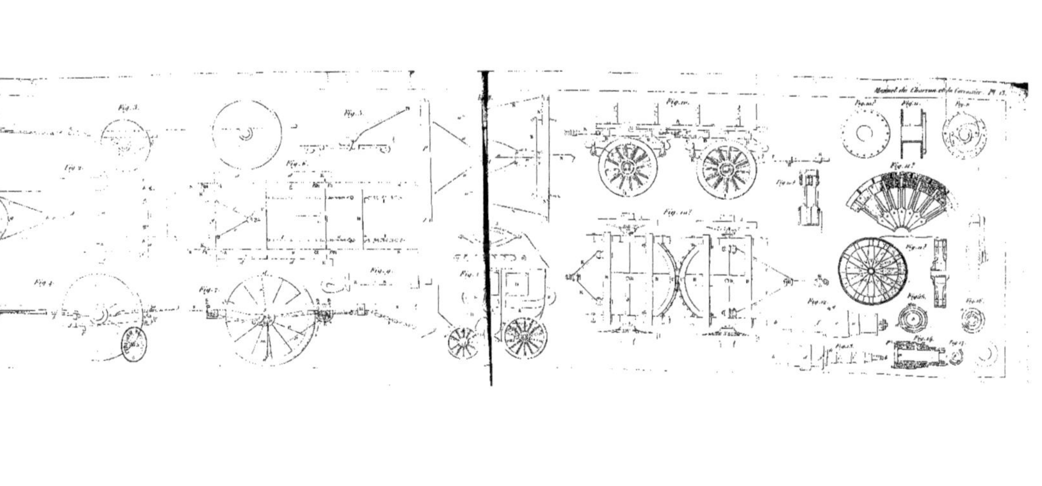

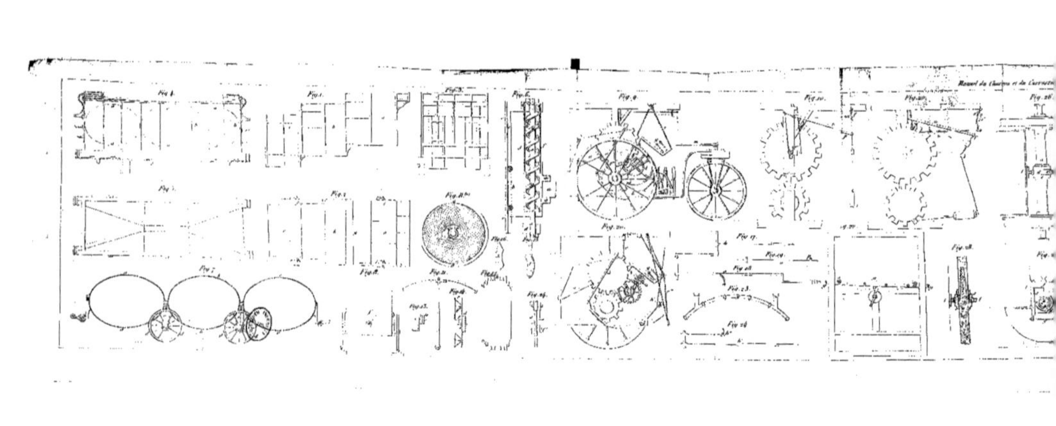

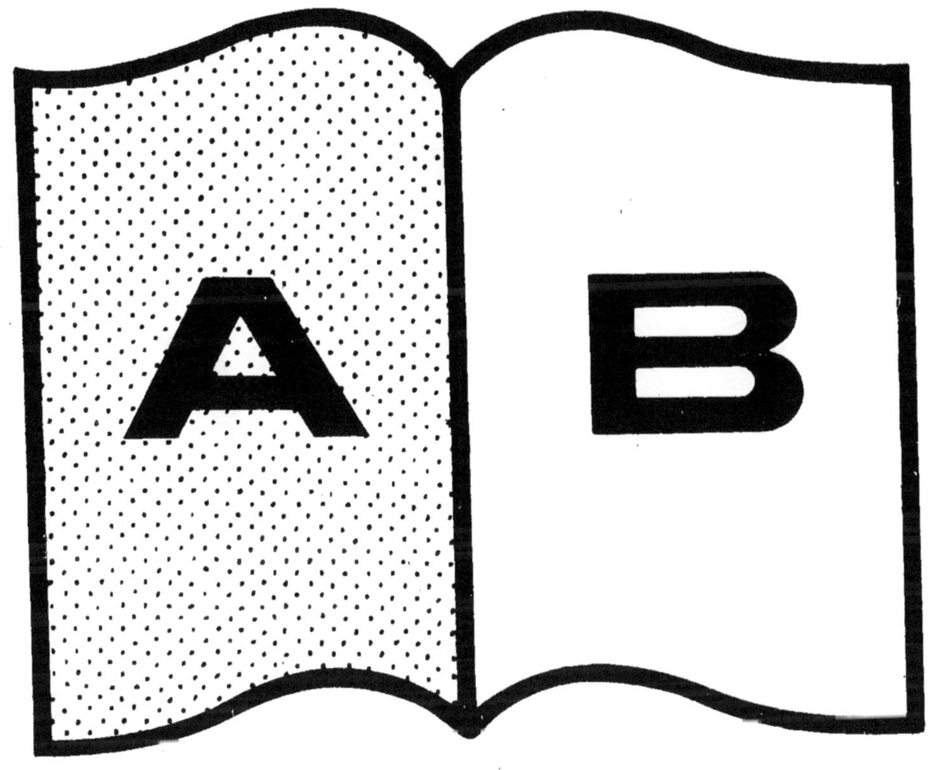

Contraste insuffisant

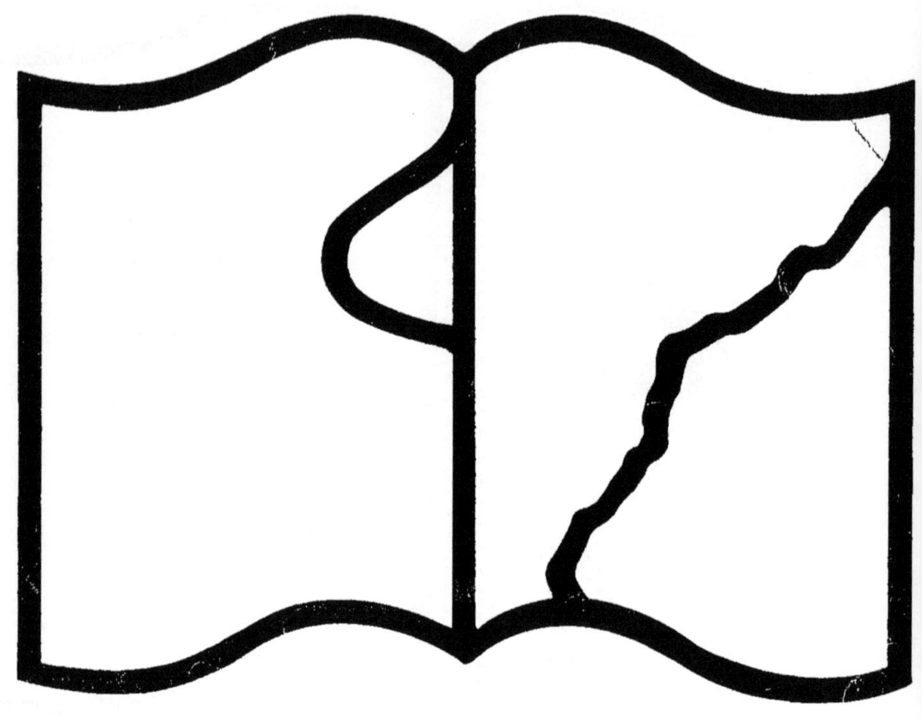

Texte détérioré — reliure défectueuse

NF Z 43-120-11

www.ingramcontent.com/pod-product-compliance
Ingram Content Group UK Ltd.
Pitfield, Milton Keynes, MK11 3LW, UK
UKHW020430200726
13857UKWH00002B/366